新时期基础教育教师关键能力建设丛书

主编　胡庆芳

跨学科

实践推进与教师能力发展

胡庆芳　严加平　黄开宇　许娇娇　编著

华东师范大学出版社·上海

图书在版编目(CIP)数据

跨学科实践推进与教师能力发展/胡庆芳等编著.—上海:华东师范大学出版社,2021
ISBN 978 - 7 - 5760 - 1448 - 8

Ⅰ.①跨…　Ⅱ.①胡…　Ⅲ.①教师培训　Ⅳ.①G451.2

中国版本图书馆 CIP 数据核字(2021)第 063343 号

新时期基础教育教师关键能力建设丛书

跨学科实践推进与教师能力发展

编　　著　胡庆芳　严加平　黄开宇　许娇娇
策划编辑　彭呈军
责任编辑　白锋宇
责任校对　郭　琳　时东明
装帧设计　卢晓红

出版发行　华东师范大学出版社
社　　址　上海市中山北路 3663 号　邮编 200062
网　　址　www.ecnupress.com.cn
电　　话　021 - 60821666　行政传真 021 - 62572105
客服电话　021 - 62865537　门市(邮购)电话 021 - 62869887
地　　址　上海市中山北路 3663 号华东师范大学校内先锋路口
网　　店　http://hdsdcbs.tmall.com

印 刷 者　江苏扬中印刷有限公司
开　　本　787 毫米 × 1092 毫米　1/16
印　　张　20.5
字　　数　330 千字
版　　次　2021 年 5 月第 1 版
印　　次　2024 年 12 月第 8 次
书　　号　ISBN 978 - 7 - 5760 - 1448 - 8
定　　价　68.00 元

出 版 人　王　焰

序
夯实关键能力，助力高素质专业化创新型教师队伍培养

2014年9月，在全国第三十个教师节来临之际，习近平总书记在视察北京师范大学时满怀深情地讲到，今天在校学习的学生就是未来在社会各行各业担当实现中华民族伟大复兴中国梦的主力军，而广大教师就是打造这支中华民族"梦之队"的筑梦人。为此，教师要有理想信念、道德情操、扎实学识和仁爱之心；要坚持教书和育人相统一，言传和身教相统一，潜心问道和关注社会相统一，以德立身、以德立学、以德施教；要立足培养中国特色社会主义事业建设者和接班人的需要，具有国际视野和家国情怀，具有创新思维和卓越能力，争做新时代学生的成长促进者和人生引路人。

2018年1月，中共中央、国务院在《关于全面深化新时代教师队伍建设改革的意见》中特别指出，到2035年，教师综合素质、专业化水平和创新能力要大幅提升，培养造就数以百万计的骨干教师、数以十万计的卓越教师、数以万计的教育家型教师；教师要主动适应信息化、人工智能等新技术变革，积极有效地开展教育教学。

2019年2月，中共中央、国务院印发《中国教育现代化2035》，提出以凝聚人心、完善人格、开发人力、培育人才、造福人民为工作目标，培养德智体美劳全面发展的社会主义建设者和接班人。为此，要加强高素质专业化创新型教师队伍的培养，大力推动教师终身学习和自主发展。

新时期，全国基础教育课程改革也进入到一个关键期，教育部在《关于全面深化课程改革 落实立德树人根本任务的意见》中明确指出，要根据学生的成长规律和社会对人才的需求，把对学生德智体美劳全面发展的总体要求和社会主义核心价值观的有关内容具体化、细化，深入回答"培养什么人、怎样培养人"的问题。教育部组织研究提出各学段学生发展核心素养体系，明确学生应具备的适应终身发展和社会发展需要的必备品格和关键能力，突出强调个人修养、社会关爱、家国情怀，更加注重自主发展、合作参与、创新实践。根据核心素养体系，明确学生完成不同学段、不同年级、不同学科学习内容后应该达到的程度要求，指导教师准确把

握教学的深度和广度,使考试更加准确地反映人才培养要求。各级各类学校要从实际情况和学生特点出发,把核心素养和学业质量要求落实到各学科教学中。

"新时期基础教育教师关键能力建设丛书"正是在上述国家政策和教育改革背景下,基于中小幼教师在落实立德树人根本任务过程中面临的具体问题、具体情形,探索其所必须具备的关键能力。初步预想是以学生核心素养培育、教师跨学科课程教学、学生高层次思维发展以及智慧校园未来空间驾驭等新任务、新挑战为线索,推动一系列与时俱进的教师关键能力建设的实践探索、理性思考以及智慧积累。

未来已来,在这急剧变革的时代,我们始终如一地关注教师关键能力培养,锲而不舍地为"中华民族'梦之队'的筑梦人"队伍建设而努力。

胡庆芳

2020 年教师节

目 录

第五章　教师跨学科的案例展示

第一章　跨学科研究的学理视野

第一节　跨学科专题研究的概况

现今的教育改革和人才培养不断朝着综合方向发展,这对各学科知识的互相融合产生了强大的需求。"跨学科研究"在这一发展趋势下应运而生,为新时代教育改革注入了全新的活力。

笔者在作本研究综述时使用的数据库主要是中国知网(CNKI)数据库,同时也参考了维普数据库、万方数据库。基于CNKI,笔者以"跨学科课程"为关键词进行查找,发现自2000年开始,相关学术论文有505篇,以"跨学科教学"为关键词有781篇,而以"跨学科"并含"教师"为关键词则有22篇,与"跨学科课程"和"跨学科教学"相比研究相对较少,其中外文文献有20篇。可见,专门针对跨学科课程教学中教师能力发展的研究,尤其是国内研究还十分稀缺。通过进一步分析"跨学科课程"或者"跨学科教学"的相关文献,发现从2000年开始,论文数量逐年递增,尤其是2015年以后,呈明显递增趋势,跨学科研究逐渐成为关注重点,如图1所示。

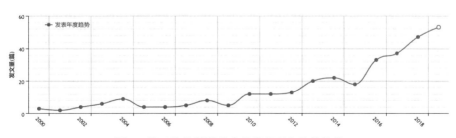

图1　关于跨学科课程或教学的研究总体趋势

一、 国外跨学科研究历程

跨学科作为一种思想源远流长,可追溯至中国的先秦时期和西方的古希腊时期。20 世纪后半叶开始,分科体系受到挑战,并被日益增多的跨学科活动所补充。① 1972 年,由埃普斯特尔主编的《跨学科:大学教学与研究问题》出版,标志着第一本跨学科类型的著作诞生。②

20 世纪 80 年代,跨学科学研究会和整合研究协会相继建立,标志着跨学科研究体制国际化正式确立。1980 年,国际跨学科学协会正式成立,该组织以跨学科科研和管理为中心,多次组织跨学科国际学术研讨会。1981 年,雷斯韦伯的《跨学科方法》一书由法国大学出版社出版。

1990 年,美国跨学科学专家克莱因出版了第一部完整的跨学科学专著《跨学科学——历史、理论和实践》,内容包括跨学科发展的历史、规律和方法以及应用等。克莱因用历史学、社会学、经济学、政治学、哲学等多学科视角系统研究跨学科问题,标志着该领域研究进入了一个全面发展的时期。

2004 年,美国国家科学院发表《促进跨学科研究》的报告,表明跨学科研究进入了全新的阶段。"多学科""超学科""交叉学科""交叉科学""跨学科学"等词汇涌现出来,这些表述虽有一些区别,而且其关键内容也各有特点,但其共通之处都是指多于两门的学科。

进入 21 世纪以来,由德国两位教授彼得·魏因加特和尼科·斯特尔主编的跨学科专著《实践中的跨学科学》出版,体现了跨学科研究深入实践的务实潮流。总之,"跨学科"既是一种知识与生活、科学与人文、不同学科领域之间彼此融合的价值追求与时代精神,又是一种强调互动建构、合作探究知识的学科研究的知识论与方法论,③国外的跨学科研究对我国的相关研究发展具有重要的借鉴意义。

---

① Klein J. A Taxnomy of Interdisciplinary [M]//Robert Frodeman, etc. The Oxford Handbook of Interdisciplinarity. Oxford: Oxford University Press, 2010: 15.
② Apostel L., Beger G., Briggs A., & Michaut G. Interdisciplinarity: Problems of Teaching and Research in Universities [M]. Paris: Organization for Economic Cooperation and Development, 1972.
③ 张华. 论理解本位跨学科学习[J]. 基础教育课程,2018(22): 8.

二、 国内跨学科研究历程

从国内研究来看,"跨学科"或"交叉科学"在中国兴起是在 20 世纪 80 年代。我国于 1985 年 4 月召开首届交叉科学学术讨论会,展示了我国交叉科学发展的形式和成果,这表明国内跨学科研究逐步趋向规范化。

1985 年,国内学者刘仲林发表《跨学科学》一文,这是我国学者首次较为系统地阐释和探讨跨学科的概念和基本问题。

1989 年,湖北人民出版社出版了由李光、任定成主编的《交叉科学导论》,该书论述了交叉科学的历史背景、现状、地位和作用,交叉科学的社会功能、形成机制和发展模式,以及交叉科学研究的基本方法和发展趋势。该书是全国第一本系统论述交叉科学的专著,体例新颖,不乏创见。

1990 年,浙江教育出版社出版了刘仲林主编的《跨学科学导论》,该书从基础论、关系论、方法论等方面论述了跨学科研究的定义概念、结构分类、历史沿革、跨学科认识、跨学科研究以及各种跨学科研究方法,标志着跨学科探索发展到了全新的阶段。

国内许多学者从不同角度提出了跨学科的概念和理论,既反映了跨学科的某些特征,推动了跨学科研究的发展,也产生了有关跨学科、跨学科学习、跨学科教学、跨学科课程等的不同观点。这需要研究者进一步分析和界定跨学科相关内涵。同时,跨学科研究作为一个新兴的领域,也呈现出了一些基本共性。

赵晓春通过对已有文献的整体分析,发现跨学科研究有四个基本特征[①]:其一是"形成过程中的跨学科性",跨学科是在不同学科相互交叉、相互融合的过程中形成和发展起来的;其二是"学科体系的独立性",跨学科虽是不同学科相互作用的产物,不能脱离原有母体学科,但不同学科之间融合形成的概念和方法等是一个新的学科系统;其三是"学科属性的不确定性",由于跨学科是各学科相互作用的产物,那各学科之间的力量就不是对等的,是存在差异的;其四是"学科发展的聚散性",跨学科在是各学科分化的基础上聚合,又在聚合的前提下继续分化,

---

① 赵晓春.跨学科研究与科研创新能力建设[D].合肥:中国科学技术大学,2007:27.

呈现出高度发散和高度聚合的双重特征。

一个优质的探索,要有一定的构成要素和普遍的规律模式。进入 21 世纪后,大量跨学科研究出现并走向了新的高度。林润燕、刘社欣在《"跨学科研究"之理论综述》中预测,对于跨学科研究取得成功的基本要素的研究分析、跨学科研究在学术机构中成功实行的重要条件,以及"对跨学科研究进行科学可持续性的研究评价"等将会是未来学术界对于跨学科研究的重要方面。① 而教师作为跨学科课程、跨学科教学、跨学科学习的建构者、执行者、学习者,其能力发展的内涵界定、要素分析、发展要求等是跨学科研究必须解决的重要议题。

第二节　跨学科核心概念的辨析

一、跨学科

概念界定是指定义和剖析研究对象的本质,是落实后续教师跨学科课程教学能力发展和实践的重要基础。笔者将从跨学科的词源分析入手,结合相关研究中的已有定义,实现对"跨学科课程教学"的概念界定,以此来剖析跨学科和课程、教学、学习之间的关系。

跨学科(interdisciplinary)一词最早诞生于 20 世纪 20 年代美国社会科学研究理事会会议的速记文字中,而最早公开使用"跨学科"一词的是哥伦比亚大学著名心理学家 R·S·伍德沃斯。

1972 年,经济合作与发展组织发行了首份关于跨学科(interdisciplinary)类型学的出版物,②提到了"multidisciplinary"(多学科)、"interdisciplinary"(跨学科)和"transdisciplinary"(超学科)等概念。

---

① 林润燕,刘社欣."跨学科研究"之理论综述[J].科技创新与应用,2013(02):271.
② Frodeman R., Klein J. T., & Pacheco R. C. D. S. The Oxford Handbook of Interdisciplinarity [M]. Oxford: Oxford University Press, 2010.

2010年,莫兰在《跨学科性》一书中对这些词进行了诠释。① 他认为,各学科在"multidisciplinary"中是平行、并列的关系,虽然运用多个学科的观念和方法,但依然保持清晰的学科边界;而"interdisciplinary"比"multidisciplinary"在学科整合上更进了一步,是从主题或交叉概念的角度对各学科进行整合,学科边界得以软化,学科之间实现融合;与"interdisciplinary"相比,"transdisciplinary"在学科融合上处于最高层次,以系统的视角将各个学科形成一个整体,在各学科共同交叠中形成一种新的知识价值观和教育观。可见,从学科整合程度而言,"跨学科"处于中间层次。

米尔和加德纳等人认为,跨学科是"当遇到那些用单一学科知识不能彻底解决的问题时,自觉地运用不同学科的思想观念和思维方式加以解决"②的过程。雅各布斯认为跨学科是"有意识地采用来自两个以上学科的方法论和语言来检验中心主题、问题、难题、话题或经验的一种知识观和课程方法"③。从国外学者这两个定义来看,跨学科不仅是一个以学科为基础的内容范畴,更是一种方法路径,这为国内学者对于跨学科的概念界定提供了方向。

国内著名跨学科研究专家刘仲林是最早将"interdisciplinary"翻译为"跨学科"的学者。他指出,跨学科的"跨"表示跨介于传统学科之间或跨出传统学科之外,即凡是超越一个已知学科的边界而进行的涉及两个或两个以上学科的实践活动均可成为"跨学科"。④ 他深化了"跨学科"的三层含义:第一,打破学科壁垒,进行涉及两个或两个以上学科的研究或教育活动,通称"跨学科";这是跨学科的基本含义;第二,指包括众多交叉学科在内的学科群,从这个意义上说,跨学科学科不是一门学科,而是所有具有跨学科特点的学科的总称;第三,指一门以研究跨学科规律与方法为基本内容的高层次学科,通称"跨学科学"。

可见,"跨学科"是一个系统性的单元整体,既有多个学科活动,又包含学科间的内在联系,是一个有规律和方法的学科体系。笔者认为,跨学科是打破学科壁

① Moran J. Interdisciplinarity [M]. London:Routledge,2010.
② Wineburg S.,& Grossman P. Interdisciplinary Curriculum:Challenges to Implementation [M]. New York:Teacher College,2000:10.
③ Jacobs H. Interdisciplinary Curriculum:Design and Implementation [M]. Alexandria:ASCD,1989:1.
④ 刘仲林.交叉科学时代的交叉研究[J].科学学研究,1993(02):9—16.

坌,超越单一学科边界,涉及两个或两个以上学科的课程方法和教育实践活动有机融合的过程和结果。它可以从名词和动词两个角度来解释:从名词的角度讲,跨学科是多门学科交叉发展的一种综合结果。从动词的角度讲,跨学科是学科发展的一种过程,是不同学科之间进行对话,两个或两个以上学科的理论和方法相互影响、有机融合的过程。

二、 跨学科课程

课程(course)含有行进时所遵循的路线的意义,那么跨学科课程就是指对跨学科综合及其进程进行安排。学科之间的边沿融合形成的边沿学科很容易被简单地认为就是跨学科课程,如生物与化学边沿化结合成了生物化学,物理与化学边沿化结合成了物理化学,这是狭隘的跨学科课程理解。因此,需要对跨学科课程有一个真正的了解。

2001年6月,我国教育部颁布了《基础教育课程改革纲要(试行)》,开始实施新一轮基础教育课程改革,提出了关于课程整合的要求:第一,学科课程目标上的整合,即强调学生的整体发展,为中小学生的终身发展奠定坚实的基础,将不同学科的课程目标确立为共同的三个基本纬度——知识与技能,过程与方法,情感、态度和价值观;第二,设置综合课程:品德与生活(1—2年级)、品德与社会(3—6年级)、历史与社会(7—8年级)、科学(3—9年级)、体育与健康(1—9年级)、艺术(音乐、美术)(1—9年级);第三,强调跨学科的学习方式,如探究学习、体验学习、合作学习等。这为跨学科课程建设奠定了基础。

2016年,核心素养课题组提出学生发展核心素养[1],即学生应具备能够适应终身发展和社会发展需要的必备品格和关键能力,分为文化基础、自主发展、社会参与三个方面,综合表现为人文底蕴、科学精神、学会学习、健康生活、责任担当、实践创新六大素养,具体细化为国家认同等十八个基本要点。这为跨学科课程建设指引了方向。

跨学科课程是一种超越学科界限的组织课程的方式。闵正德、郝汉坪认为,

---

[1] 核心素养研究课题组.中国学生发展核心素养[J].中国教育学刊,2016(10):1—3.

"跨学科课程既源于生活的丰富性,又反过来指向学生的综合素养培养,以应对生活"①。可见,跨学科课程既是一种教学理念,也是一种教学方法。

张海燕更是比较全面地诠释了跨学科课程的含义②:在课程目标上,强调以学生的经验为核心,加强知识间的联系;在课程内容上,涉及学生在社会、学术、情感等各方面的学习活动;在课程方法上,同时运用具有内在逻辑或价值关联的两门或以上学科的内容或技能,解决中心主题、难题、问题、话题等。

奥地利詹奇教授从系统设计的角度把跨学科课程分成多学科课程(multidisciplinary curriculum)、群学科课程(pluri-disciplinary curriculum)、横断学科课程(cross-disciplinary curriculum)、跨学科课程(inter-disciplinary curriculum)、超学科课程(trans-disciplinary curriculum),并厘清了这五种跨学科课程之间的关系,③如表1所示。

表1　詹奇划分的五种跨学科课程及其关系

	一般概念	系统的类型	系统图示
多学科课程	同时提供多种学科,但学科之间的关系不明确	同层次,多目标,没合作	
群学科课程	通常在同一层次上并列的各种学科,该学科构成方式增强了学科间彼此的关系	同层次,多目标,合作(但不协同)	
横断学科课程	在同一层次上,一门学科的原理对其他学科施加影响,因此围绕着这门特定学科的原理,各学科发生了固定的极化	同一层次,同一目标,从一门学科出发的固定控制	

① 闵正德、郝汉坪.核心素养统领下跨学科校本课程建设[J].教育科学论坛,2017(20):14—16.
② 张海燕.美国中小学跨学科课程研究[D].上海:华东师范大学,2005:9.
③ 刘仲林.跨学科学导论[M].杭州:浙江教育出版社,1990:49—51.

	一般概念	系统的类型	系统图示
跨学科课程	在相邻的高层次或亚层次上,一组相关学科的共同定理得到了定义,从而引进了目的意义。通过高层与低层间的相互作用,形成层次之间的跨学科	两个层次,多目标,更高层次上的协同	
超学科课程	在一般原理(由目的层次自上而下导出)和正在形成的认识论(协同认识)模式的基础上,所有的学科和跨学科进行协同	多层次,多目标,趋向于共同系统目的的协同	

从詹奇的分类来看,"多学科课程"是指不同学科围绕同一个问题形成并行关系,学科之间没有相互作用;"群学科课程"是指个别学科之间交叉融合形成课程群,但彼此之间的相互作用不全面;"跨学科课程"较之于其他四种课程,更注重各学科之间的共通性、关联性、交叉性、层次性,更关注各学科之间的协同作用;"超学科课程"则是从系统原理角度形成超越标准学科层次的具有一定规律的认识论。在当前基础教育的大背景下,狭义的"跨学科课程"更符合教师培养学生跨学科素养的需求,是教师围绕不同学科共同学习组织课程,共同挖掘不同学科中的共有概念和技能的过程。

三、 跨学科教学

美国学者舒梅克认为跨学科教学是指:"打破学科界限进行教学,把相关课程的相近内容组合在一起,使之形成有意义的整体,使学生的学习领域更广阔。"

韩建秋、王超华指出跨学科教学是一项复杂的系统工程,不是简单地把不同学科的知识进行叠加或联系,而是对不同学科内容进行科学分析,寻求利用交叉知识解决复杂问题的途径。①

于国文、曹一鸣认为跨学科教学是指跨越学科之间的界限,在注重各学科内在逻辑的基础之上建立学科间的联系,并将学科进行整合,进而在教学实践中实施多学科融合教学。②

可见,从理论基础来看,跨学科教学的理论内涵在于建构主义,基于现象、主题、项目等重新建构知识以及学科之间的关联。从学科整合取向来看,这个过程就是在两个或两个以上的学科之间建立有意义、有价值的联系,并以此联系作为纽带将学科进行融合,进行课程开发,组织跨学科教学。

四、 跨学科学习

跨学科学习的正式确立者是赫尔巴特及其弟子齐勒等,他们以学生的道德或者意志自由为中心,将各门学科关联起来。在 20 世纪初的进步教育运动或教育民主化运动中,"跨学科学习"进入了新的发展阶段,以杜威、克伯屈等为代表的民主教育思想,让跨学科学习更关注学生的经验、社会生活和学科知识。

美国专家鲍克斯-曼斯勒将"跨学科学习"定义为"个人和群体将两个或两个以上学科或已确立领域中的观点和思维方式整合起来的过程,旨在促进对一个主题的基础性和实践性理解"③。也就是说,跨学科学习是指将两个或两个以上学科的知识、观点加以整合,以主题为核心融合信息、资料、技术、工具等,从而解决问题的过程。

国际文凭组织提出了"跨学科学习"的三个特点④:(1)以跨学科理解为目的,即能运用两门或以上学科的观念与方法来产生理解,并创造出新的理解;(2)根植于学科思维,即不脱离学科本身的观念和方法,而是在学科思维上的进一步深化;

---

① 韩建秋,王超华."跨学科融合"生态专业创新型人才培养模式的研究与实践[J].教育现代化,2018,5(04):33—34+39.
② 于国文,曹一鸣.跨学科教学研究:以芬兰现象教学为例[J].外国中小学教育,2017(07):57—63.
③ Boix Mansilla V. Learning to Synethesize:The Development of Interdisciplinary Understanding [M]//Robert Frodeman, etc. The Oxford Handbook of Interdisciplinarity. Oxford:Oxford University Press, 2010:289.
④ 张华.论理解本位跨学科学习[J].基础教育课程,2018(22):7—13.

(3)能实现学科整合,即让不同学科之间产生相互关联的内在联系。

可见,"跨学科学习"要求教师和学生能通过整合各学科的观点产生跨学科理解,并运用综合的、多元的手段和方法来解决问题,旨在培养学生的跨学科理解力和综合创造力。"跨学科学习"的显著特点在于它使得学科之间的界限消失,让学习者建立学科之间的联系,这就要求教师自身实现"跨学科教学",让不同学科的教师协同整合课程、协同上课、协同探究,形成跨学科教学机制。

第三节 跨学科课程相关的研究

一、跨学科课程建构

跨学科课程建构是指完成一项课程计划的整个过程,包括课程目标的确定、课程内容的组织、课程实施及评价等阶段。

戴守玺、王伟指出了跨学科课程建构的要求事项[1]:(1)课程培养目标具体化;(2)继承与开发相统一,跨学科课程建构不是摒弃传统课程知识与结构,而是在此基础上,融合多学科知识,发展符合现代教育需求的课程知识;(3)课程结构的紧凑性与系统性。可见,跨学科课程建构不是单纯地将各学科相关课程叠加,而是在学时限定下,保证知识的全面与系统,对知识技能体系进行重塑,具有明确的目标性、融合性、系统性。

常乐提出了在教师层面进行系列跨学科课程建构的操作策略[2]:(1)插入式,以国家课程、地方课程、校本课程作为课程体系的基本框架,将其他课程资源中富有特色的内容插入其中,形成内容丰满、结构严谨的完善的课程体系,这依赖于教师的课程把握能力;(2)衔接式,关注课程不同学科之间的联系和衔接,对不同学科重叠和交叉的部分进行整合,这依赖于教师之间的交流和配合;(3)增删式,教

---

① 戴守玺,王伟."中国制造 2025"战略背景下的跨学科课程体系建设构想[J].高等农业教育,2017(06):3—7.

② 常乐.小学课程整合实践路径探究[D].济南:山东师范大学,2016.

师结合课程整合的核心发展目标，适当删除课程之间的冗余内容，增加一些学生确实需要的富有特色的课程内容，以增强课程体系的适应性，这依赖于教师的灵活运用能力；(4)重构式，打破传统的课程门类，创生新的课程形态与体系，这依赖于教师的创造力。这清晰地呈现了跨学科课程建构中教师的角色，表明教师对于跨学科课程要有基本的把控能力、整合能力、沟通能力和创新能力。

(一)国外跨学科课程整合研究

国外学者雅各布斯比较清晰地划分了学科课程整合方式(如表2所示)①，具体包括：学科本位(discipline-based content design)，在学科的课程框架之内实现课程内容的整合；并行式学科(parallel discipline design)，将两门相关学科的某些主题安排在同一时间教学，而把建立两门平行学科之间关联的责任交给学生；多元学科(multidisciplinary design)，围绕同一个主题将多门相关学科整合在一个正式单元或学程里；科际整合单元(interdisciplinary units)，打破原有学科界限，将学校课程中的所有学科整合成一个单元。

表2　雅各布斯的学科课程整合方式

雅各布斯跨学科课程整合方式	
学科本位 (discipline based content design)	在学科的课程框架内实现课程内容的整合
并行式学科 (parallel discipline design)	将两门相关学科的某些主题安排在同一时间教学，而把建立两门平行学科之间关联的责任交给学生
多元学科 (multi-discipline design)	围绕同一个主题将多门相关学科整合在一个正式单元或学程里
科际整合单元 (interdisciplinary units)	打破原有学科界限，将学校课程中的所有学科整合成一个单元

雅各布斯的这四种课程整合方式是对传统分科课程的反思和重构，使课程整合的内涵更加丰富，强调以学生感兴趣的学科主题、生活主题或者社会中的主题

---

① Jacobs H. Interdisciplinary Curriculum：Design and Implementation [M]. Alexandria：ASCD, 1989：1.

为核心,整合平行学科、相关学科群以及所有学科。作为课程整合的重要代表人物,他的跨学科整合思想为构建上下衔接、左右融贯的跨学科课程体系奠定了理论基础。同时,在课程整合的设计模式方面,他基于组织程度提出渐进式整合模式,将其作为指导课程整合的行动框架。在课程整合的实施与评价方面,他鼓励教师通过绘制课程地图寻找整合突破口,遵循"选择组织中心、头脑风暴、设置问题、组织活动"等步骤实施跨学科课程整合,为当下跨学科课程建构提供了实践基础。

福格蒂把课程整合划分为单一学科内的整合、跨学科的整合、学习者内外心智的整合三大类。其中,他把跨学科的整合划分为五种[①]:(1)序列式。虽然不同学科仍采用独立教学的形式,但是在同一时间段内,不同学科关注的是相似的主题或内容。(2)共享式。两门学科之间按概念、技能、态度,形成统整的主题或单元。(3)张网式。以一个主题为核心,从这个主题的角度来架构和关照各学科的内容,围绕同一主题将不同的学科连接成一个网状的结构。(4)线串式。这是一种元课程的课程整合方式,它以思维技能、社会技能、学习技能、图形组织者、技术、多元技能等为线索,将不同的课程内容进行整合。(5)整合式。从多门学科共有的概念和模式中提取出跨学科主题。在整合式中,不同的学科教师通过合作进行教学设计。福格蒂对于跨学科课程整合模式进行了有效探索,为教师跨学科课程整合实践提供了借鉴。

(二) 国内跨学科课程整合研究

傅芳在分析国内外跨学科课程整合的现状中发现,改变以科目为中心的课程设置、构建综合课程是当前基础教育课程建设的基本潮流。[②] 也就是说,在当下课程改革背景下,教师可以通过课程整合或者学科整合来加强学科间的联系,使知识相互渗透,更加贴近生活、社会,从而提高学生的学习兴趣,增强学生的各项能力。

"课程群"是跨学科课程整合的基础单元。跨学科课程群可有效形成专业知

---

① Fogarty R. Ten ways to integrate curriculum [M]. Educational Leadership,1991,49(2):61-65.
② 傅芳.基于创造力培养的小学跨学科艺术融合课程研究[D].重庆:西南大学,2016.

识结构和知识体系的整体性,培养学生形成跨越学科界限的知识视野。戴守玺、王伟提出跨学科课程建设要从横向与纵向两个纬度进行整合,横向整合是对属于不同学科的课程进行整合,纵向整合是对同一学科内的课程进行整合。通过两个维度的课程整合,形成具有紧密联系的若干个课程群,使课程间结构紧凑,内容衔接,形成系统,最大效能地发挥课程群的综合优势。此外,他们还建立了"能力—课程—知识需求"对应体系①。

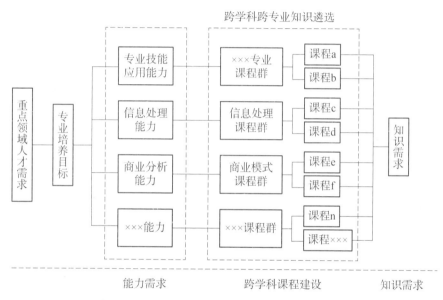

图2 跨学科课程中可逆推的"能力—课程—知识需求"对应体系

综观国内外课程整合模式,可以发现主要存在这几种模式:(1)"拼盘式",即将几门学科组合在一起,但其各自仍然保持自己的知识体系和独立性;(2)"融合式",即将几门学科"融合"在一起,使各学科不再保持自己的知识体系,而是按照新的主线编排在一起;(3)"再构式",即完全打破学科界限,以科学概念或某个主题为中心重新组织。

综上,国内外关于跨学科课程整合的模式探索是丰富多样的。当前我国基础

---

① 戴守玺,王伟."中国制造 2025"战略背景下的跨学科课程体系建设构想[J].高等农业教育,2017 (06):6.

教育学校设置了校本整合课、社团活动课、研究性学习等,这给跨学科课程的学习提供了充足的活动时间,改变了原本整合课涵盖学科内容单一、学科特征明显、学科内容简单拼凑现象突出等劣势,使学生更乐于接受多学科融合的跨学科课程。

二、 跨学科课程实施

(一) 芬兰的跨学科课程实施

芬兰作为世界上成功的、高质量教育体系的代表,于 2016 年颁布《基础教育国家核心课程(2014 年版)》,推出以跨学科素养为核心的整体化课程改革方案,建构了以七项跨学科素养(transversal competences)为中心的课程体系。这七项跨学科素养成为课程体系的 DNA,将变革延伸至教育目标、课程内容、组织方式和教学评价等方面。

图 3　芬兰基于跨学科素养的课程建构图

芬兰开展的以跨学科素养为核心的课程建构是指将跨学科素养转化为课程与教学各环节必须坚守的目标与标准,起到统领课程要素、规约教学方向的作用,使课程体系中各要素能够协同一致,成为整体。[①]

在课程教学目标方面,芬兰采用"跨学科素养—学段任务—学科目标"的目标层次结构。首先,依据素养目标提出各年段培养任务,实现素养的"学段分解"。其次,明确各学科所对应的跨学科素养,完成素养的"科目渗透"。

在课程教学模式方面,芬兰提出基于"现象"的整合教学模式。即采用整合教

---

① 王奕婷,吴刚平.芬兰基于跨学科素养的基础教育课程改革与启示[J].教育理论与实践,2019,39(02):40—43.

学(integrative instruction)的方式,帮助学生看到不同现象(phenomena)间的相互联系,从而连接不同领域的知识与技能,形成有意义的整体。

(二) 美国的跨学科课程实施

张海燕从课程的目标、内容、设计、管理和评价等方面总体介绍了美国中小学跨学科课程的编制情况,[①]为我们落实教师跨学科课程教学提供了较好的研究基础。

首先,教师要明确跨学科课程的基本目标。张海燕将美国不同形态的跨学科课程目标的共同性进行梳理,形成了跨学科课程的基本目标(如表3所示)。可见,教师可从认知、行为、态度、能力等维度来综合设计跨学科课程目标。

表3 跨学科课程的基本目标

认知目标	行为目标	态度目标	能力目标
掌握学科性知识,形成完整的学科知识体系	养成良好的学科性技能	促进学生价值观的形成和社会化进程	发展实践能力,发展对知识的综合运用和创新能力
掌握经验性知识,形成完整的经验体系	养成良好的跨学科技能	形成端正的自我意识	养成主动合作的意识和能力

其次,教师要组织跨学科课程的内容设计。张海燕引用了美国中小学常用的三种跨学科课程的设计方式,即中心主题方式(central theme approach)、跨学科技能方式(interdisciplinary skills approach)、生活中心方式(life-centered approach)。其中,中心主题方式是以一门学科为中心,将不同学科相互联系的内容结合在一起进行教学;跨学科技能方式以话题为中心将各学科知识进行连接,更强调形成共同的学习过程;生活中心方式则以社会问题为着眼点,注重在真实的生活情境中综合主动地运用各学科知识。

再次,教师要具体实施跨学科课程路径。张海燕提出教师可以从以下几个步骤来实施课程,即基于学生情况选择课程形式,设计主题明确组织中心,围绕

---

① 张海燕. 美国中小学跨学科课程研究[D]. 上海:华东师范大学,2005:33—53.

核心概念进行集体讨论,开发实质性问题并融合评价,开展日常活动和回顾检查等。

此外,教师还要开展跨学科课程质量评价。美国中小学跨学科课程常用的三种评价方式为成绩评价(以跨学科教学和学习过程中解决实际问题的成绩作为评定结果)、项目评价(对学生独自或小组合作利用跨学科技能完成项目的情况进行创造性评价)和档案袋评价(对学生的个人作品进行系统收集,反映学生的努力情况、进步情况、熟练程度及特长等)。

从美国中小学跨学科课程建构的要求来看,教师需要以跨学科课程目标为导向,结合多样化的课程组织形式和实施路径进行落实,最终以反思性课程评价作为反馈,形成一个从开发、实施到评价的课程建构基本框架,但其中关于课程的资源建设、组织建设、人员建设、制度建设等方面的探讨还不够具体,需要在研究中继续开发和精细打磨。

(三) 国内的跨学科课程实施

在我国中小学教育实践中,中小学教师根据自己的能力、学生的需求、学校的条件,对跨学科课程与教学进行了积极的探索,取得了一定经验,主要表现为以下几种类型:首先是学科内课程整合的模式,主要包括单元内整合、学期内整合、学年内整合、教科书内容的拓展四种;其次是学科间课程整合的模式,包括学科间并行整合、学科间辅助合作整合等;最后是校本课程开发中的学科课程整合。

杭州市崇文实验学校实行"教师包班,协同教学"制,即每个班级都配有两名教师负责教学和日常生活管理,两名教师不仅协调完成平常的教学管理工作,还要同时进课堂进行授课,进一步缩小师生比例,针对学生差异进行教学,平等地对待每一个学生。[①]

蒋建明以江苏省天一中学现阶段的跨学科教学实践为案例,提出在 STEM 教育中将各种学科知识融入现实生活,通过项目式的教学方法让学生在活动过程中学习各种学科知识和跨学科知识。这些跨学科活动主要是以研究性学习、社团活

---

① 常乐. 小学课程整合实践路径探究[D]. 济南:山东师范大学,2016.

动等形式开展的。[1] 学校立足于学生解决真实问题的挑战梯度设计教学过程(见图4):生成研究主题→确订研究内容→制订研究计划→开展研究分析→处理研究数据→形成报告结果。

图4　江苏省天一中学项目式跨学科阶梯式教学过程

同时,江苏省天一中学还形成了相应的阶梯式教学方法,根据问题的来源、研究过程是否给定、是否有给定的解决方案设定了不同的探究层次(见图5):难度最低的验证性探究(问题、过程、解决方案均由指导教师提供);难度稍高一些的结构化探究(给定问题和研究过程,学生开展研究并提供解决方案);难度中等的引导性探究(提供问题,学生自己进行研究并提供解决方案);难度最大的开放式探究(学生自行提出问题,实施研究过程,获得解决方案)。这个跨学科课程的实践都是立足于促进学生思维方式的转变,让学生学会问问题、掌握问题分解能力,并把理论思考转变为操作思维。

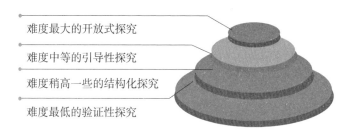

图5　江苏省天一中学项目式跨学科阶梯式教学方法

北京师范大学良乡附属中学在跨学科课程教学方面提供了较好的示范经验。该校教师尝试寻找各学科间的交集点、盲点、渗透点、残缺点[2]:学科间的交集点

① 蒋建明."跨学科课程"教学在项目研究中的实践[J].教学研究,2018,41(05):38—40.
② 李玉珠.学科课程整合的实践探索、问题及思考[D].北京:首都师范大学,2007:19.

是指各学科中重叠的同类知识点;学科间的盲点是指各学科都有所涉及却又没有统领各学科的整体架构内容;学科间的渗透点是指各学科中隐含的其他学科内容;学科间的残缺点是指需要其他学科给予有力支撑的内容。这种基于实践的探索方式让教师有了跨学科整合的切入点,有效地将各学科间的共同支撑点、联结点整合在一起,提高了跨学科设计能力。

清华大学附属小学在课程规划、课程结构、课程内容、课时安排和评价方式等方面为其他学校提供了有价值的实践经验,如图6所示。它建立了适合本校学生发展的培养目标,并将其细化为学生必须具备的十项技能,提出了"1+X课程"结构——"1"是优化整合的国家基础性课程,"X"则作为国家课程的补充,通过各种各样的特色课程发展学生的个性,将学校特色化发展与学生个体性课程完美结合。① 学校将原有国家课程中的各学科分类整合成五个领域,即品格与社会、语言与人文、体育与健康、数学与科技、艺术与审美。此外,在保证学生基本能力发展的基础上,将原本固定的课时改变为长短不一的大课时和小课时,以与不同类型的课程相匹配。同时改变了相应的课程评价机制,将定量与定性、互评与自评相结合,以及在终结性评价的基础上,加强过程性评价。

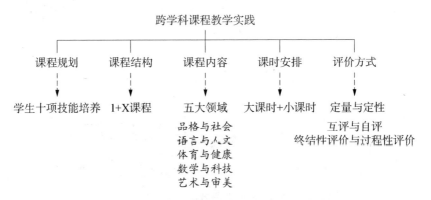

图6　清华大学附属小学跨学科课程教学实践

上海市奉贤区教育学院附属实验小学(下文简称上海奉教院附小)在"跨学科主题探究模块课程的再构建研究与实践"中,以"跨科设计"为原点统整课程资源,

---

① 常乐.小学课程整合实践路径探究[D].济南:山东师范大学,2016.

以国家基础课程、立德树人课程、兴趣特长课程、综合主题课程四大模块为课程内容,以综合素养评价(美美、慧慧、能能、强强、康康)为评价方式架构课程体系,让学生去探索自己和自然、生活、社会等的关系,培养学生的自然观、生活观、世界观和未来观。

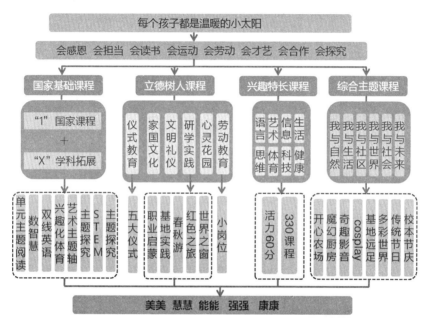

图7　上海奉教院附小跨学科课程教学实践

　　同时,上海奉教院附小还以十问的形式构建了跨学科综合主题课程的设计及运行机制:为什么要进行跨学科综合主题课程?资源获取的机制是什么?主题从哪里来?各主题之间的逻辑关系是怎样的?综合课程和学科学习的关系是怎样的?同一主题下的年段目标如何设计?谁来设计与实施综合课程?课程实施的策略是什么?课程实施的有效方法或路径是怎样的?如何对课程做评价?这些问题为其他学校开展跨学科课程教学指明了方向和路径。

　　上述这些范例证明了跨学科课程教学正逐步趋向于与学校文化、物质资源、教师条件实际相结合,从不同学科的视角多方位地为学生呈现一个真实而完整的知识世界,同时引导学生树立整合的学习观,培养学生综合解决问题的能力。

　　但是,目前跨学科课程与教学探索大多是所在地区教学质量较好的学校所实施的，因为此类探索需要丰富完整的课程体系，需要高水平师资的协作，需要改革相应的评价机制，也依赖外部条件的保障，而这些因素在地区和学校之间差距很大，在某些地区和学校甚至处于缺失状态。同时，教师普遍存在着理论知识不足，整合能力有限，专业指导不强，实施精力不足，家长、行政、社会支持薄弱等问题。此外，对于跨学科课程教学，各地都提出了课程改革的美好愿景和理想化的课程设计，但是实践过程中的种种阻碍和美好理想之间的矛盾却难以调和。

要解决这一切问题的核心要素之一在于跨学科师资力量的发展。参与跨学科课程研究的实践者主要指一线教师和教育管理者，他们对跨学科课程理念的理解、对课程体系的规划，以及学校管理体制的配合情况，在一定程度上都会影响课程实践效果。因此，亟须培养具有跨学科教学能力的教师，以此来推动更多学校来开展和实施跨学科课程，这正是本书的意义之所在。

三、跨学科课程评价

国外对于跨学科课程评价的研究充分体现了定量与定性相结合的特征，还未形成评价模式。来自哈佛大学和美国科学促进协会的专家学者在 2006 年就如何对跨学科实施质量评估进行了研讨，其中涉及质量的定义。[①]

(一) 教师跨学科课程评价的特点

戴守玺、王伟等认为跨学科课程体系的建设效果评价要具有简明性、关键性、对比性等特征，要坚持目标导向，依循发展性原则，从课程目标与发展战略的结合度、课程结构与能力要求的对应度、课程范围与发展领域的密切度、课程效果与人才培养的达成度等多维度展开，[②]如图 8 所示。这一评价模式是伴随跨学科课程体系的动态建设过程进行的，具有动态适应性，以保证课程评价不断优化。

---

① 晋琳琳.高校科研团队知识管理的系统要素和行为模式研究[M].北京：科学出版社，2013.
② 戴守玺，王伟."中国制造 2025"战略背景下的跨学科课程体系建设构想[J].高等农业教育，2017（06）：7.

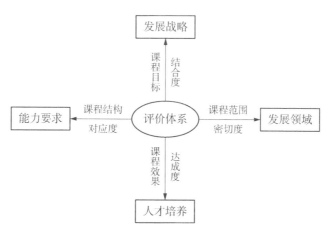

图 8　跨学科课程评价的目标维度

（二）教师跨学科课程评价的方法

传统的分科课程只对学生的学业成绩进行评价,而跨学科课程强调从课程设计、实施和效果三方面对师生表现进行共同的评价,以检验课程体系的可行性。鲁尼指出教师对跨学科课程可采取多样化的评测形式,包括"档案袋、学生展示、团队任务、探究项目、实验操作、小组合作、项目研发、课程作业、对话分析、日记描写、采访活动、角色扮演、自我反思等在内的多种形式"[①]。

雷斌等对跨学科过程性评价的若干观点进行了梳理,认为其是对科学研究实施意义上的学科交叉动机、过程和效果的三位一体的评价,"它可依据评价主体、评价层次、评价的规范程度、评价方式进行分类,采用综合性评价方法"[②]。

刘培红、曹立娅等提出了跨学科质量评价指标和模型,指出"教学质量评价指标主要由学生满意度（S,satisfaction）、督导组评估结果（E,evaluation）、完成教学任务所用的成本（C,cost）、备课时间（T,time）以及授课时数（P,period）等指标决定"[③]。其中,不同类型的指标数据需采用不同的评估方法确定数值,例如,学生满意度通过指标评估值进行量化。

① Looney J. Assessment and Innovation in Education [R]. Paris：OECD Publishing, 2009.

② 周春燕. 复杂性科学视野下的高校教师评价研究[M].苏州：江苏大学出版社,2008.

③ 刘培红,曹立娅.合作博弈的跨学科教师合作教学研究[J].天津大学学报（社会科学版）,2010,12（04）：348—351.

表 4　教师跨学科教学各指标值评估方法

数据类型	评估方法
学生满意度(S)	相对重要度比较法
督导组评估结果(E) 成本(C) 备课时间(T) 授课时数(P)	直接法

表 5　教师跨学科教学外部指标评估值

学生 满意度	极满意	很满意	满意	较满意	一般	较不 满意	不满意	很不 满意	极不 满意
指标值	0.9	0.8	0.7	0.6	0.5	0.4	0.3	0.2	0.1

刘培红等还确定了教学质量评估模型,设各指标权重为 α_1、α_2、α_3、α_4、α_5,考虑到跨学科课程教学任务与其他常规课程教学任务完成的质量和标准有所不同,通过专家座谈、问卷调查等方式确定其各个指标的权重,之后得到教学质量评估模型为 $Q = \alpha_1 S + \alpha_2 E + \alpha_3 C + \alpha_4 T + \alpha_5 P$,最后根据"评估值 0.1 等同于 1 分"的转换原则,将评估值换算成具体分数,得出总评估值。这为制定和实施跨学科教学的评价机制提供了定量的参考依据。

总体而言,国内学者意识到跨学科评价对于跨学科可持续发展的重要性,但相关研究更多地是从宏观上对跨学科课程评价的障碍进行全局性考察,并提出指导性原则及意见,较为缺乏微观的、务实的实践研究,同时也缺乏整体的深入研究,所取得的显性成果还有限。

第四节　教师跨学科能力的探讨

一、教师跨学科能力的要素分析

传统的学科教学使教师成了某一学科的知识专家、教学专家、教育专家,但对于本学科之外的知识，则仅限于一些基础的生活常识。新课程改革对教师跨学科能力提出了更高的要求。而目前知网上关于教师跨学科能力素养的文献很少，检索"关键词＝跨学科教师能力"的结果显示只有4篇文献。

高红霞认为教师跨学科能力包括良好的沟通能力、主动学习的能力、科学研究的能力、勇于反思并用反思实现自我超越的能力、积极的调试能力等。[①]

袁丹等提出教师 GPS 能力发展定位系统，[②]其中，"G"指通识能力（General Abilities），是应对未来社会变化及可持续发展而必须具备的基本能力；"S"指学科能力（Subject Abilities）；"P"指专业能力（Professional Abilities），是教师专业化水平的重要标志。这种能力系统要求教师根据当下教学和未来发展需要绘制出适合自己的 GPS 导航图谱，以便按图索骥式地分阶段进行导航学习，提高跨学科知识和技能。

图 9　教师 GPS 能力发展定位系统

李玉珠认为教师需具备的跨学科能力包括[③]：（1）熟悉跨学科课程设计的基本理念与模式；（2）熟悉各种学科课程整合的形式及其特点、优点与缺点，并能灵活应用；（3）能根据教学内容、学生水平、学校条件适当地调整教学内容、范围、顺序等；（4）能够实施不同学科间的整合，根据主题，将自身学科整合于其中；（5）能够寻找到同一学科的相关知识点，以及不同学科的共同支撑点；（6）具有与他人沟通、协调合作、分享与讨论的能力。这就要求教师具有全方位的教育视角，针对课

① 高红霞.新课程背景下教师应具备的能力[J].河南教育(基教版),2009(04)：40.
② 袁丹,周昆,苏敏.基于能力标准的小学全科教师培养课程体系架构[J].课程·教材·教法,2016(04)：109—116.
③ 李玉珠.学科课程整合的实践探索、问题及思考[D].北京:首都师范大学,2007：19.

程内容、教学行动、学习活动和学习对象等所有要素形成一个综合的、共享的、动态的能力系统。

李芳芳提出了培养教师跨学科教学能力的关键要素(如图10所示),包括①:
(1)一种多元化、和谐、支持充分的跨学科合作教学环境。(2)教学团队的构建和形成。这是跨学科合作教学的第一步,只有首先组建起一个团队,才能开展跨学科的教学。(3)团队成员角色的形成和分配。教学团队中的成员应该各自承担着不同的任务和工作,各司其职,相互合作,才能保证合作教学的顺利进行。(4)不同形式的合作和交流。跨学科合作教学涉及不同学科的老师以及不同身份的参与者,他们之间应该采取各种各样的方式进行合作和交流。(5)形成合作型团队文化。教师跨学科合作教学的最终理想应该是形成一种合作型的团队文化。

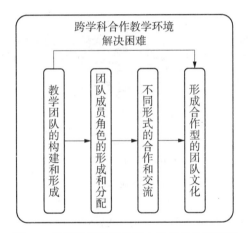

图10　教师跨学科教学能力培养的关键要素

王光明等提出跨学科教学能力需具备三种关键能力,即"识记与理解、运用与实践、创新与迁移"②。这就需要教师关注知识网络的建构和知识的境域性,关注问题情境的学科交融性、内在逻辑性及熟识度,实现测评重心的转移,并从测评目的、测评内容、测评结果运用三方面来探讨教师跨学科能力测评,以此来实现教师开展跨学科能力测评方式的深度变革。他们指出,测评目的实现从"学会什么知

① 李芳芳. 教师跨学科合作教学的案例研究[D]. 上海:上海师范大学,2011.
② 王光明,卫倩平,赵成志.核心素养视角下的跨学科能力测评研究[J].中国教育学刊,2017(07):24—29.

识"到"欠缺什么能力"的转向,测评内容实现从"去情境化"到"情境化"的转向,测评结果运用实现从"静态呈现"到"动态干预"的转向。可以看出,研究者对于跨科学能力测评,在工具性追求的基础上渗透了价值追求,测评的过程也有助于保障教师跨学科教学质量。

从国外相关文献来看,法国是较早推行教师跨学科培养的国家之一,在小学全科培养制度中进行通识教育,采取不分科的培养方式,以自上而下的方式确立了法国小学全科教师专业能力标准,并执行制度化的培养机制。李岩红基于法国小学全科教师培养制度的启示,按照"突出主科、自选专项、发展特长、培育多能"的培养思路,提出了小学全科教师"三主一辅多能"的培养制度[①]:"三主"是指教师学习语数外三门主课,并达到胜任三门课程教学任务的要求;"一辅"是指在美术、音乐、体育三个专项模块中自选一门;"多能"即突出"五能五会"。

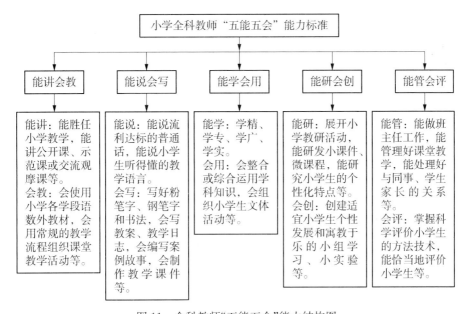

图 11　全科教师"五能五会"能力结构图

这些研究为我国培养跨学科教师提出了制度构想与合理化建议,但仍然不够完善,是否能够促进跨学科教师的培养还需考证。此外,我国跨学科教师培养还

---

① 李岩红.法国小学全科教师培养制度及其对我国的启示[D].烟台:鲁东大学,2017.

处于探索阶段,到底什么样的培养制度更适合,还需要进一步的研究。

二、 教师跨学科能力的发展路径

(一) 国外教师跨学科能力的发展路径

国外研究在理论层面上,首先,主要围绕教师的跨学科知识共享行为进行建模,对跨学科知识进行结构化,分析影响各学科教师间知识共享的因素。其次,用社会网络理论研究教师跨学科协作教学的可行性,着重从个人人际网络的角度探讨跨学科协作的实现途径。

从实践层面来看,早在 20 世纪七八十年代,为适应一些跨学科课程教学,美国一些中小学就建立了跨学科小组以开展协作教学。这些跨学科小组的形式非常灵活,能够充分发挥不同教师的技能,促进不同学科教师间的知识共享。[1]

弗吕克霍尔姆和格拉松等从知识内容、教师个人态度与信念等角度对跨学科的共享与协作进行了经验研究。近年来,更多的实践是利用网络平台促进教师跨学科的知识共享,如 TIDPS(Teaching for Interdisciplinary Problem Solving)项目和PLT(Project Learning Tree)项目。

(二) 国内教师跨学科能力的发展路径

我国基础教育领域工作者在促进教师跨学科知识共享和协作方面进行了许多实践探索。杨玉娟提出探索跨学科、跨学校、跨区域的教研模式,针对一些综合性课程,制定跨学科教研制度,通过教研员、专业科研人员和教师的合作,进行互动式的跨学科教研,丰富教研的形式与内容。[2] 陈向东等提出从社会文化和技术的角度,尝试利用和改进现有的网络工具进行跨学科的知识共享。[3] 董宏建也主张构建一个教师跨学科协作学习平台,并通过六个阶段"建立平台、专业引领;个性化自主学习;专题协作交流;形成跨学科专业学习共同体;跨学科反思交流;共

---

① Clark S., Clark D. Exploring the Possibilities of Interdisciplinary Teaming [J]. Childhood Education,1997(5):267－271.

② 杨玉娟. 校本教研是教师成长的支点[J]. 牡丹江教育学院学报,2006(03):166—167.

③ 陈向东,高丹丹,张际平. Blog 在跨学科知识共享中的应用[J]. 中国电化教育,2004(08):17—20.

同提升跨学科专业水平"构成体系。① 这种结构化、阶段化、自上而下与自下而上相结合的跨学科协作学习模式,使跨学科教师与专家、教研员、志愿者形成在线的学习共同体。

阚维借鉴新加坡模式中的"阶梯式"路径,通过教研组织集中力量,以层递式培训方式加强教师核心素养的发展,还通过教师在学校层面的教研活动,发挥教师群体的"自组织"能力,促使教师将核心素养培育融入日常教学。② 通过情境学习,形成教师跨学科素养发展的核心;通过学会学习,构建教师跨学科素养发展的元认知条件;通过掌握概念,帮助教师把握跨学科素养发展的基础。

曾丽颖等提出了 STEAM 教师综合素质螺旋式发展的有效路径,从总体上构成"主干—拓展—综合应用—提升—再综合"的螺旋式课程设置,以分类补教、引导应用、提升单科水平、最后综合突破的方式为从职前教师到新手、骨干和名师铺就发展路径。③

杨洲、程雯提出了建立"三位一体"的全科教师培养路径(如图 12 所示),即教学科研协同创新机制、人才发展协同创新机制、专业发展协同创新机制、资源共享协同创新机制,从而培养具有全面素质和复合型能力的全科教师。其中,"三位"是指高等师范院校、地方政府(教育行政部门)和基层学校。"一体"是指三方互动合作,机构管理一体化;中小学教师职前培养与职后培训有机衔接的教育过程一体化;大学教师、中小学教师与师范专业学生合作学习的专业发展一体化。④ 他们研发了小学全科教师专业能力标准,并以能力培养为逻辑起点,系统构建了"一个实践教学体系,三个岗位能力平台",这为跨学科教师培养机制提供了较系统的能力导向模式。

总而言之,无论是国外还是国内关于教师跨学科教学能力发展的研究都存在共同的问题:第一,在实践过程中跨学科课程涉及多方面知识,利用传统方式培训

① 董宏建.网络环境下教师跨学科协作学习研究[D].上海:华东师范大学,2008.
② 阚维.教师跨学科素养的发展路径和方法——以 IB 课程 MYP 项目中的教师发展为例[J].人民教育,2017(15):24—28.
③ 曾丽颖,任平,曾本友.STEAM 教师跨学科集成培养策略与螺旋式发展之路[J].电化教育研究,2019,40(03):42—47.
④ 杨洲,程雯."三位一体"协同创新机制下小学全科教师的培养路径[J].文教资料,2017(09):152—154.

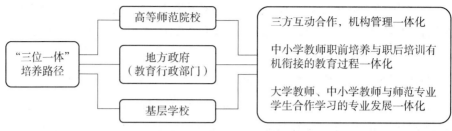

图 12　全科教师协同创新机制

教师较为困难,当前还普遍存在着教师缺乏相应的理论知识、缺乏课程开发能力、缺乏协作能力等问题。第二,教师培训模式多以自上而下的形式开展,通常比较封闭,是在政府指导下的以指定方式组织的跨学科教师的学习与研讨,具有周期维持时间短、参与积极性不强、协作效能不佳等问题。

第二章 跨学科实践的区域调研

第一节 跨学科实践的区域调研设计

应时代之变、未来之需,越来越多的教学实践指向培育学生综合素养以及提升学生问题解决能力,教师的教育教学实践也不再囿于一般意义上的分科教学,纷纷在综合实践活动、项目化学习、STEM 教育、基于问题的学习等方面进行探索。这些实践活动有共同的追求:素养培育导向、真实问题解决、多学科介入等,其中"跨学科性"是其共有的特点之一。对于教师而言,开展这些实践就是在开展"跨学科教学"。

为了解当前中小学教师开展"跨学科教学"的基本情况,教师跨学科能力发展研究项目组(下文简称项目组)设计并开展了有关教师对于跨学科教学的认识与实践的调查。

一、已有的跨学科实践调研

通过文献检索和阅读,我们首先考察已有的跨学科实践调研有哪些,它们的主要调研内容是什么以及有怎样的基本结论,以对本调研的设计与开展提供参考。

早期的有关跨学科的调研主要是在世纪之交课程改革的背景下,出于对"主题教学""综合实践活动"等方面的关注而开展的。例如,针对高中教师实施跨学科主题教学的一项研究,调查了高中教师对跨学科的基本理解,跨学科主题教学的实施途径和方法,以及面临的问题和困难等。[①] 在涉及不同国家的调查研究中,有研究者基于对中国北京和上海、日本东京和大阪的小学的调查,比较了两国城市小学在综合实践活动方面的课时分配、内容重点、指导方式、评价方式及学校认为应该加强的领域。[②]

随着这些年以 STEM 教育为代表的跨学科教学的兴起,以 STEM 相关学科教师为对象开展的有关跨学科能力、教学现状等方面的调查和研究也频频出现。

有研究者认为跨学科能力是 STEM 教育的核心能力。陈小敏等对教师的跨学科能力进行了理论构建,包括多学科知识储备、创新表现、团队合作以及实践运用四大模块,并且基于此设计问卷,对上海市各区 255 名经历过 STEM 培训的教师进行了调查。结果发现,这些 STEM 相关学科教师的多学科知识较扎实,但整合运用能力不强;创新思维较强,但创新人格较弱;合作能力较强,但角色识别能力不足;反思评价能力较高,但技术应用能力不足。[③]

也有研究者以山东某市为例,专门调查了 STEM 教师的培养现状及其专业素养情况。[④] 结果发现,目前小学教育中基本没有专门从事 STEM 课程教学的教师,STEM 相关学科教师大多数为年轻教师,其中科学和信息技术教师数量少。大多数学校缺乏全面培养小学 STEM 教师的目标,对相关学科教师专业素养整体水平的提高有所忽视。从 STEM 相关学科教师的专业素养来看,其专业情感素养较高,但相关教学能力和科研能力有待提升。

上述有关跨学科方面的调查研究,体现了特定时代背景下对该问题的关注情况;内容上与中小学具体实践如综合实践活动、STEM 教学等相联系;调查范围以省城或城市为单位,调查对象以教师为主体,体现了对实践者声音的重视。在吸收借鉴这些已有调查经验的同时,我们也考虑调查研究的价值之一在于为影响实践的人或部门提供建议,在当前整体以行政部门为主导的教育治理体系下,需考虑具体跟谁提、建议实施的可能性如何等问题。为此,项目组选择以"区"这一中观个体为单位进行调研,以期最终能改善指向区域层面的实践。

---

① 张文平. 高中实施跨学科主题教学的调查报告[D]. 石家庄:河北师范大学,2007.
② 王建军. 中日城市小学综合实践活动的调查与比较[J]. 外国中小学教育,2008(06):61—63.
③ 陈小敏. 上海市小学 STEM 教师跨学科能力的调查研究[D]. 上海:上海师范大学,2019.
④ 张红. 小学 STEM 教师专业素养的调查研究[D]. 青岛:青岛大学,2019.

二、 调研背景和目的

总体上,本调研设计基于三方面背景的考虑:一是近年来,国家以及上海市教委在政策层面所释放的有关跨学科方面的信息引发了项目组对问题的关注;二是研究者所介入的"教育部-乐高'创新人才培养计划'基础教育教师培训项目(2016—2019)"评估所带来的研究启示;三是实践层面已开展的跨学科探索所积累的经验及尚存的困惑引发对问题的进一步探讨。

首先,在政策方面,2018 年上海市教育委员会印发了《上海市进一步推进高中阶段学校考试招生制度改革实施意见》,首次提出在中考中设置涉及地理和生命科学的"跨学科案例分析",以评价的改革倒逼教师对学生综合能力培养的关注。2019 年,中共中央、国务院发布《关于深化教育教学改革 全面提高义务教育质量的意见》,国务院办公厅《关于新时代推进普通高中育人方式改革的指导意见》,在优化教学方式、创新教学组织管理方面,都不同程度地指出要"探索基于学科的课程综合化教学""注重加强课题研究、项目设计、研究性学习等跨学科综合性教学"。2020 年 9 月,教育部等八部门发布《关于进一步激发中小学办学活力的若干意见》,也明确指出"对于学科间关联性较强的学习内容,可自主统筹实施跨学科综合性主题教学",以此作为一项具体内容鼓励和保障学校办学自主权。这些政策无论从教学组织管理、育人方式转变角度,还是从评价改革、办学活力激发角度,都不同程度地鼓励教师开展跨学科实践。

其次,自 2016 至今,上海市教育科学研究院普通教育研究所作为第三方参与了"教育部-乐高'创新人才培养计划'基础教育教师培训项目(2016—2019)"的年度评估,结果发现:一方面,语文、英语、艺术等学科教师即便较少在自己的课堂上运用像乐高这样的创新教育学具,但通过参与以乐高学具为载体的STEM 相关培训,他们也能收获"多视角看待问题""突破学科边界认识学生学习"等重要的思维启示。另一方面,在与教师的座谈中也了解到:除了那些有条件或本身以科技、创客作为学校特色品牌的学校外,还有相当一部分教师所在的学校缺乏开展 STEM 的基础和大环境,尤其在中西部农村学校,这种不足更明显。① 项目评估中的这些发现，也向项目组提出了这样的问题：只有具备了充分的物质条件才能开展跨学科教学吗？跨学科教学就是 STEM 吗？跨学科教学需要教师具备的核心特质和能力究竟是什么？

此外，近些年从实践层面来看，上海市中小学都不同程度地开展了综合实践活动、项目化学习、STEM 教育等，教研、科研部门的介入为实践注入了研究的力量。2020 年 10 月，上海市教委出台了《上海市义务教育项目化学习三年行动计划（2020—2022 年）》，以专项计划的方式推动新时代教与学方式的变革，进一步激发学校办学活力。当然，实践者也还存在不少认识及行动上的困惑：认为自身多学科知识不足；如何找到适合的主题对教师具有挑战性；认为跨学科教学可能不利于学生掌握基础知识和技能；学校的合作机制不完善；很难评价跨学科教学所产生的效益；探究课、STEM 教师职称评定等问题削弱了教师的积极性……

基于上述背景，本调研的整体定位是对中小学教师跨学科实践现状进行了解，具体包括：一线教师对跨学科教学的真实看法，当前实践的程度，教师所认为的实施困难点，以及教师所感受到的来自学校系统的支持等。

三、 调研设计与实施

项目组从四大方面设计本次调研问卷，并以上海市青浦区为试点开展调查。调查对象并不局限于 STEM 相关学科教师，而是面向所有学科教师。调查内容包括：教师对跨学科教学的认识，教师跨学科教学的现有实践，跨学科教学的支持性和障碍性因素，以及教师对跨学科教学相关能力及其发展的需求。问卷结构如表 1 所示。

---

① 此处所涉发现来自 2018 年及 2019 年《"教育部-乐高'创新人才培养计划'基础教育教师培训项目"第三方评估报告》，项目组提交的是专报，未公开。

表1　中小学教师跨学科实践现状调查问卷结构

结　　构		内容要点
个人信息		区域;性别;教龄;职称;学段;职务;学科
内容框架	教师对跨学科教学的认识	教师认为跨学科教学是什么 教师认为跨学科教学的价值是什么
	教师跨学科教学的实践	是否参加过跨学科教学 联合的学科及学段 开展跨学科教学的缘由 学校实施跨学科教学所涉课程类型 个人参与跨学科教学的态度及表现
	跨学科教学的支持性和障碍性因素	总体上跨学科教学中的问题 阻碍教师开展跨学科教学的外部因素 阻碍教师开展跨学科教学的内部因素 学校为教师开展跨学科教学提供的支持
	教师对相关能力及其发展的需求	提高跨学科教学能力所需的培训内容 教师眼中跨学科教学所需的能力 对自己跨学科教学能力的自我评价

本调研依托问卷星平台,委托上海市青浦区教师进修学院于2019年9月向全区公办中小学教师发放问卷链接。

第二节　跨学科实践的区域现状反馈

2019年9月,面向上海市青浦区公办中小学教师,项目组开展了中小学教师跨学科实践现状调查,着重针对教师对跨学科教学的认识态度、实践开展情况及困惑和需求等进行了调查与询问。在考虑了问卷的文字阅读量以及答题时间中位数、众数后,项目组删除其中未认真作答的个案(答题时间少于120秒),最后进入统计的有效问卷为1 736份,占所有问卷(1 769份)的98.1%,所涉答题教师人数占青浦区所有基础教育年段教师数的47.0%。调研样本构成如表2所示。

表 2　调研样本构成

变量	分类	频数	占比	变量	分类	频数	占比
地域	城区学校	315	18.1%	职称	未评	342	19.7%
	乡镇学校	953	54.9%		初级	389	22.4%
	农村学校	468	27.0%		中级	809	46.6%
性别	男	401	23.1%		副高	193	11.1%
	女	1 335	76.9%		正高	3	0.2%
学段	小学	902	52.0%	教龄	1 年以下	57	3.3%
	初中	655	37.7%		1—5 年	255	14.7%
	高中	175	10.1%		6—10 年	376	21.7%
	其他	4	0.2%		11—15 年	365	21.0%
职务	校长/书记	32	1.8%		16—20 年	248	14.3%
	中层管理者	163	9.4%		21—30 年	236	13.6%
	教研组长	227	13.1%		31 年及以上	199	11.5%
	无职务	1 186	68.3%	学科分布（略）			
	其他	128	7.4%				

以上各项均符合中小学教师的比例,本次采样比较成功。针对 1 736 个有效样本,项目组使用 SPSS19.0 与 Excel 2016 进行分析,得到以下结果。

一、 青浦教师对跨学科教学的认识

究竟什么是跨学科? 是不是课堂上出现了两个学科的知识内容,就可以称之为跨学科教学? 根据图 1 可知,青浦区中小学教师对于跨学科教学的内涵理解还存在着一定的偏差。41% 的教师认为在课堂上融入了其他学科的内容,6% 的教师认为两个学科教师同上一节课,即可称之为跨学科教学。由此可见,对于一线教师,对跨学科教学的内涵进行阐述是一项十分必要且急迫的任务。

由图 2 可见,青浦区中小学教师非常认同跨学科教学对于发展学生综合能力与学习兴趣方面的价值,但是极少有教师认为其能提升学生的学习成绩。从目标分类的角度来看,教师认同跨学科教学在高级思维能力,如综合、问题解决等方面

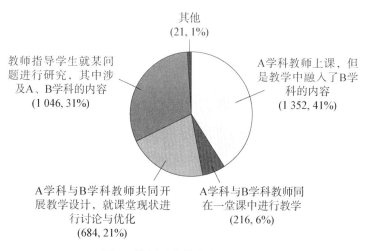

图1 教师对跨学科教学的理解

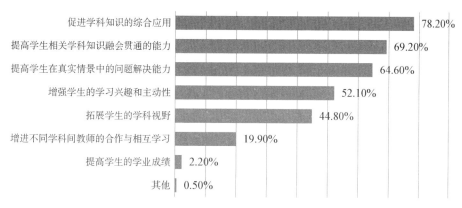

图2 教师对跨学科教学价值的认识

的价值,却又认为其在提高成绩上的价值可能较小。其中的原因,耐人寻味。

二、青浦开展的跨学科教学实践现状

(一)跨学科教学在各年段的普及程度

由图3可见,在青浦地区,参与过跨学科教学的教师比例随年段升高而降低,在小学年段有42.0%的教师表示参与过跨学科教学,至高中年段这一数值缩减为

35.4%。这既与各学段不同的升学压力有关，也与知识难度增加有着直接的关系。

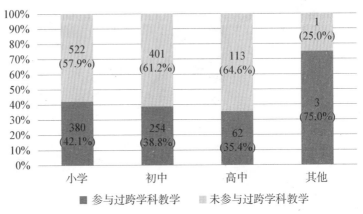

图3　参与过跨学科教学的教师占比

(二) 跨学科教学的联合方式

由表3可见，跨学科教学主要发生在本学段之内，跨学段的联合偶有发生。

表3　开展跨学科教学的学段联合情况

	小学	初中	高中	其他
开展跨学科教学主要联合的学段　高中	2	9	52	0
开展跨学科教学主要联合的学段　初中	13	237	8	3
开展跨学科教学主要联合的学段　小学	365	8	2	0
未参与	522	401	113	1

(三) 跨学科教学的教师教龄构成

从图4中可以看到，在小学与初中年段，最多参与跨学科教学的教师教龄在6—15年左右，他们开展本学科工作已有较长的一段时间，对本学科内容已有一定的熟练度与较深的体会，此时开展跨学科教学可能源于他们想要开拓专业发展领域，为自己寻求一些更具挑战性的任务。

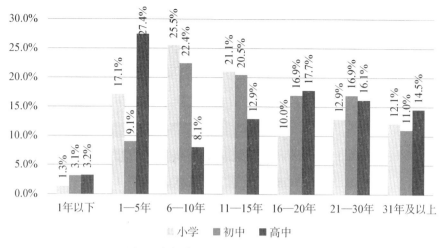

图4　参与跨学科教学的教师教龄比较

　　但在高中年段,最多参与跨学科教学的则是1—5年教龄的教师,这可能与这部分教师刚从学校毕业,多学科知识与技能都较为扎实有关。

(四) 各学科教师参与跨学科教学的情况

　　将699名参与过跨学科教学的教师分成小学、初中与高中三个组别,发现在小学年段,尝试开展跨学科教学最多的学科分别为科学/自然(56.4%)、探究(53.8%)与信息技术(52.2%);在初中年段,名列前三的学科则为美术(75%)、信息技术(68.8%)与音乐(65.0%),科学学科位列第四(57.9%);至高中年段,尝试开展跨学科教学的艺术类教师比例为83.3%,在各年段各学科中的排名最高,名列其后的是思想政治学科的教师(50.0%),历史与生物学科教师则占46.2%,位列第三。

　　根据以上数据,项目组认为,跨学科实践的开展与学科性质有着比较密切的关系:

　　(1) 总体说来,初中学段开展跨学科教学的教师比例最高。

　　(2) 综合类学科会更多地开展跨学科教学,如初中的科学学科、小学的自然学科,以及高中年段的综合艺术课程。

　　(3) 工具类课程,如信息科技、探究也较容易融入其他学科的内容。

　　(4) 中考、高考考试学科开展跨学教学的比例较低。

（五）教师参与跨学科教学的主要缘由

图 5 的结果与图 2 的数据相互印证：(1)教师切实认可跨学科学习对于学生问题解决能力提升、综合素养提升等方面的价值；(2)校本课程的开展与实施对于跨学科课程的开展有着直接的促进作用。

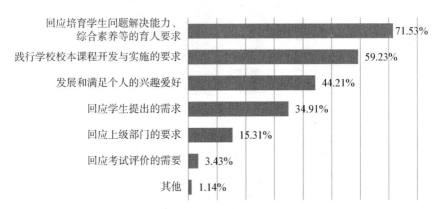

图 5　教师开展跨学科教学的主要缘由

（六）实施跨学科教学的主要领域

从图 6 中可以看到，跨学科教学在各类课程中出现的频率较为平均，62.3% 的教师认为本校最主要是在国家的拓展型课程中进行跨学科实践，51.1% 的教师则认为跨学科教学最多出现在国家的研究型/探究型课程中。

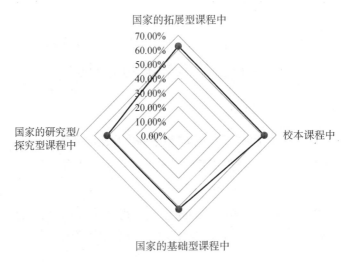

图 6　实施跨学科教学的主要领域

（七）教师开展跨学科教学的相关能力与准备

教师对于跨学科教学比较认可，也曾开展过相关活动，但是自我感觉对于开展跨学科教学的知识储备不足（"我对我目前所教学科之外的另一门学科（或几门学科）很了解的得分为3.5"），对于跨学科教学的效果也持一定的保留态度，如图7所示。

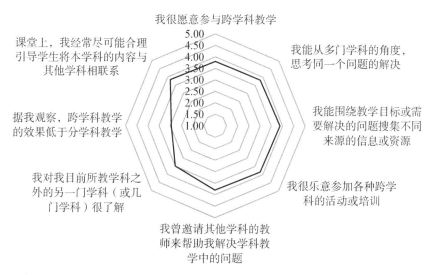

图7　教师开展跨学科教学的相关能力与准备

（注：图中的1—5分别代表"非常不同意""不同意""一般""同意"与"非常同意"。）

三、 阻碍与支持教师开展跨学科教学的主要因素

（一）阻碍教师开展跨学科教学的因素分析

教师认为开展跨学科教学的困难主要在于知识、教学内容结构与统整方面，对其他领域思考较少。

由图9和图10可知：（1）与图8的数据结果相似，知识获得的准确与扎实是教师开展此类教学首先考虑的因素；（2）缺少支持与资源使教师畏惧开展相关实践；（3）相较于开展过跨学科实践的教师，从未开展过的教师往往更多强调外部不可控因素，而已开展过的教师则开始关注一些更具体的问题。

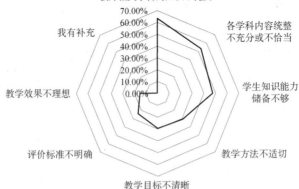

图 8 教师认为在跨学科教学中存在的主要问题

（注：仅参与过跨学科教学的教师作答此题。）

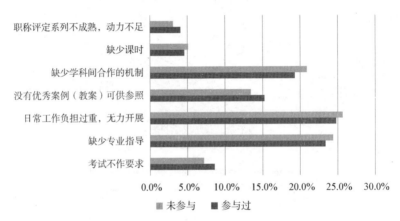

图 9 教师认为阻碍开展跨学科教学的主要外部原因

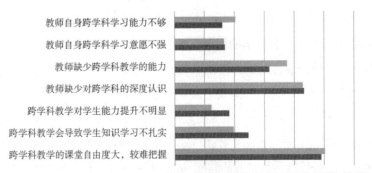

图 10 教师认为阻碍开展跨学科教学的主要内部原因

(二) 学校支持力度与教师开展跨学科教学实践的关联分析

由表4可见,开展过跨学科教学的教师所在学校,对此领域更重视,也提供了更多的支持与相关资源。因此,学校提供更多的支持性保障,能在很大程度上提升教师开展跨学科教学的可能性。

表4 学校提供的保障性支持与教师开展跨学科教学的关联

	是否参与过跨学科教学	人数	均值	标准差	均值的标准误	Sig.(双侧)
我校教研活动会就跨学科教学的设计与实施进行讨论	是	699	3.50	0.990	0.037	0.000
	否	1 037	2.93	0.992	0.031	
我校已形成有关开展跨学科教研的一些基本流程	是	699	3.45	0.972	0.037	0.000
	否	1 037	2.90	1.006	0.031	
我校具有关于跨学科教学的评价工具(如跨学科听评课表、跨学科教学评价量表等)	是	699	3.38	1.002	0.038	0.000
	否	1 037	2.90	1.033	0.032	
我校领导很重视跨学科教学	是	699	3.59	0.996	0.038	0.000
	否	1 037	3.08	1.030	0.032	
"跨学科性"是我校校本课程的重要特点	是	699	3.39	0.979	0.037	0.000
	否	1 037	2.84	0.993	0.031	
我校有系统的跨学科课程体系	是	699	3.36	0.968	0.037	0.000
	否	1 037	2.81	0.996	0.031	
我校对跨学科课程实施有明确的制度保障	是	699	3.36	0.982	0.037	0.000
	否	1 037	2.83	0.990	0.031	
我校支持教师参与跨学科方面的学习与培训	是	699	3.60	0.958	0.036	0.000
	否	1 037	3.10	0.972	0.030	
我校为教师跨学科教学的开展提供了丰富的资源	是	699	3.50	0.961	0.036	0.000
	否	1 037	2.98	0.964	0.030	

由表5可见,学校定期开展有关跨学科的教学指导,提供相关资源,将有助于教师开展跨学科教学。

表 5　学校提供的教学资源与教师开展跨学科教学的关联

	是否参与过跨学科教学	人数	均值	标准差	均值的标准误	Sig.（双侧）
学校以公开课形式推进教师跨学科实践能力的培养	是	699	1.91	0.815	0.031	0.000
	否	1 037	2.32	0.926	0.029	
学校邀请相关专家来学校指导跨学科工作	是	699	2.01	0.855	0.032	0.000
	否	1 037	2.41	0.946	0.029	
学校以课题或项目研究的形式来提升教师跨学科能力	是	699	1.97	0.858	0.032	0.000
	否	1 037	2.36	0.949	0.029	
学校以听评课方式开展跨学科教学的诊断和改进	是	699	1.93	0.863	0.033	0.000
	否	1 037	2.33	0.963	0.030	

（三）教师期盼获得的相关支持与资源

图 11 反映了教师对开展跨学科教学所需资源急迫性的认识。各项被选数值由高到低分别为"拓宽教师学科视野"（知识，65.4%），"指导教师跨学科教学设计"（教学方案，63.3%），"指导教师跨学科课程开发"（课程建构，60.8%），"指导跨学科教研的开展"（教研支持，42.3%）。而其他内容，随着与课堂教学的关系逐步疏远，数值也不断降低。

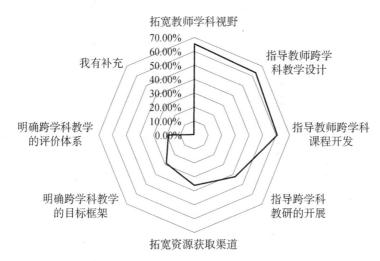

图 11　教师认为需要获得的支持与资源

在开放题中的分析中,这一趋势也非常明显。当我们询问教师"您认为要提高跨学科教学的效果,您需要哪些支持"这一问题时,所有教师都进行了回答,获得1736位教师近20 000字的答案。

借鉴芬兰跨学科素养课程氛围设计、教与学、学生评价三个模块的架构,我们对质性数据进行编码与分析,发现:(1)教师较少关注课程目标与定位方面的内容,"政策""目标""理念"等词汇只出现33次;(2)教师最多关注具体课堂上的"教与学",如"课堂教学""知识""教研""听课""观摩"等词汇共出现1 324次;(3)教师对于课程评价不甚关注,相关词汇只出现83次;(4)对于跨学科教学的开展,教师的关注点还包括硬件资源与资金支持、职称与绩效体现、工作负担加重等。

(四) 教师开展跨学科教学所需能力的构想

图12展示的信息显示,现阶段的青浦区教师认为,开展跨学科教学,最重要也最急迫的,是教师自身对于知识的熟悉掌握与融会贯通,其他方面的能力得分之和也不及这一方面。

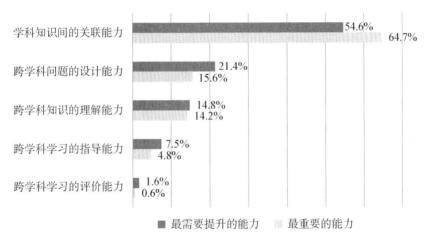

图12 教师开展跨学科教学的能力选择

四、区域跨学科实践现状的反思与讨论

（一）教师对于跨学科教学的价值有所认同，但对其内涵与具体操作的了解是笼统模糊的

美国国家科学院在《促进跨学科研究》中提出了跨学科研究的定义：由个人或团体对两门及以上学科的信息、资料、技术、工具、观点及理论进行整合的研究模式，帮助提升基本认识或解决问题，而那些问题的解决方案通常超出了单学科或单个研究实践领域的范畴。虽然对于跨学科教学的定义并不相同，但是一般认为跨学科概念包括以下几大要素：

（1）跨学科要以现实问题的研究和解决为依托。

（2）跨学科要以学科为依托，但要超出单学科研究的视野，关注复杂问题或课题的全面认识与解决。

（3）跨学科要有明确的、整合的研究方法与思维模式。

（4）跨学科还要为了推动新认知、新产品的出现，鼓励在跨学科基础上完成创新与创造。

但在调研中发现，近一半的教师对于跨学科的概念理解是粗糙的，甚至误认为两门学科的知识内容在教学的同一时间或空间出现，就完成了跨学科教学。这些观念亟待更新与纠正。

（二）在青浦的基础教育课堂上，跨学科教学活动的开展并不少见

通过调查可发现，虽然教师对于跨学科教学的概念理解有所偏差，对于跨学科教学对学生成绩的提升还有疑虑，对于相关支持和资源的要求还远未被满足，但是在一线课堂上，跨学科也并不是一个完全陌生的领域。其主要推动力量包括：（1）校本课程的建构需求。上海市二期课程改革方案中明确提出，鼓励学校在遵循课程基本设计思想的前提下，结合实际，设计有特色的学校课程计划。校本课程的自主性在很大程度上推进了跨学科教学实践的开展与优化。（2）部分综合类课程的推进实施。在国际基础课程中，也包含着一些综合性课程的身影，包括初中年段的科学学科、高中年段的综合艺术课程等。这些课程，以及普遍开展的

探究性、研究性课程，有着较为成熟的课程架构，也提出了比较明确的教学方式与目标，为教师开展跨学科教学提供了良好的模板，使教师对于开展相关实践增强了经验与信心。

(三) 作为课堂教学的执行人，教师对于课堂教学基本资料的需求远远超过其他内容

要开展相关领域实践，教师最缺乏的是什么？最大的困难是什么？最想要的支持是什么？不同的问题指向相同的结论，作为一线课堂的执行人，教师认为最缺少的是自身的教学知识、相关的教学设计与课程，以及最直接，也是中国教师最倚赖的支持力量——教研。其他内容，对于教师来说，则远远不及这些来得急迫与重要。

但是，一般课程建构遵循着"为什么""教什么"与"怎么教"的脉络。教学的目标系统、评价方式、独特的教学方法的地位，不可能逊于具体的教学内容。对于教师来说，跨学科教学是一块"难啃的骨头"，不仅"没教过"，也"没见过""没学过"，其中的知识架构脉络和教学方法与学科教学又存在着很大的差异（如图 13 所示），如果更好地为一线教师提供支持，不仅给他们具体"教什么"的内容，也帮助其捋清"为什么"的价值意义，并对"怎么教"给出示范指导。

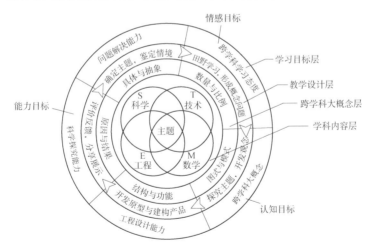

图 13　基于设计的跨学科 STEM 理论框架[①]

---

① 张屹，等. 基于设计的跨学科 STEM 教学对小学生跨学科学习态度的影响研究[J]. 中国电化教育，2018 (07)：81－89.

尽管存在着各种困难,但跨学科教学实践已蓬勃开展起来了。在调研中,项目组体会到,凡是领导关注,能提供各类支持的学校,或是校本课程中多有涉及的学科,其跨学科教学就能更多地开展起来,教师也更能深入地体会到跨学科教学对于学生发展的不可替代的价值与意义,并能深入到教学的更多细节之处进行改进。开展跨学科教学,是时代对教育的要求,教师与研究者都已拿出"吾往矣"的勇气与智慧,以为本领域的教学与研究添砖加瓦。

第三章　跨学科探索的学校智慧

第一节　目标引领学校跨学科课程架构

上海市杨浦区平凉路第三小学既是上海市新优质项目建设校,同时也是上海市课程领导力提升项目校,近年来一直致力于探索跨学科课程的建设。学校认为,跨学科课程框架的建构是跨学科课程体系建构的基础。任何课程框架的建构都需要首先回答以下几个问题:该课程框架建构的目标是什么? 需要解决什么问题? 到达什么程度才算问题解决? 换言之,就是需要回答:培养学生哪些方面的能力? 这些能力培养要达到什么水平? 因此,育人目标是跨学科课程框架建构的逻辑起点和归宿,需要将其作为设计纲要,并贯穿全过程。

一、 育人目标是全过程学校教育实战的核心

(一) 学校育人目标生成的依据

第一,国家教育方针的定向和各级各类文件的指向。对于学校要"培养什么样的人"这个问题,2018 年 9 月 10 日,习近平总书记在全国教育大会上给出了明确的答案:学校的教育要培养德智体美劳全面发展的社会主义建设者和接班人。2017 年,中共中央办公厅、国务院办公厅印发《关于深化教育体制机制改革的意见》,指出"在培养学生基础知识和基本技能的过程中,强化学生关键能力的培养"。

第二,核心素养内涵的导向。正式发布的"中国学生发展核心素养"分为文化基础、自主发展、社会参与三个方面,综合表现为人文底蕴、科学精神、学会学

习、健康生活、责任担当、实践创新六大素养,具体细化为国家认同等 18 个基本要点。

第三,学校特色发展的倾向。鉴于上海市杨浦区平凉路第三小学是一所具有悠久办学历史的学校,并结合上海近年来着力打造的"三四五"①特色,学校特色发展的定位是:立足上海,放眼全球。

国家教育方针、核心素养内涵、城市以及学校发展定位,这些都为学校育人目标的制定指明了方向。

(二) 学校育人目标及释义

学校对接国家教育方针,融合核心素养内涵,整合学校发展定位,在"建设一所师生共同喜爱、生动成长的学校"的办学愿景引领下,形成了学校育人目标:培养有修养、有责任、有志向;会健体、会学习、会劳动;能审美、能合作、能创新的新时代好少年。(简称"三有三会三能")

"三有"对应"中国学生发展核心素养"中的"人文底蕴"和"责任担当"两大素养。学生有修养,能自尊、自爱、自强;有责任,能对家庭、集体、社会承担应尽的责任;有志向,从小就树立为建设卓越全球城市、为实现中华民族的伟大复兴、为促进人类命运共同体的构建贡献智慧和力量。

"三会"对应"中国学生发展核心素养"中的"学会学习"和"健康生活"两大素养。学生会健体,有强健的体魄、健康的心理和完善的人格;会学习,能够乐于学习、勤于学习、善于学习;会劳动,拥有劳动意愿,掌握劳动技能,并能开展创造性劳动,为社会创造价值。

"二能"对应"中国学生发展核心素养"中的"科学精神"和"实践创新"两大素养。学生能审美,能够认识美、欣赏美、创造美;能合作,具有合作意识、合作精神、合作能力;能创新,具有创新思维,能够解决问题,并将创意物化。

---

① 即三种文化:江南文化、海派文化、红色文化;四大品牌:上海服务、上海制造、上海购物、上海文化;五个中心:经济中心、金融中心、贸易中心、航运中心、科技创新中心。

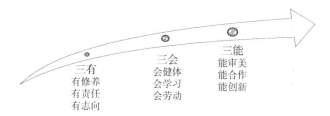

图1　平凉路第三小学"三有三会三能"育人目标

由此,中国学生发展核心素养的综合表现实现了校本化的转化与表达,并回答了"培养学生哪些方面的能力? 这些能力培养要达到什么水平?"等一系列问题。育人目标是跨学科课程体系建构的出发点和归宿,必须将其作为设计纲要,并贯穿全过程。

二、 课程目标是跨学科课程框架建构的起点

不同类型的课程目标各有侧重,共同支撑着学校育人目标的实现。跨学科课程是学校育人目标实现的载体之一,跨学科课程设计与实施课题组(下文简称课题组)采取"绘制课程矩阵"——"对焦不匹配之处"——"分解目标维度"的策略,将学校育人目标转化为跨学科课程目标。

(一) 绘制课程矩阵,了解学校课程与育人目标的匹配度

课题组通过绘制课程矩阵来评估学校育人目标与课程之间的落实程度。首先,将育人目标"三有三会三能"的释义进行二级编码;接着,梳理学校已有的三类课程目标;最后,将每一门课程的目标与育人目标建立双向细目表,进行学校育人目标落实度分析,如表1所示。

通过课程矩阵,学校发现:目前学校各类课程对"三有三会三能"育人目标的落实度存在不平衡现象。现有课程在"有志向""会学习""会劳动""能审美"等维度的落实度比较高,而"有修养""有责任""会健体""能合作""能创新"的落实度比较低。这表明:当前学校课程与育人目标之间还有不匹配之处,部分育人目标缺少相应的课程支持。

表 1　学校课程矩阵

		三有			三会			三能		
		有修养	有责任	有志向	会健体	会学习	会劳动	能审美	能合作	能创新
基础型课程	道德与法治	H	H	H	L	M	M	M	M	L
	语文	H	H	H	L	H	L	M	L	L
	数学	L	L	L	L	H	L	L	L	L
	英语	L	M	L	L	H	L	L	L	L
	音乐	H	L	L	L	M	L	H	L	L
	体育	L	L	L	H	M	L	L	M	L
	美术	H	L	L	L	M	M	M	L	M
	科学与技术	L	L	M	L	M	M	L	M	H
拓展型课程	青苹果生活乐园	L	L	L	M	M	M	L	L	L
	青苹果运动乐园	L	L	L	H	L	M	L	L	L
	青苹果快乐校园	L	M	M	M	L	L	L	L	L
	青苹果午间乐园	L	M	M	M	M	M	L	L	L
	青苹果实践乐园	L	H	L	M	M	M	L	L	L
探究型课程	探究型课程	L	L	L	L	H	M	M	M	M
	儿童家庭科技角等主题探究	L	L	M	L	H	M	M	L	H

(注：H：强；M：中；L：弱。)

(二) 对焦不匹配之处,凸现跨学科课程所追求的育人目标

学校设计跨学科课程,以期该课程能实现育人目标均衡化落地。对焦课程矩阵所反映出来的"有修养""有责任""会健体""能合作""能创新"落实度比较低的问题,课题组以表现性目标取向为原则,经过多次专家指导、组内研讨、调整修改,将跨学科课程总目标确定为:培养具有良好文化修养、创新意识,能够积极参与社会活动,寻求自主发展的新时代好少年,并在"文化修养""创新意识""社会参与""自主发展"四个维度上,分别做了具体的阐述,如表2所示。

通过目标的导向、监控、激励与评价等作用,让跨学科课程在发挥其独特的育人价值基础上,较好地填补目前学校课程和育人目标不完全匹配的缺憾。

表 2　学校跨学科课程总目标及具体阐述

维　度	目标描述
文化修养	有积极的体验意愿,熟悉自己所在的杨浦滨江地区,有较强的公民意识,为自己是中国人感到自豪。
创新意识	有良好的应对能力,尝试找到问题、任务和挑战的多种解决方法,有细致的观察能力,善用各种工具进行探索。
社会参与	有良好的时间观念,遵守场馆参观礼仪和实践活动规则,能与同伴共同制定活动规则并如约遵守,有较强的责任意识。
自主发展	有积极的协作意识,以及良好的自我意识,与同伴分工商量并一同完成任务,自主制订计划并努力实现。

(三) 分解目标维度,建构跨学科课程目标体系

为落实跨学科课程总目标,根据各年段学生的年龄特征和认知规律,按照"文化修养""创新意识""社会参与""自主发展"四个维度,课题组反复研讨,对跨学科课程总目标进行分解,制定不同年段、不同维度的目标,力求建构一体化、进阶性的跨学科课程目标体系,如表 3 所示。

表 3　学校跨学科课程目标分解表

维度	整体目标	1—2 年级	3—4 年级	5 年级
文化修养	有积极的体验意愿,熟悉自己所在的杨浦滨江地区,有较强的公民意识,为自己是中国人感到自豪。	使用自己的不同感官去感受和欣赏生活环境和艺术作品;喜欢集体,适应群体生活,了解自己的班级和学校。	能理解和尊重文化艺术的多样性,热爱杨浦滨江地区,发现身边的多元文化现象,了解国情历史。	具有艺术表达和创意表现的兴趣和意识,具有文化自信,理解、接受并自觉践行社会主义核心价值观。
创新意识	有良好的应对能力,尝试找到问题、任务和挑战的多种解决方法,有细致的观察能力,善用各种工具进行探索。	能在教师的引导下,对自己的疑惑提出问题,并设想简单的解决办法;能集中较长时间的注意力进行观察。	结合学校、家庭生活中的某些现象发现并提出自己感兴趣的、具体真实的问题;能将问题表述清楚,尝试自己解决。	能关注社会中的现象,积极思考并提出比较有意义的问题;能有目的、有顺序地进行比较全面的观察,将观察和思考有机结合。

维度	整体目标	1—2 年级	3—4 年级	5 年级
社会参与	有良好的时间观念,遵守场馆参观礼仪和实践活动规则,能与同伴共同制定活动规则并如约遵守,有较强的责任意识。	在教师的指导下,能够遵守场馆参观的礼仪和行为规范,总结自己是否按计划完成了任务。	能够自觉遵守活动中的各种规则,违反规则时能及时承认并调整。在教师指导下,能总结自己完成计划时的优点和不足之处。	有良好的时间观念;对自己完成目标时存在的不足,能以积极的态度拿出调整的措施和方法;能理解"社会中每个人都有责任"的意思。
自主发展	有积极的协作意识,以及良好的自我意识,与同伴分工商量并一同完成任务,自主制订计划并努力实现。	能在教师帮助下,组建 2—3 人小组,友好地与小组成员交往;初步养成自我规划的意识,尝试有计划地解决问题或完成一件事。	有团队意识和责任感,乐意帮助同伴;明确分工,努力并较有条理地完成自己的任务;能执行计划,尝试完善和改进计划。	能合理地安排自己的时间、活动步骤等;能自主建立合作小组,主动承担公共职责,对自我、同伴作出合理评价。

第二节 更新迭代学校跨学科课程建设

当跨学科课程目标确立后,课题组开始着力思考、搜索和匹配能让课程目标落地的课程内容。在综合考虑学生需求、课程资源、教师资源等因素后,勾画了跨学科课程框架的基本蓝图。

一、1.0 版本: 以校本特色建构的课程框架

经过 60 多年的办学积淀,学校形成了一系列校本特色课程,如"百个儿童家庭科学实验角""生生有机微农场""儿童金融工作坊""小学生社会实践"等。这些课程以培养学生核心素养与关键能力为追求,与跨学科课程超越教材、课堂和学校的主张相契合,在活动时空中向自然环境、学生的生活领域和社会活动领域延伸,密切了学生与自然、生活、社会的联系。

基于此,课题组成员们尝试以"青苹果生活乐园"特色课程群为跨学科课程框架建构的基础,按照学生活动范围的延伸,分为三大"场域",即家园与学校、社区与城市、祖国与世界。每个"场域"又由三个平行的学习主题构成,每个主题下建立符合学生认知特点和兴趣意愿、分层递进、螺旋上升、整体衔接的内容序列,为学生跨学科素养的培育提供着力点。(见图2)

图2 学校跨学科课程框架1.0版本

课程框架的初步创建,让课题组成员们有些兴奋,但是当成员们静下心来进行反思,却发现:虽然课程框架的逻辑性有了,但缺少学校特色,成为放之四海而皆准的课程框架"模板"。成员们马上冷静下来,紧紧围绕育人目标和跨学科课程目标,反复设问:这样的课程框架解决了原有课程无法满足的哪些问题呢?这门课程对育人目标实现的贡献度有多少呢?如果不设置这门课程,原来的育人目标是否就不能够实现了?等等。当问题接踵而至的时候,成员们发现:该课程框架只不过是对来源于学校特色课程群的学习内容进行了简单的"拼盘",而且这样的跨学科课程群过于庞大,不适合在跨学科课程框架建构初级阶段进行尝试。

基于以上思考,课题组成员们在郑小燕校长和指导专家的启发下,开始重新审视学校已有的课程,挖掘学校所处的地域特色,分析学生的成长背景,对跨学科课程框架进行调整。

二、2.0 版本： 以滨江特色建构的课程框架

在多次研讨后，课题组将目光聚焦于学校社会实践活动宝典"览·百年杨树浦"，并将"杨树浦"这一概念扩大到杨浦滨江段 5.5 公里长度的全部教育资源，最终升级为"滨江 DREAMS"跨学科课程。DREAMS 一词有着丰富的内涵，每个字母都代表着若干种元素（见表 4），这些元素既体现了跨学科融合的特色，又凸显了综合实践活动课程的典型特征。DREAMS 也代表着学校对课程的美好愿望：期望孩子们能够综合运用这些学科知识与技能去探寻滨江，在追梦滨江的过程中实现自我发展。

表 4 "滨江 DREAMS"跨学科课程元素

D	Design(设计)、Digital(数字的)
R	Reality(真实)、Resources(资源)
E	English(英语)、Expression(表达)、Explore(探究)
A	Art(美术)、Amalgamate(融合)、Action(活动)
M	Ethics and the rule of law(道德与法治)、Math(数学)、Music(音乐)、Methods(方法)、Materialization(物化)
S	Science(科学)、Survey(调查)、Situation(场景)、Society(社会资源)

"滨江 DREAMS"课程，依据"知行结合、内容融合、方法综合、价值契合"的原则，围绕"杨浦滨江"这一场域，将滨江元素贯穿于跨学科课程之中，带领学生走进滨江，认识滨江，参与滨江的建设。在"学生为本、滨江特色、素养养成"的指导思想下，立足课程目标、学情和场域资源，根据目标导向及资源最大化利用的原则，将跨学科课程框架分为"人文滨江""生态滨江"和"科创滨江"三大板块。

"人文滨江"板块立足"有修养""有责任"的育人追求，重点落实"文化修养""社会参与"的跨学科课程目标。该板块通过文旅结合，运用资料学习、聆听故事、实地探访等形式，组织学生探访滨江的优秀历史建筑，一起聆听建筑背后的故事，

在感受建筑美中追寻杨浦的工业记忆,感受杨浦的发展与变迁;带领学生走近身边的先锋人物,在致敬匠人与革命人中传承红色基因。

"生态滨江"板块立足"能合作"的育人追求,重点落实"自主发展"的跨学科课程目标。该板块通过观察、实验、制作等小组合作探究活动,帮助学生掌握滨江水生动植物基本知识与生态实验基本操作技能。在小组合作学习中,引导学生学会如何选择合作伙伴、如何与伙伴展开探究活动等,提升学生的合作能力,并最终实现自主发展。

"科创滨江"板块立足"能创新"的育人追求,重点落实"创新意识"的跨学科课程目标。该板块依托场馆和高校资源,通过实地参观、原理探秘、动手操作、产品创作、实验改进等活动,带领学生在体验现代科技所带来的便捷性、幸福感的同时,就现有材料展开科技创新,实现创意物化。

以板块目标为指引,课题组继续对板块内容进行初步选择与取舍。基于"立足历史与现实特色""立足兴趣与生活需求"以及"立足年龄与学段特点"三大原则,以"滨江特色"为主题线索,在兼顾个体兴趣与发展水平的同时,注重"学科+"整合,以此来确定学习内容,如图3所示。

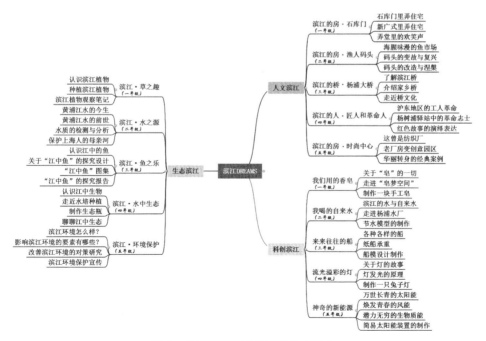

图3　学校跨学科课程框架2.0版本

在明晰板块定位与初步确定课程内容的基础上,课题组接着制定各项学习主题和实践活动。每个板块下设五大学习主题,每个学习主题由 3 至 4 个数量不等的学习单元构成,并匹配各自所对应的驱动性任务。以"生态滨江"板块为例,其单元主题和课程内容如表 5 所示。各学习单元按照了解、感知、体验、探究、实践五大水平维度层层推进,体现了课程内容和学习能力的梯度。

表 5 "生态滨江"板块之主题、目标与内容一览表

板块	主题	主题目标	单元内容
生态滨江	草之趣	本单元以小组为单位,组织学生对滨江岸边植物进行探究,使得学生了解一些植物的生长情况,掌握植物种植的一般方法。通过种植活动,培养学生动手、观察、写作等能力。	认识滨江植物
			种植滨江植物
			滨江植物观察笔记
	水之源	本单元旨在培养学生搜集和整理信息的能力,引导学生通过小组合作,分主题展开探究性学习,帮助学生了解滨江历史发展与变迁。	黄浦江水的今生
			黄浦江水的前世
			水质的检测与分析
			保护母亲河
	鱼之乐	本单元旨在让学生以小组为单位,进行小课题的研究,如展开关于滨江的鱼的课题研究。使学生既能掌握课题研究的一般步骤,又能实现合作与探究能力的提升。	认识江中的鱼
			关于鱼的研究设计
			"江中鱼"图集
			关于鱼的研究报告
	水中生态	本单元旨在让学生以小组为单位,通过观察,初步知道水草、浮萍、荷花等滨江植物的特性;通过经历水培种植的过程,了解水培技术,体会水培种植的乐趣;通过观察滨江的生态系统,初步了解滨江的生物组成系统和环境条件,并制作生态瓶。	认识江中生物
			走近水培种植
			制作生态瓶
			聊聊江中生态
	环境保护	本单元旨在让学生以小组为单位,通过发现、分析滨江环境问题以及提供解决建议,树立学生保护环境的意识,增强保护环境的责任感,将环保行动落实到生活中。	滨江环境怎么样?
			滨江环境问题分析
			滨江环境保护策略
			滨江环境保护宣传

不同的课程内容特征决定了课程的演绎形式。"人文滨江""生态滨江""科创滨江"三大板块的学习内容分别采用"大概念""学科＋"和"超学科"的逻辑来建构。以"生态滨江"板块为例,其5个学习主题的内容以科技学科为主,采用"学科＋"的方式来建构,融入了美术、数学、语文等学科的相关内容;以"问题导向"为学习方式,引导学生会学习,尝试动手实践,从实践中解决问题,达到"能合作"的育人目标。

随着对跨学科课程理解与研究的不断深入,课题组对课程框架进行快速迭代,优化升级。立足"校本特色",让已有的课程建设经验和成果成为进一步提升学校课程领导力的基础和依据;立足"滨江特色",让课程内容更贴近学校学生的生活经验,更有利于其能力的发展与素养的养成。基于此,学校形成了继承校本特色、彰显滨江特色、关注跨学科能力培养的"滨江 DREAMS"跨学科课程框架。(见表6)

表6 "滨江 DREAMS"跨学科课程框架

板块 年级	生态滨江		人文滨江		科创滨江	
	主题	单元内容	主题	单元内容	主题	单元内容
一年级	草之趣	认识滨江植物	滨江的房·石库门	石库门里弄住宅	我们用的香皂	关于"皂"的一切
		种植滨江植物		新广式里弄住宅		走进"皂梦空间"
		滨江植物观察笔记		弄堂里的欢笑声		制作一块手工皂
二年级	水之源	黄浦江水的今生	滨江的房·渔人码头	海腥味弥漫的鱼市场	我喝的自来水	滨江的水与自来水
		黄浦江水的前世		码头的变故与复兴		走进杨浦水厂
		水质的检测与分析		码头的改造与涅槃		节水模型的制作
		保护母亲河				
三年级	鱼之乐	认识江中的鱼	滨江的桥·杨浦大桥	了解滨江桥	来来往往的船	各种各样的船
		关于鱼的研究设计		介绍家乡桥		纸船承重
		"江中鱼"图集		走近桥文化		船模设计制作
		关于鱼的研究报告				

板块\年级	生态滨江		人文滨江		科创滨江	
	主题	单元内容	主题	单元内容	主题	单元内容
四年级	水中生态	认识江中生物	滨江的人·匠人和革命人	沪东地区的工人革命	流光溢彩的灯	关于灯的故事
		走近水培种植		杨树浦驿站中的革命志士		灯发光的原理
		制作生态瓶				
		聊聊江中生态		红色故事的演绎表达		制作一只兔子灯
五年级	环境保护	滨江环境怎么样?	滨江的房·时尚中心	这曾是纺织厂	神奇的新能源	万世长青的太阳能
		滨江环境问题分析				焕发青春的风能
		滨江环境保护策略		老厂房变创意园区		潜力无穷的生物质能
		滨江环境保护宣传		华丽转身的经典案例		简易太阳能装置的制作

跨学科课程框架的建构是个系统工程,但也有章可循。当学校对跨学科课程框架的建构路径进行梳理时发现,课程框架的建构需要从整体布局入手,以学习板块、学习主题和学习单元为抓手,按照"根据育人追求厘定课程目标——根据课程目标确定学习内容——根据学习内容选择学习样态——根据学习样态匹配评价方式"的路径来建构跨学科课程框架。具体来说,课题组提炼了以下具有可操作性的经验:

第一,确立目标体系。课程目标是对育人追求的回应,因此,需要在厘清育人追求的基础上,对课程目标进行分解,形成自上而下的目标体系。各学习板块分解落实课程目标,同时各学习板块又形成课程合力,共同指向跨学科课程总目标,共同指向学校育人追求。

第二,挖掘场域资源。校本课程的建设离不开校本资源的支持。杨浦滨江地区有很多工业遗存和历史建筑,近年来又成为集人文、生态、科技为一体的"世界会客厅"。跨学科课程的建构通过对原有场域资源进行再挖掘,将这些看得见、摸得着、走得进的场域资源变成最鲜活的教育载体。

第三,匹配课程内容。学习内容和学习方式是将课程目标转化为学生能力的纽带,在跨学科课程框架的建构中起着承上启下的重要作用。因此,在匹配课程内容时,以课程目标为领域和界限,根据每个学习板块的学习目标,通过对主要培养什么能力、将能力培养到什么水平等问题的综合考量,对课程内容和学习方式进行选择和取舍。

第四,纵横贯通排列。在内容基本确定的基础上,借助课程理论,根据学生的身心发展水平对各个学习单元进行组织,使得内容纵向上与学生的认知发展水平相衔接,横向上各板块相贯通。学校跨学科课程分别用问题导向、情景体验和任务驱动等方式来建立符合学生认知特点和兴趣意愿、分层递进、螺旋上升、整体衔接的内容序列。

简而言之,跨学科课程框架的建构需要在育人目标导向下,对课程目标体系、课程学习内容、学习内容组织方式和课程学习样态进行统筹考虑,形成相辅相成的跨学科课程框架,实现学校的育人追求。

在课题研究的下一阶段,学校"滨江 DREAMS"跨学科课程将实施"框架持续完善＋典型单元先行"的行动研究方式。

一方面,课题组要进一步细化跨学科课程目标体系,通过建立目标与学习基本环节的联系,把课程目标在内容与实施环节加以落实;进一步完善跨学科课程框架,积极寻找优质课程资源,持续开发与建设符合学生认知特点和接受意愿的单元内容序列,实现跨学科课程框架的内在逻辑性和连贯性,递进性与整体性。

另一方面,课题组选取三大模块的典型学习单元开展实践,通过基础型学科课程与跨学科课程互相渗透、不同学科课程互相融合等组织方式,探究跨学科课程形态;进行相关学习单元中驱动性任务的实施,探索更加自主、合作、探究的学习方式,设计体现过程性和关键能力生长的学习评价工具,积累典型跨学科课程实施案例,并在实践中不断调整完善。

跨学科课程的设计与实施这一命题,对于一线教师而言,并非易事,既需要课程与教学论的专业知识,也需要扎根于教育实践的鲜活经验。近两年的实践探索显示,跨学科课程理想已经在每一位平三老师的心中萌芽。在学校跨学科课程体系的建构与实施之路上,每一位平三老师都会在苦索中感受顿悟的幸福,与孩子们一起,在寻梦滨江的过程中圆"生动成长"之梦想!

第三节　探索积累学校跨学科实践经验

四川省成都市成飞小学在跨学科的实践探索过程中,根据学校积淀、师资状况及发展需求,制定出了"高站位、小切口"的推进战略,牢牢把握住"研·教·学"三个关键点,以点带面,逐步推动。

一、"高站位、小切口"两个推进战略的选择

(一) 高站位,塑特色

学校把跨学科教育的目的定位为: 在发展学生综合能力与核心素养的过程中,积淀和凝练学校办学特色,让跨学科教育与发展学校特色同生共长。所以,推进并塑造办学特色就是学校在实施跨学科教育中坚决把握的第一个关键点。

学校毗邻于被誉为成都航空城的成飞公司,其诞生与发展都融入了浓重的航空科技基因;学生们更是从小耳濡目染于父辈们航空报国的精神与执着。如今,学校正举全校之力引领教师教育创新,指导学生开展跨学科研究性学习活动,其目的就在于创新教师教育模式、学生学习方式,全面启蒙并发展成飞学生的创新精神与实践能力。这些年,学校一直在尝试"信息技术、航空航模、纸飞机、机器人"等科创类项目为主的跨学科教育活动,还大胆引入创客教育、STEAM 教育等新兴教育形式。学校在实践中发现,创客教育、STEAM 教育与跨学科研究性学习活动有较强关联,例如,创客教育是基于学生兴趣,以项目学习的方式,使用数字化工具,倡导造物,鼓励分享,培养跨学科解决问题能力、团队协作能力和创新能力的一种素质教育;STEAM 教育更是有别于传统教育中单学科的教与学,倡导教育应从科学、技术、工程、艺术和数学等领域实施多维度教学及训练,以跨学科实现知识融合,提高并培养孩子的综合素养。虽然创客教育、STEAM 教育重教,研究性学习活动重学,但从知识应用层面来看,它们都有共同的核心要素——跨学

科性,这就为教与学的同步开展提供了过程指引。学校认为,学校每个时期的发展都应结合历史渊源、整合社区资源、秉承发展脉络、凝练学校特色,实现师生和学校持续发展。结合学校航空科技与人工智能的社区环境,几经思考,学校明确提出了以"航空科技为底色、科创教育为核心"的特色发展战略,逐步开启跨学科教与学的实践探索,着力培养成飞学生的创新精神与实践能力,提升其科学精神与人文素养,以期实现"创新育人、科创育校"的学校特色化发展!

(二)小切口,助实操

小切口,就是学校管理者抓住跨学科教育的实操性关键点,引领师生实施方向,助力师生有效有序地开展教与学实践。学校深知,推动特色发展、构建跨学科课程等跨学科教育的宏观层面,理应由学校管理层做顶层设计;但学校也深感,一线教师应当从何处入手开展研究与教学操作,学生又该在教师指导下展开怎样的学习活动,这些具体的实操性问题于他们而言是难点,同样需要管理者带动与引领,这就是"想一线所想、急一线所急"。只有管理者下沉一线,助力实操性研究,率先思考,组织研究,才能给教师指引方向并提供支持。

为此,学校站在实操层面思考,教师的操作难点有哪些,他们需要哪些帮助。在深入思考与听取教师想法后,学校认识到"项目团队怎样研究、实践教师怎样教学、相关学生怎样学习"是跨学科教育微观实操层面的关键点,并且直接关系到实施效果。只有把这些关键点打通了,其效果自然才能落地生根,学校全力打造的学校科创特色才会开花结果。因此,学校以"研·教·学"为切口,带领师生展开教与学的实践研究。

二、"研·教·学"三个实施关键点的把控

(一)"研":着力"三课",引领研究

1. 课例研究,共享实操

学校科研室是实施科创教育和跨学科教育的核心部门,对于教育研讨负有主要职责。在科研室的主持下,根据"项目带动、研推课例"的思路,学校积极探索学科融合课例,吸纳多学科骨干教师成立跨学科课例项目团队,开展本学科以及多

学科共同支撑与相互协作的跨学科课例实践研究。以"蚕的成长"为例：科学课指导蚕的养殖；语文课训练观察日记；创客课给蚕创建3D家园；美术课绘制蚕的绘本；信息技术课设计动漫；音乐课则负责后期音乐合成……开展学科融合教育，让骨干教师率先尝试本学科与其他学科结合，尝试学科整合的思路与方法，进而影响和带动更多教师参与跨学科课例的研究与开发，以此形成课例共开发、创新同携手的科创教育氛围。

2. 课题引领，多维培训

为增强学校及教师的研究能力、研究水平，拓宽学科融合视野，学校积极立项并参与关于跨学科教育的多个科研课题，让骨干教师、项目组教师循着教育科研的规律、方法，科学把握，大胆探索，总结教法。学校受邀加入了"中国STEM教育2029行动计划"和"中小学人工智能课程建设与实践共同体项目"；参与了四川省重点课题"STEAM课程培养中小学生创造力的实践研究"；参与了成都市"基于STEAM教育的小学创客校本课程建设研究"和"成都市中小学创新课程的研究与开发"等课题。这些课题研究均有效带动了学校跨学科教育的发展。

同时，学校制定多维度培训方案，让教师们在培训中发展提升。如"飞翔讲坛"，这是针对全校教师的科创教育普及型讲堂。"师高弟子强"，教师科学素养、科创意识、创新能力等方面的提升，直接关乎学生创新学习质量的高低。学校每期举办两到三场活动，或邀请科技人员、专业创客教师为全体教师做教育创新讲座，或由校内骨干教师开展科创教育及跨学科课堂实操性培训，既有创新普及，又兼顾实践操作，有效提升了教师的科学素养和创新教学能力。学校还把教师送出去参加各级创新教育类专业培训，以提高骨干教师的业务水平，从而使他们能更好地指导学生发展，还可对其余教师展开二次培训。

3. 深化专题教学，搭建学校课堂

根据学校科创教育目标及年段学生发展水平，学校在不同年段设置了以跨学科教与学为内涵的专项训练课：低段——折纸课、创意搭建，中段——编程、航模、机器人，高段——陶艺创作、机器人、3D打印课。学校将这些学科教学明确纳入学校课表，教师按照该课程知识技能体系实施教学，学校与任课教师共同开展学科融合研究，即在教学设计上，不但有本学科的教学内容与目标，还有机融合了极具科创元素的多个学科的内容与目标。例如，陶艺创作——在制作传统陶制品的基础上增加声光电,甚至是传感器等电子元件,让其具有科技含量;语文——把学生的科创小作品引入课堂,开展产品介绍、撰写产品说明书等综合性学习活动;科学——在养蚕的教学内容中,采用环境设计、3D打印、安装温度传感器等方式为蚕宝宝建造住所。当然在开展这类跨学科专题教学时,学校倡导任课教师以本学科为主,有机融入人工智能、创客等科创元素,拓展学科边界,丰富学科内涵,让科创与更多学科产生关联!目前,学校有语数外、音体美、信息科技等多学科教师执教学科融合的专题训练课。

为了实现跨学科教育的普及推广,学校还全力搭建全校性课堂。跨学科研究性学习活动就是鼓励学生在多种活动形式中动脑想、动手做,手脑并用;就是引导他们放下书本,走进生活,获得直接经验;就是希望他们把学习生活中的个人创意、团队创意,通过教师、家长、团队的协助,通过多项活动、多维实践转变为实际作品或产品。为此,学校创设了跨学科教育校级大课堂——创意讲堂。这是学生类跨学科实践活动,中高年级每班轮流承担全校性科创展示课,以现场表演等形式向全校师生介绍和展示本班研究性学习活动成果。乍一看,这似乎是场三十分钟左右的班级"表演秀",但实质上涵盖了本班学生的科创制作、科学解说、科技宣传等前置研究活动,而且还需以多种形式在全校师生面前进行现场展示。学生、教师、家长自编自导自演,可以说这就是一场以创新为内核、活动为形式、家校社区为支持的跨学科学习展示活动课。这对跨学科教育及研究性学习活动由点及面的推广普及、层层落实起到了促进作用。

(二)"教":内外结合,各施其教

1. 内教课堂,外辅社团

学科课教学:科研室组建了"机器人""折纸""航空航模""陶艺创作""3D打印"等多个跨学科研究项目教师团队,引领项目组教师带领学生开展跨学科研究性学习活动,并给予专业指导、常规管理及课程评价,确保科创教育和跨学科教育的常态开展。同时,教导处将相关跨学科教育项目固化为一门学科教学并纳入日常课表,如折纸课、编程课、陶创课等;由校内相关教师承担教学任务,从科创教育的知识性、系统性、普及性方面展开常规教学,培养学生的创新意识、方法及能力。这样就有了更强的规范性与合法性,势必引起教师、学生和家长的高度重视,从而

促使更多学科教师逐步适应并积极参与。

社团课教学：学校专门聘请校外专业教师，有目的、有计划地把具有共同爱好与特长的学生聚在一起组建社团，开展专门的跨学科学习能力的提高性教学。实践中，学校除扎实做好学科课堂、逐步推动跨学科教育的普及化与全员性外，也重视对尖子学生的提高性培养，而组建各种科创社团就是行之有效的手段。并且，学校把学生社团活动课程化——固定的时间、地点、内容以及专业导师的教学，加速社团学生成长为各个项目的优秀小能手、小创客，这也是提升学校创新教育品牌的有效路径。

2. 提档硬件，辅之以教

如果说课内外结合开展教学是跨学科教育最为直接和重要的手段，那么为师生开展跨学科教与学创设相应学习空间和教育环境也是必不可少的辅助性措施。对此，学校通过自筹资金与引进社会支援、学校社区共建共享等方法，从创客功能室建设和科创校园环境营造两方面进行空间打造。

（1）创客功能室建设：学校本着实用与节俭的原则，采用改造、升级和新建的办法整体规划、分步实施，逐步建设跨学科教育所需的配套功能室。

改造学科功能室，包括科学实验室、折纸及手工操作室等。学校在以前标准化建设基础上，对功能室文化环境做进一步提升，体现科技感，显现作品空间。

升级科创功能室，包括机器人工作室、3D打印室、纸艺空间、航模体验区等。学校在保持原有功能基础上，开通了虚拟网络环境，可实现多个功能室同时使用时的网络连接，便于分享调用网络资源，甚至实现了多学科教师同步架课、同步教学。学校还逐步添置专用桌椅、展架、移动平板等硬件设备，最大限度地满足师生教学所需。

新建主题功能室，包括陶创工作坊、航空科创馆等。学校把陶创工作坊定位为制作展览与文化传承等功能相融合，传统制陶与现代科技相结合的艺术创作工坊；将未来科创馆建设为融展示、科普、体验、陈列于一体的科创教育体验馆，从而让这个校园科技馆陪伴学生成长。

（2）科创校园环境营造：学校认为学校文化特质和教育特色应是一种由内而外的自然流淌，学科融合研究、师生素养培育是内涵，学校硬件及校园环境就是外延。因此，学校紧扣科创文化主题，打造校园橱窗、创意讲堂主席台及电子屏、科创科普类校园文化墙及班级文化墙、校园网络班班通等,以及让各类飞机模型在校园随处可见……让校园处处呈现出浓浓的科技范儿,让学生每天置身其中、耳濡目染,让每位入校之人都能感受到扑面而来的科创文化气息。

(三)"学":分类设课,分类学习

1. 学科课

根据学校课程计划安排,各年级学生依照班级课表参与到不同专题的跨学科常规性学习活动之中。

折纸课——低段各班每周开设一节。这门手工课既教授学生折飞机、动物等各种造型的方法,训练其空间想象能力与动手操作技巧,又培养他们废物利用等方面的节约环保意识。

机器人课——中高段各班每周开设一节。引进乐高和优必选两套机器人材料,开展创意搭建、编程等教学。

3D打印课——高段各班每周开设一节。结合美术设计、信息技术,以及运用3D打印器材,进行教学活动。

陶艺创作课——高段各班每周开设两节。由专职陶艺教师带领各班级学生开展造型设计创作及艺术塑形,再由教师烧制定型,最后根据初始设计安装电子类元件,使其更具现代感。

2. 活动课

除去学科教学外,学校其他教育活动也担负着以跨学科研究性学习发展学生创新素养之责。学校开设综合实践活动课,就是希望融合多学科教学,整合教育资源,凝聚教育力量,推动学生在校内外的各级各类科创教育活动中锻炼能力、提升素养。毕竟,课堂学习之外的教育活动也是学生开拓视野、自我成长的重要舞台。例如,创意讲堂——每周星期一升旗仪式结束后就是全校性活动课"创意讲堂"的开课时间,各班按照学校计划轮流承担,根据科创主题、本班学生创新水平与成果,可用歌舞表演、制作展示、现场表演等各种形式,也可将社区、家长资源融入前期学生的研究性学习及后期创作性活动中,其题材、形式等均由各班自主设计。又如,校外创新活动——为拓宽学生科创学习视野,寻找并搭建学生锻炼平台,学校积极参加社区及单位各种科技活动,如"科技进社区""成飞公司歼十纪

念"等活动;组队参加各级各类科创项目竞赛,如全国珠海航模展、机器人操作大赛、人工智能及计算机编程比赛等。

3. 社团课

如果说学科课和活动课旨在从整体层面普及科创教育,提高全校学生的跨学科学习能力和科学素养,那社团课就是针对创新能力较强的部分尖子学生,让其在普及课学习的基础上习得更强的创新技能,走向更高的锻炼平台,实现因材施教、扬长发展。学校成立了多个科创社团,如纸模航模团、机器人社、陶创社等,并邀请校外专业教师作为导师每周到校上课,选拔具有相应特长与爱好的学生参加社团提高性学习。此外,学校还让各项目小组老师担任相关社团的助教,与导师一起训练学生,并提升本校教师的专业能力。

学校在实践中,牢牢抓住跨学科教育顶层构架和实际操作的几个关键点,着力于有效管理和积极引领,汇集学校之力、社区之源,统筹调度人财物,以确保科创教育的推进和跨学科教育的全面实施与有效落实。这几年,学校以跨学科教育为主要形式与重要内容,从各方面、各层次、各要素统筹规划并分步打造学校科创教育特色,取得了较大成绩!

学校先后被评为全国青少年计算机科技创新实践教育示范基地、全国中小学国防教育示范学校、中国 STEM 教育 2029 行动计划种子学校等。学校组织并指导学生参与各级各类科创竞赛展示活动 30 余次,获奖 2 900 人次,其中在中国微软人工智能编程项目中连续两届进入全国前 10 名,是目前四川地区的最好成绩;参加中国教育科学研究院小学生综合实践活动竞赛,荣获全国二等奖。学校培养出了语数英、音体美、信息技术、心理健康等多学科融合的科创教育专兼职教师队伍,相关跨学科教学典型案例多次在市级以上平台交流。教师在带队比赛、撰写科研论文等方面获得省市级以上奖项 344 项,受邀在各级专题会上交流 20 余次。学校创新教育成果受到各界好评,接待来自北京、上海及全国创客、人工智能等教育交流团 20 余次。四川科教频道先后 4 次对学校创客教育做专题报道;2018 年学校开发的乐高机器人科创课程被乐高教育官网专题报道;2019 年学校纸飞机社团专职教师许树全带领学生折纸飞机庆贺祖国七十华诞的故事被《教育导报》、《华西都市报》和新华网等多家媒体报道,作品在四川美术馆、中国军事博物馆展出。

当然,作为普通学校,人财物等资源是有限的,不能企望任何改革都能一步到位。通过多年的教育实践,学校愈发认识到:教育的创新从主体层面看应是从学校层面的管理创新开始,进而引领教师的教学创新,最终实现学生的学习创新。学校在推进科创教育的过程中既能集中现有资源加以有效利用,也会量体裁衣,分阶段逐步推进;学校一边扎实教育,一边适度配置,防止以硬件改造弱化实际教育效果的不良倾向。学校坚信,只要学校树创新之念,就能推动教育走创新之路;只要教师施创新之法,就能助力学生启创新之智。"行创新、致未来",愿创新之光指引学生走向更加美好的未来!

第四章 教师跨学科的能力发展

第一节 教师跨学科的认识与实践

早在古希腊,伟大的哲学家亚里士多德就开始将人类不断积累形成的知识划分成不同的学术科目,并创建了理论性学科、实用性学科和创造性学科三级结构体系,这成为人类早期学科知识体系的雏形。随着大学的兴起,学科专业化的进程逐渐加快,班级授课制和分科教学逐渐成为学校教育的主流。

社会继续向前,教育也朝着更高的要求和目标迈进,包括跨学科课程建设以及跨学科教学实践等在内的教师跨学科能力发展逐渐成为教育关注的热点。

一、 学校跨学科实践的历史必然

(一) 分科教育割裂了世界本来普遍联系的状态

来源于人类社会实践和理性思辨的林林总总的知识原本或近或远地相互关联着,分科教育人为地划分了学科教育的边界,各自着力于本学科视野的世界观和方法论建设,凸显单学科范畴内的体系和结构,透过各个学科看到的往往是"单孔镜"下的世界的某个侧面。因此,打破学科壁垒,整合学科知识,重构知识图谱,成为分科教育改革新的增长点。

(二) 分科教育弱化了学生认识问题和解决问题的能力

基于单学科知识体系的分科教育,非常倚重本学科的世界观和方法论来认识问题和解决问题,同时突出学校课堂分科教育的实效,设计的相关问题也往往是往往基于课堂所学设计相关问题,但是现实社会与世界中存在或产生的问题通常是错综复杂的,单一学科思维的问题解决往往是理想化设计下"复用性能力"的重演,而真实世界复杂问题解决更需要的是综合的、辩证的"非复用性能力"的发挥,知识的融会贯通,以及能力的迁移应变。

(三) 课程改革开辟了学科之间联系贯通的空间

近些年在课程改革中,拓展型课程、探究型课程以及综合实践活动等都已经超越了单一学科的范畴,为学生跨学科学习提供了丰富的选择性和无限的可能性。基于问题解决的学习(problem-based learning),基于项目的学习(project-based learning),以及国际风行的 STEM 或 STEAM 课程的学习,正在今天的中小学校园里蓬勃开展。

(四) 考试改革强调了学科之间联系贯通的考查

近些年在课程改革的同时,考试评价的改革也在紧锣密鼓地进行着。例如,上海的新中考改革中就明确增加了跨学科案例分析的考查,直接挑战传统各门学科刷题应试的弊端和惯性,有力倒逼学校跨学科教学的落实。

二、 跨学科内涵要素的解析

跨学科中的"跨"意味着"跨介于相关学科之间或跨出某个学科之外"[1]。究竟什么是"跨学科"?或者"跨学科"包含哪些核心要素?这里拟从"形式""过程"和"目标"三个维度予以解析和描述。首先,从"形式"上来看,"跨学科"一定要有"学科跨界",没有学科跨界,依然是单学科,不可能称之为"跨学科"。其次,从"过程"来看,"跨学科"一定要有不同学科之间的"知识关联",能够很好地体现普遍联系的本来面貌。再次,从"目标"来看,"跨学科"一定是指向问题解决的,漫无目的的跨学科不可能表现出学习的意义。[2] 跨学科内涵要素的解析如图 1 所示。

---

① 杜俊民. 试论学科与跨学科的统一[J]. 科学技术与辩证法,2000(04):56
② 胡庆芳. 搭建中小学教师跨学科教学"脚手架"[N]. 中国教育报,2021-03-18(8).

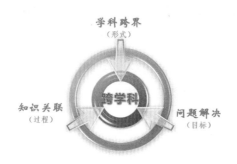

图 1 跨学科内涵要素解析

从上述分析中可以进一步看出,"跨学科"涉及的是两门及以上的学科,所涉及的相关学科的知识并不是"大杂烩"或"水果拼盘",而是已经融为一体的"混合果汁"[①],并且跨学科是基于问题解决的、有目的的行动。

通过跨学科内涵要素的解析,我们可以发现,在当前蓬勃开展的学校跨学科实践过程中尚存在种种误区与偏差[②]:

第一,主题拼盘型。在学校的实践中,往往很容易把"跨学科"与"多学科"混为一谈。如学校就"蝴蝶"主题开展"跨学科"的系列活动:语文课上,教师会让学生阅读有关蝴蝶的课文或者赏析有关蝴蝶的诗词;美术课上,教师则指导学生学习画各种各样的蝴蝶;科学课上,教师引导学生学习有关蝴蝶的科学知识。但是,我们发现,虽然在学生的学习过程中有多门学科内容的参与,但是这些学科内容之间没有产生实质的互动,因为学科之间缺乏核心问题串联,没有体现出知识融合的特点。"多学科"只是表明一门以上学科内容的出现或存在,而"跨学科"则突出强调相关学科内容之间在共同的问题解决过程中的协同支撑。

第二,目标迷失型。学校在"跨学科"实践过程中,也容易陷入为跨学科而跨学科的境地,问题意识与目标导向并不明确。尽管教师和学生共同经历了涉及两门或以上学科内容的教与学活动,其过程偶尔也不乏精彩之处,但相关学科内容缺乏整体目标的统领,对于"究竟要解决什么问题不明确",以至于学习失去方向。

---

① [美]艾伦·雷普克.如何进行跨学科研究[M].傅存良,译.北京:北京大学出版社,2016:18.
② 胡庆芳.学校跨学科实践的现状分析与策略应对[J].上海教育,2019(34):68—69.

第三,浅表学习型。在学校的"跨学科"实践中,教师们往往因为对其他非任教学科的内容不是特别熟悉,理解得也不是特别深刻,所以很容易设计成相关学科的体验活动,其思维挑战性不够,没有体现深度学习,以至于跨学科学习的价值降低。

第四,虚假跨学科型。在学校的"跨学科"实践中,教师有时候为了引导学生学习某一学科内容,会轻描淡写地引入其他学科相关的内容,但其他学科内容的介入是可有可无的。比如,地理课上,当堂课要学习的内容是"认识地球的表面",执教教师首先引入诗句"横看成岭侧成峰,远近高低各不同",让同学朗读,然后进入当堂课内容的学习。而事实上,教师的课堂教学并未从讨论诗句反映的问题或现象展开,语文学科内容的介入对于学生学习地球表面知识的支撑作用几乎可以忽略不计,只是虚晃一枪,华而不实。

第二节　教师跨学科的能力与发展

一、教师跨学科的能力构成

跨学科的实践,相对于单学科实践而言,是一项挑战性和建构性并存的任务,教师必须具备不同寻常的理解能力(comprehending ability),不仅须对跨学科本身的内涵有准确的理解,同时也要对相关学科的知识有准确的理解。正是基于对相关学科知识的通透理解,教师才能设计出开放且有创意的挑战性学习任务,让相关学科的知识内容发挥出重要的认知促进作用。同时,跨学科毕竟是从一门学科跨界到另一门或另几门学科,所以教师还必须具备学科知识间的关联能力(relating ability),知晓本学科当下学习的知识或探讨的问题会与哪门学科或哪些学科的知识内容有关联,没有关联就无从跨界。此外,跨学科的学习活动能够组织起来,需要教师具有开放设计能力(open designing ability),跨学科的学习对于相关学科知识而言完全是一个集思广益的过程,开放问题的设计为相关学科知识的融入留有广阔的空间,并且经由问题的引导让相关学科的知识有机介入并整体盘活。另外,优质的跨学科学习任务能否让更多的学生受益,还需要教师具有跨学科的学习指导能力(supervising ability),针对学生的学情实际予以恰当到位的点拨指导,从而让每一位学生能够在跨学科的视角下建构起认知新视界。最后,对于跨学科的实践,教师的基于先行实践的反思改进能力(self-reflecting and revising ability)也至关重要。基于对跨学科的深入理解而全面审视业已开展的跨学科实践活动,评价反馈暴露出来的问题,必然能直接推动教师对可能成因的分析并制定应对的良策,从而推动跨学科实践可持续的深入展开。

上述基于跨学科实践需求的五种能力一起构成了一个环环相扣、彼此促进的CROSS能力链,如图 2 所示。

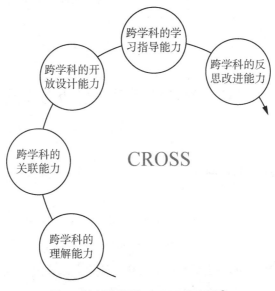

图 2　教师跨学科 CROSS 能力链①

其中,教师跨学科本身及相关学科知识的理解能力是必备基础,没有理解,任何跨越无从谈起,即便跨越也是盲目的。教师跨学科知识的关联能力是必要条件,没有关联,跨学科就失去了方向,无法实现。跨学科的开放设计能力是核心关键,通过开放性的探究设计,相关学科彼此融通并各自发挥出不可替代的协同支

_____

① 胡庆芳.跨学科研究的国际视野及教师跨学科教学设计的模型建构[J].基础教育课程,2020(11):26—31.

撑作用,使学生收获别开生面的认知新视界,开辟出足够的思维空间。跨学科的学习指导能力是过程保障,通过到位但不越位的学习指导,帮助学生达成既定的跨学科学习目标。跨学科的反思改进能力是自我完善,在越来越优化的跨学科实践过程中迎来高质量的跨学科认知成果。

二、 教师跨学科的设计模型

跨学科实践的过程是一个多学科知识自然融入、教师多种跨学科能力有力体现的过程。卓越的实践范例往往能够生动诠释跨学科的丰富内涵。这里以一小学四年级系安全带主题的项目学习活动为例,力图对跨学科学习的过程及成效作一个诠释。

执教教师在第一个环节首先抛出问题:"大家谈谈对系安全带有些什么不同的看法?"在这个开放型问题的驱动下,学生们谈到系安全带时是不以为然的,觉得"太麻烦了""被束缚在了座位""大人要求,很无奈""明明就是大惊小怪,多此一举",等等。在他们谈论之后,教师随即提出了一个求证的任务,即"弄明白究竟系安全带是真必要还是没关系"。第一步是让学生们用部件材料搭建一辆小车,并且还要捏一个泥人当作司机或乘客放置在小车的座位上。等学生们搭建完小车后,教师开始让他们做急停甚至碰撞的实验,观察车上泥人的状态。通过实验,学生们看到了泥人在小车急停或碰撞的过程中撞向前面甚至被甩出车外的情形。接下来针对这种情况,教师进一步提出问题:"如果给泥人系上安全带,情况会怎样?"并且探究以下问题:"安全带怎样系才既安全又简便?"在这个环节,学生们通过实验探究和小组合作,以及在教师的指导点拨下,发现"斜过肩、横过胯"的固定方法最规范和有效。在最后的学习环节,教师让学生们再谈谈对系安全带的认识和想法。因为有了实验探究和小组合作过程,学生们明白了系安全带的重要性和必要性,并且切身体会到"安全带就是保护生命的纽带"以及"安全出行,真爱生命"呼吁背后深深的内涵和道理。

通过"系安全带"这样一个开放型的主题学习项目,我们可以清楚地看到多学科知识、技能以及方法融合的过程,同时也感受到了学习者们非同一般的认知视界的形成,具体如表1所示。

表 1　系安全带的跨学科学习项目①

流程设计	具体介绍	功能发挥	任务指向	涉及学科内容	备注
抛出问题	对乘车系安全带有何看法？麻烦/束缚/无奈/多余	聚焦关注	为问题解决做准备	劳技/科学	
搭建小车	用手工材料搭建小车；泥人乘客/座位	工具制作			
停碰实验	观察小车急停/碰撞时泥人乘客的状态	实验探究	系安全带的科学依据	科学/探究	泥人歪倒/飞出
加装安全带	让泥人系上安全带再实验；观察不同系法的安全性		系安全带的技巧掌握	劳技/手工科学/探究	系法宽带/细绳……/……
总结心得	全面认识系安全带；认识理解/理念主张	认知建构	系安全带的习惯养成	品社/安全	安全带保障生命安全；安全出行，珍爱生命

通过上述这种跨学科教学的实践，可以概括出一种类似于"万花筒"的教学设计模型：首先是锚定一个具体的关注点，如"系安全带"，接着聚合有助于促进"系安全带"认识的多种可能的学习资源，如模拟小车和乘客在运动过程中的场景所需要的材料及相关知识，然后通过一个个环环相扣的问题，如"不系安全带会发生什么样的情况？""安全带怎样系才既安全又便捷？"等，一步步引导学生发现并理解系安全带背后的科学道理。等学生们有了这样的体验和认知之后，再让他们聚焦安全带这个话题，总结对安全带的认识和想法，这时他们眼前出现的是不同于

———————

① 胡庆芳.跨学科研究的国际视野及教师跨学科教学设计的模型建构[J].基础教育课程,2020(11)：26—31.

之前的新视界,他们的认知也上到了一个新台阶——系安全带关乎生命,理所当然! 教师跨学科教学设计的"万花筒"模型如图 3 所示。

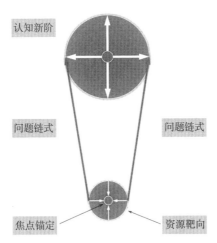

图 3　教师跨学科教学设计"万花筒"模型①

在基础教育阶段,学生跨学科的学习是在校学科学习的有益补充和拓展。当前在学校掀起热潮的 STEM 或 STEAM 学习是跨学科学习多种形式中的一种,另外也包括各个学科的教师在日常教学过程中有意识地引入其他学科的概念或方法等来更好地解决本学科遇到的问题或认识本学科当前的重要概念。分科教育和跨学科教育拥有各自的优势,在聚焦学生核心素养培育的今天,教师的学科育人能力和跨学科育人能力有待于同步提升,教师卓越的育人能力将使基础教育拥有更好的未来。

第三节　教师跨学科的挑战与应对

教师跨学科的探索与实践在很多地区、很多学校蓬勃开展的同时,也面临着

---

① 胡庆芳.跨学科研究的国际视野及教师跨学科教学设计的模型建构[J].基础教育课程,2020(11):26—31.

不少挑战。从教师自身方面而言，首先是知识概念的阻碍。因为在分科教育的主流文化背景下，广大学科教师将知识等同于学科知识，自然认为通过跨学科的学习实践获得的知识必定是碎片化的、失去"学科家园"的知识，同样由此培养起来的能力也是建立在"沙滩之上"，没有深厚根基。其次是就教师能力而言，无论是职前的培养还是在职的实践，基本上都是以专业学科为主，教师没有接受过系统和充分的跨学科锻炼与培养，因此无论是跨学科设计能力还是跨学科教学能力都普遍比较薄弱。2019年，上海市教师跨学科能力发展项目组根据全国16个省市4 284份问卷调查反馈的信息也显示：68.4％的教师反映跨学科实践的自由度太大，难以把握；60.8％的教师认为对跨学科的认识不够深入；51.5％的教师直言自己缺乏跨学科实践的能力。①

从支持环境来看，有关诸如跨学科案例分析的考试评价，部分地区已经率先开展起来了，但是针对教师跨学科案例分析的教学指导没有同步跟进，致使教师的跨学科实践还在摸索中前行，地区之间、学校之间、学科之间以及教师之间差异明显。此外，有关教师跨学科实践的教务管理也面临着与时俱进、因时因地的细化或再设计问题，以确保教师跨学科实践有足够的时空。

教师跨学科能力的胜任是跨学科实践的根本保证，教师跨学科能力的培养以及相关支持条件的优化是跨学科实践的最大诉求。具体而言，可参考以下举措：

第一，跨学科能力考查成为获得教师资格证的必要条件。教师资格证的考试，不仅考查学科素养，同时兼顾考查跨学科素养，在源头上确保具备一定跨学科素养潜质的复合型人才进入到教师队伍中，为其在职发挥一专多能的作用奠定必备的知识和能力基础。

第二，跨学科能力成为见习教师规范化培训的重要内容。在大学毕业生正式成为教师之前的上岗培训或者见习教师规范化培训期间，把跨学科能力的培养作为一项重要内容让其加强体验和历练本领，从而让具备一定跨学科实践能力的教师进入学校，以胜任一专多能的教学任务安排。

第三，跨学科能力成为校本研训常态化开展的一致关注。在学校校本教研和校本培训的过程中，始终穿插跨学科内容的研讨和培训，拓宽教师学科视野，提升

---

① 胡庆芳.学校跨学科实践的现状分析与策略应对[J].上海教育，2019(34)：68—69.

教师跨学科能力,不断促进教师跨学科素养的提升,厚积薄发,学以致用。

第四,跨学科能力发展与教师职称评定实现无缝化对接。在教师职称评定分学科的基础上,搭建教师跨学科能力发展的职称阶梯,完善学科职称评定和跨学科职称评定的双通道,为教师跨学科能力的持续发展提供机制保障,特别是为专职于跨学科实践探索的教师开辟可持续发展的专业通道。

第五章　教师跨学科的案例展示

案例 1　一首古诗，一段历史学习

广东省江门市新会区新会实验小学　苏艳玲

一、内容说明

古诗学习注重学生的语文基础和综合能力，然而由于学生的历史知识较为缺乏，对诗的理解存在困难。针对学生认为古诗学习乏味、刻板的现状，我尝试在古诗教学中融合历史学科的学习，带领学生穿越时空，寻找秦的统一、汉的繁盛、唐的富强，数风流人物、千古英雄。读一首诗犹如与一位老者对话，听他讲述那段岁月……激发学生学习古诗的兴趣的同时，更引起学生学习历史的兴致。

本案例以小学部编版教材《语文》五年级下册古诗《从军行》（作者是唐代王昌龄）教学为例，分析如何在语文古诗教学中跨历史学科进行教学。

二、学习目标

1. 教学中把古诗与历史巧妙地结合起来，以历史作为支撑点，用古诗作为线索串联历史。通过学习古诗走进诗人生平、地理知识、文化遗产、历史背景及故事中，构建立体知识网。

2. 将古诗与历史相结合，加深学生对诗词的理解，同时提高学生的综合素质，丰富其知识储备。

3. 学习《从军行》，打开盛唐时期的边塞情况之门，让学生在历史长河中品味古诗。

三、学习过程

(一) 学习片段一：释疑古诗题目，寻找历史足迹

1. 认识乐府诗

《从军行》是乐府的曲名，但学生对此了解甚微，教学中我通过思维导图让学生认识乐府诗。清晰的思维导图可帮助学生在学习古诗前先释题，为学生扫除学习古诗的第一道障碍。

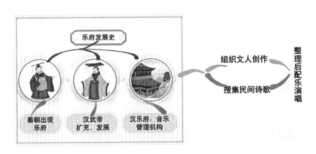

图 1　乐府史的思维导图

2. 认识诗人王昌龄与边塞诗

对于诗人王昌龄，学生是不陌生的。教学中让学生提前了解诗人王昌龄，解开王昌龄为何一口气写下七首《从军行》之谜，使学生穿越时空走进盛唐历史，为理解诗意作好铺垫。有了先学的基础，学生在课堂上谈诗人的人生经历；谈诗人创作的背景；读这位七绝圣手写的边塞诗，感受其气势雄浑、格调高昂的诗情。学生在破解诗题时，轻松地认识了乐府诗和边塞诗，了解了诗人王昌龄的生平，体会到古诗所描述的是盛唐时期，国力强盛，君主卫边拓土、锐意进取；体会到当时人们都渴望崭露头角、有所作为；体会到将军一腔热血，奋战沙场，建功立业；更体会到诗人被伟大的时代精神所感染，用沉雄悲壮的豪情谱写了一首首瑰丽壮美、雄浑磅礴的诗篇。

(二) 学习片段二：描述地理环境，重回盛唐边陲

1. 直观教学，梳理要点

直观教学更能引起学生学习的热情与兴趣。在学习《从军行》(其四)前两句诗"青海长云暗雪山,孤城遥望玉门关"时,我要求学生采用绘制思维导图和给古诗配画的方式开展学习。课堂上学生们纷纷讲述自己的学习成果:学生1讲述"玉门关"名称的由来,因西域输入玉石时取道于此而得名。学生2讲述玉门关在当时的地理位置。学生3介绍玉门关始置于汉武帝开通西城道路、设置河西四郡之时。学生4与大家分享诗人王之涣的《凉州词》、李白的《关山月》中描述玉门关的诗句。学生5边展示自己绘制的地图,边分析唐朝边塞情况——唐高宗调露、永隆年间,西、北方有强敌,一是吐蕃,一是突厥,吐蕃、突厥曾多次侵扰甘肃一带,唐礼部尚书裴行俭奉命出师征讨;唐朝大将哥舒翰筑城于此地,南拒吐蕃,西防突厥,这座古城就把吐蕃和突厥隔开,让其不能联手,是一个极其重要的地理位置,它就是多位诗人笔下的孤城。这幅自绘地图把唐朝及与之相邻的吐蕃和突厥的地理位置呈现出来,让人一目了然。学生6展示自己根据古诗内容绘制的思维导图,向大家讲述诗句"青海长云暗雪山,孤城遥望玉门关"的内容:青海湖上空,长云弥漫;湖的北面,横亘着绵延千里的雪山;越过雪山,是矗立在河西走廊荒漠中的一座古城;再往西,就是和古城遥遥相对的军事要塞——玉门关。

2. 巧设问题,发散思维

通过多位同学的热情分享,学生们对古诗《从军行》的历史背景有了一定的认

图 2　学生自绘大唐边塞地图

(注:刘梓淇同学根据古诗中的信息,翻阅史书,用笔绘出大唐边塞的广阔地域地理图。在教学过程中,全体学生通过此图直观地知晓了1400年前盛唐时期的边陲地貌,更好地理解了古诗,感受到当时诗人及大唐戍边战士的家国情怀。)

图 3　学生根据古诗内容绘制的思维导图

（注：王文吉同学根据自己对古诗的理解绘出了思维导图。）

识。在此基础上，我提出三个问题：（1）这是怎样的雪山？（2）在诗人眼中，雪山怎么就暗了下来呢？（3）对"青海长云暗雪山"的"暗"，你能理解吗？有价值的问题就能燃起学生心底的求知欲望。在小组学习中，学生们畅所欲言：学生1介绍，在资料上显示，这雪山是指祁连山，平均海拔4 000米以上，终年积雪，雪光闪耀，异常壮丽。学生2说，人会因心情的不同而对周围的景物有不同的感受，杜甫在国破家亡时看到盛开的繁花而流泪，就有了两句诗"感时花溅泪，恨别鸟惊心"。学生3说，将士们远离家乡，远离亲人，心情也是低落的，眼前的雪山能不"暗"下来吗？学生4感慨，此刻，我能理解词人纳兰性德在《长相思》中"风一更，雪一更，聒碎乡心梦不成，故园无此声"的心情，这是军旅生活中的一种思乡情……

学生在学习古诗的过程中，不断地补充历史知识。深奥的古诗内容遇上久远的历史知识竟产生了"化学"反应，迸发出绚丽的色彩。学生边认识大唐时期边陲的广阔地域，边理解诗人对边塞风光的描绘，深深地体会到戍边将士的孤寂与艰苦。

（三）学习片段三：解读古诗意思，推开历史门窗

教学中通过学习历史知识，帮助学生更好地理解古诗后两句诗"黄沙百战穿金甲，不破楼兰终不还"。

1. 抓住"诗眼"，找出意象

课堂上我引导学生展开思考与讨论：（1）"穿"是指穿上金甲吗？边塞将士身上的金甲怎么会被磨破呢？（2）"黄沙百战穿金甲"，从这短短七个字中，你能想到什么？

学生们畅所欲言——"这体现了征战时间久,以及战争的激烈、频繁";"这让我看到边塞环境的险恶、战争的频繁";"'不破楼兰终不还',是身经百战的将士们的豪壮誓言"。老师小结:金甲能损,生命可抛,刀光剑影,横刀立马,这是将士们的豪情壮志。

2. 解读"楼兰",拓展诗境

公元前109年,汉武帝派赵破奴为帅,领了数万精兵开始了破楼兰的征程……学生在课外以"唐代诗人为何在诗中常写到'斩楼兰''破楼兰'"这个问题为切入点开展小组调查研究活动,完成调查研究报告,得出结论。通过活动,学生对唐代诗人写"楼兰"的诗进行收集并开展小组诵读比赛。学一首古诗知一段历史,知一段历史学一首古诗;学生在课内、课外追溯历史,津津乐道,做到了"读诗识史"双赢。

(四) 学习片段四:观看故事视频,感受爱国情怀

师生一起跟着视频重温大唐边塞当年的战争场景,感受戍边战士们金甲能损、生命可抛、刀光剑影、横刀立马的爱国情怀。诗词是一扇窗户,透过这窗户,我们看见的是中国千年历史的悠久和宏伟;寥寥几句,述说着一个久远的故事。

(五) 学习片段五:撰写学习笔记,情系大唐历史

学生在课前、课后写学习笔记,并给古诗配上插图,把"一首诗一个历史点,一条诗词线串成一段历史"写成文字,绘成图画。

学习古诗不应是乏味、刻板、单一的。相反,它应是鲜活、有趣的。在古诗教学中跨越历史学科,将两者有机结合,用历史作为背景介绍古诗,用古诗作为线索串联一段历史,给学生描述一个个藏在古诗里的历史故事。引导学生诵读古诗的

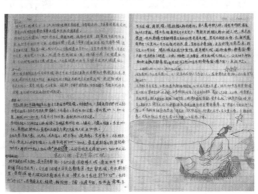

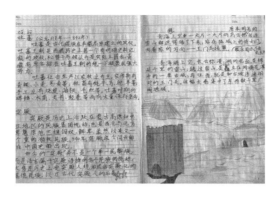

图 4　学生的学习笔记和插画

同时拥抱历史,与千百年前的人物对话,于是,诗词有了深度,历史有了温度。中国是一个诗的国度,也是一个历史久远的国度,在古诗词中浸润着中国历史文化,跨学科学习让学生从熟悉的诗句迈进历史的长河中,领略诗词魅力的同时感受历史的宏伟。当"诗词"遇上"历史",诗词就点燃了历史,一同绚烂;当"诗词"遇上"历史",一首诗、一阕词就变成了一个历史人物、一个历史故事,让其熠熠生辉。五千年的历史文化,三千年的中华诗韵,沿着中国历史的时间线,串连起大量经典诗词,涵盖了诗人生平、地理知识、文化遗产、历史背景及故事。聚焦古诗学习展开的跨历史学科教学,旨在引导学生热爱中国历史文化,热爱中华诗词,做中华文化的传承人。

四、图例小结

本节课的教学思路是跨历史学科展开古诗学习系列活动。以唐代诗人王昌龄的《从军行》为例,以一首古诗引导学生走进历史,了解诗人的生平;研究大唐边塞的情况;学习有关乐府诗的知识;开展跨历史学科的教学。

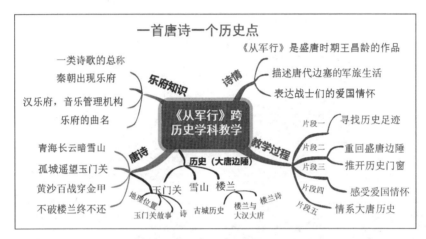

图5 唐诗学习的跨历史学科教学思维导图

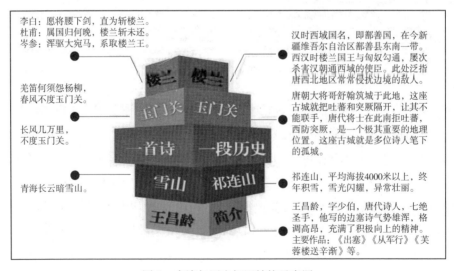

图6 古诗与历史知识结构示意图

案例2　洋流分布及其影响的整合学习

上海市青浦区第一中学　林晓浦

一、内容说明

高一地理主题 8"海洋资源与海洋环境",主要内容有洋流的分类、洋流的分布规律和洋流的影响,洋流对地理环境的影响包括对沿岸气候的影响、对海洋生物分布的影响和对航运的影响等方面,这是本单元的核心内容。本单元的学习过程可以尝试以历史事件为情境,引导学生认识海洋对人类航海史、发展史的重要意义。

洋流对于"航运"有重要的地理意义:顺流航行省时省燃料,逆流航行费时费燃料。掌握洋流的分布规律对于世界海洋航行中的航线确定有着十分重要的意义,对于这一点早在 15 世纪我国明朝七下西洋的郑和,以及欧洲新航路开辟时期的航海家们就注意到了。因此,在本节课教学中可以选择一些历史事件作为教学资源,提升地理课的趣味性,史地的整合也是时空的结合。

二、学习目标

1. 识记世界主要洋流的名称,理解世界洋流的分布规律。
2. 理解北印度洋海区洋流流向的季节变化与成因。
3. 分析洋流对海洋航运的影响,以历史事件说明洋流在世界航海史上的意义,使学生认识到海洋对于人类未来发展的意义。

三、学习过程

(一) 片段一

以"二战期间德军潜艇偷袭盟军"事件,复习洋流的分类,并为学习世界洋流分布以及洋流对人类活动的影响作铺垫。

历史资料：第二次世界大战期间，德国潜艇经常从地中海出入直布罗陀海峡，在大西洋袭击盟军。盟军吃了几次亏后，便派战舰守住海峡，用声呐监听，计划一听到潜艇的马达声便用深水炸弹将其炸毁。监听多日，毫无声响，德军潜艇竟神不知鬼不觉地又溜出海峡，出现在大西洋中。原来，直布罗陀海峡表层海水由大西洋流入地中海，底层海水由地中海流入大西洋。德军利用这一点，在过直布罗陀海峡时，关闭所有的机器，借助海流而行，盟军守株待兔，却让"兔子"在眼皮底下溜了。

教师（讲述二战小故事后，提问）：洋流按照成因，可分为哪几种？

学生：分为风海流、密度流、补偿流。

教师：二战期间德国潜艇出入地中海这一事件中，利用的洋流属于哪一种？

学生：密度流，地中海和大西洋的海水盐度存在明显的差异，因此海水的密度就不同，这种因海水密度差异而导致的海水流动属于密度流。

解析：直布罗陀海峡是连接大西洋和地中海的狭窄水道，地中海海区较封闭，为地中海气候，夏季受副热带高气压带控制，降水量小于蒸发量，再加上流入地中海的河流较少，地中海海水的盐度比大西洋高，因而密度大，海面偏低，形成了密度流，在水面以下至水深400米以内海水由大西洋流入地中海，在水深400米以下海水则由地中海流入大西洋。（见图1）

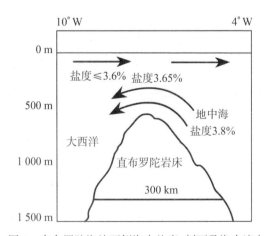

图1　直布罗陀海峡两侧海水盐度、剖面及海水流向

德国的潜水艇在潜出地中海时,关闭发动机,降至海面以下比较深的地区,顺着底层洋流流出地中海到大西洋,而在回来的时候,又将潜水艇升到比较浅的海区,关闭发动机,顺着表层洋流再流回到地中海。这样就躲避了盟军的声呐监听。

教师:现在的轮船在经过直布罗陀海峡时,若是向东进入地中海,就是顺水航行而船速加快,但若向西航行,就会因逆水航行而速度减慢。

过渡:实际上人类很早以前就认识洋流并加以利用了,历史上的几次地理大发现,都离不开洋流的助力。接下来我们通过另外几个历史事件来进一步了解世界洋流的分布,以及洋流对人类活动的影响。

(二) 片段二

通过比较"哥伦布从欧洲去美洲的两条航线",学习北大西洋海区的洋流,并初步认识洋流对航运的影响。

历史资料:哥伦布于 1492 年 10 月发现了美洲新大陆,他的船队横渡大西洋的初始航线①选择了最短路程,从西班牙出发至美洲用了 37 天的时间,而船队在 1493 年第二次横渡大西洋到美洲时又开辟了航线②,路程虽长了一些,但只用 22 天时间便到达了目的地,比原路线少用 15 天的时间。

教师:(PPT 出示哥伦布从欧洲去美洲的航线图)图中①、②两条航线,哪一条航程较短?

学生:航线①较短。

教师:但是在航行的过程中,却是路程长的航线②耗时更短,为什么呢?

组织同学们结合 PPT 材料及教材第 136、137 页行星风系和世界洋流分布模式图、世界洋流分布(冬季)图,展开讨论,引导同学们重点关注洋流、盛行风对海上航行的影响。

学生 1:航线①虽然距离较短,但航行方向与海区内的北大西洋暖流流向相反,逆水航行导致耗时变长;航线②所经海区分布有加利福尼亚寒流、北赤道暖流、墨西哥湾暖流,洋流流向均与航向一致,顺水航行耗时减少。

学生 2:除了受洋流影响,有顺水、逆水差异之外,我还发现北大西洋暖流、北赤道暖流在成因上都是风海流,航线①和②的航向分别又逆北半球的西南风、顺北半球的东北风,这也应该是耗时差异的原因。

教师:在此事件中,洋流是影响航行时间长短的因素中比较重要的一个,但不是全部,还有盛行风对船只的行进速度也有影响。两条航线用时差异很大,航程较长的航线反而用时较短,不但节省了时间,也节省了燃料等其他物资。

过渡:历史上哥伦布发现美洲大陆的过程中,很好地利用了洋流与盛行风来优化航线,更好地利用了地理的空间特征。而我国明代伟大的航海家郑和在七次下西洋的过程中,更是综合地利用了地理的时间、空间特征完成了一次又一次的伟大航程。

(三) 片段三

猜测"郑和下西洋的往返时间",学习北印度洋海区的季风洋流。

历史资料:在我国古代,明朝航海家郑和率领200多艘船只,2.7万多人,多次远航西太平洋和印度洋,拜访30多个国家和地区,最远到达非洲东部。郑和下西洋共七次,除第一次是在"夏季起航、秋季返回"之外,其余六次均为"冬季出发,夏季返航"。

教师 PPT 出示郑和七下西洋路线图,引导学生读图,说明郑和七下西洋的航线,之后让学生猜一猜郑和七下西洋出发和返航的时间(季节),并试一试说明理由。

学生的答案五花八门,教师提示学生注意课本中"世界洋流分布图"特别标注了"冬季",其原因就在于北印度洋海区的洋流有季节变化,是"季风洋流"。教师引导学生学习北印度洋海区受季风影响形成的洋流,其流向为夏季顺时针,冬季逆时针。

教师:如果你是航海家,考虑到节省时间和燃料等方面,你能确定船队出发和返航的季节吗?

学生:应该在冬季出发,夏季返航。

解析:郑和的船队第一次航行时对情况比较陌生,在了解了整个航程的自然环境后,后面六次都充分利用了盛行风风向和洋流的流向,实现了顺风、顺水航行。冬季时我国东部地区吹偏北风,陆地沿岸为由北向南的沿岸流(与我国的季风气候有关),北印度洋位于亚洲南部,吹东北季风,形成逆时针方向的洋流,故冬季出发好,在近岸处航行,顺风又顺水。夏季时我国东部地区吹偏南风,陆地沿岸的夏季洋流向北流,北印度洋海区吹西南季风,洋流为顺时针流向,故夏季返航也实现了顺风又顺水。

过渡:哥伦布、郑和都是在局部海区考虑了洋流和盛行风,从时、空角度科学规划航线。如果我们要选择更大的空间尺度,进行一次环球航行,该如何像他们一样把洋流和盛行风利用起来呢?

(四) 片段四

课后检测部分——解读"麦哲伦环球航行路线"。

历史资料:麦哲伦环球航行是世界航海史上的一大成就。葡萄牙航海探险家麦哲伦率领一支由 5 艘帆船、266 人组成的探险船队,在 1519—1522 年间历时三年实现了这次航行。麦哲伦环球航行的成功不仅开辟了新航线,也首次证明了"地球是一个球体"。

教师:(PPT 出示麦哲伦环球航行路线图,让学生根据所学的"世界洋流分布规律"等知识开展讨论)麦哲伦船队的航行路线,是否做到了顺风顺水,从而节省了时间和燃料?

学生:麦哲伦环球航行的路线很好地利用了洋流的流向,大部分航线都是顺水而行——

(1) 从西班牙出发在非洲西海岸顺加那利寒流南下;

(2) 至南美洲东海岸再顺巴西暖流南下,到达南美洲南端的火地岛;

(3) 绕过南美洲南端之后沿着南美的西海岸顺着秘鲁寒流向北;

(4) 至赤道附近时,沿着南赤道暖流自西向东航行;

(5) 绕过非洲南端好望角之后在非洲西海岸顺着本格拉寒流向北。

教师:你们觉得麦哲伦船队的航线是否可以更加优化?

学生：如果考虑更多的顺水航线，麦哲伦航线中有一段可以修改，即自东向西穿越印度洋海区的航线。其实可以将航线修改为：在赤道附近沿着南赤道暖流向西，到达非洲东海岸后再顺着莫桑比克暖流、厄加勒斯暖流向南到达好望角。

教师：麦哲伦本人熟悉航海的各项事务，在麦哲伦死于菲律宾之后，他的船队继续向西航行穿越印度洋，但没有实现顺水航行。另外，寒暖流交汇会形成海雾带，纬度高的海区可能有冰山顺流漂浮，如南美洲南端，因此航海时还要考虑安全性。

总结反思：本节课借助世界航海史来学习洋流，展示了洋流对世界航海史的意义，更可以扩展到海洋对人类发展史的重要意义。空间和时间是人类生存的两个坐标，地理是空间维度，而历史是时间维度。地理教材中蕴含的历史知识比较多，在地理课教学中紧扣教学内容，挖掘地理课中的历史知识，有意穿插一些生动的历史事件，能培养学生学习地理的兴趣，从而促进其地理知识的掌握。

本节课的设计还体现在用史实证明了人类对自然规律的发现与应用过程。海洋在人类发展史上已经发挥了重要作用，未来人类的发展历程将会发现并利用更多的自然现象、自然规律，使其造福于人类。以上实例也说明，一旦自然规律被人们发现并利用，就会发挥巨大的作用。地理学科就揭示了许多自然现象和自然规律，这些现象和规律又进一步指导我们的生活与生产，体现了地理学科的应用价值。

四、 图例小结

二战时，德军潜艇关闭马达，溜出地中海成功偷袭盟军，是利用了直布罗陀海峡两侧的密度流。本课先以此历史事件导入，继而复习"洋流的分类"知识。

本节课的主要内容是"世界洋流的分布规律"，分为四个海区。在学习中低纬海区洋流时，引导学生比较哥伦布从欧洲到美洲两次横渡大西洋的不同航线，读图明确北大西洋中低纬海区的洋流名称，知道中低纬海区洋流为顺时针的环流，同时也明白"顺流航行速度快"的道理。在学习北印度洋海区的洋流时，教师出示郑和七下西洋路线图，引导学生交流，理解北印度洋海区的季风洋流流向为"夏顺冬逆"。郑和考虑到"顺风顺水"因素，最终确定了"冬季出发，夏季返航"的行程。

最后，出示麦哲伦环球航行路线图，检测学习效果，让学生根据所学洋流知识展开讨论：麦哲伦船队是否全程做到了顺流而行，以及对航线有哪些优化建议。

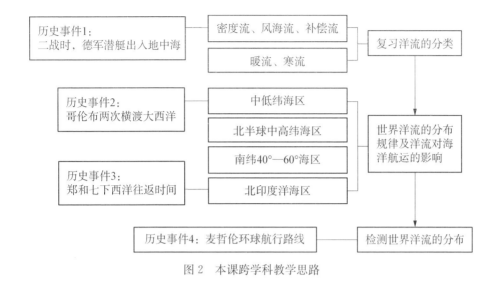

图2 本课跨学科教学思路

案例3 植物的"密"秘

上海市浦东新区张江高科实验小学 吕慧莉

一、内容说明

PBL是项目式学习(Project-Based Learning)的简称,是一种以学生为中心设计执行项目的教学和学习方法。PBL的理念是通过与现实相结合的实践方式,使学生更有效率地掌握学科知识。"植物的'密'秘"是三年级校本课程"中草药探究课"中的一节,教师一般采用的教学方式就是种植植物,学生对此往往兴趣不高。为了调动学生更多的学习积极性,本次教学将基于PBL理念,经历PBL四个环节:提出问题、规划方案、解决问题及评价与反思,在活动实施中综合各学科知识,特别密切联系数学学科知识。

二、学习目标

1. 能自主发现问题,预测种植结果,设计实验方案,并运用跨学科的知识解决问题。

2. 能积极参与种植活动,乐于合作交流,综合运用各学科的学习技能和方法。

3. 能用"自然笔记""体会小报告"等跨学科形式来交流展示,进行个性化表达。

三、学习过程

(一) 第一阶段:提出问题

1. 课前交流,引出新发现

"中草药探究课"的课前2分钟有个传统活动,由学生交流近期的"生活小发现"。宋同学介绍了她的发现:在二年级自然课学过"种子的繁殖"这课后,她将黄豆种子带回家种植,每天浇水施肥。过了两个礼拜,她惊喜地发现有几棵豆苗结了果,但有几棵却没有,而且长得也很矮小。她拍下照片,请大家帮助她找问题。

2. 头脑风暴,生成新项目

同学们头脑风暴式地开展讨论,发现长得矮小的几棵种得特别紧密,而长得好的几棵种得比较松散。于是宋同学回忆起当初播种时是随意撒的种子,的确存在"种子有的聚在一起、有的很分开"的情况。

于是产生了新的项目研究课题:如何让每棵植物都生长良好呢?

3. 分析讨论,跨学科解决

有同学提出:植物要长得好,需要水分、养分、阳光、空气等条件,而种得紧密的植物有可能是因为营养不够而导致生长缓慢。能考虑到"植物生长需要的条件"这点很重要,但光考虑自然学科的因素似乎在解决实际问题时并不够。又有同学提出:这可能和种植的紧密度有关,种得紧密的植物可能是因为空间不够,所以就长得矮小。这又会涉及数学知识,看来不能局限于一门学科来解决问题。因此,这个有趣的跨学科探究项目就正式被命名为"植物的'密'秘"。

4. 理解项目，多学科结合

对于植物的"密度"，怎么算是密度大或密度小呢？有同学提出："种植密度大"就是种得密密麻麻，彼此的间距都很小；"种植密度小"就是种得松散，彼此的间距都很大。这是用找近义词的方法来理解，看来用语文学科的技能，更能通俗易懂。但是，间距都很小是小多少呢？是一样大小吗？有同学补充：要保持种植间距一样大小，就是面积平分。看来要全面理解课题项目，得结合二年级的数学知识"平均分"和三年级的数学概念"面积"才行。

（二）第二阶段：规划方案

1. 作出假设，设计草图

如果植物种植间距一样，就能基本保证每块土地上的植物获得的水分、养分、阳光、空气等条件是平均的了。假设每位同学都有几块 50 厘米×50 厘米的白菜种植试验田，要开展不同种植密度的对比实验，可以怎么种呢？学生尝试着将自己的种植想法设计在图纸上。

第一步：学生先思考选择几种不同的密度，每种密度种植的间距各是多少，并计算出在相同面积的土地上，不同密度各需要几株植物。这考验着学生数学计算的基本功。

第二步：将第一步中算出的比例画出来，用一个简单的模拟草图，作为下一步种植实践的依据。这需发挥学生美术绘画的本领了。

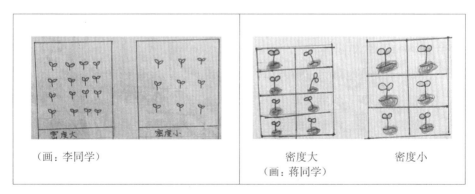

（画：李同学）

密度大　　　　　密度小
（画：蒋同学）

图 1　部分学生的设计

2. 小组分工,制订计划

为了充分发挥学生的自主性与培养合作探究的意识,全班自由分为 6 个小组,每组 6 到 7 人。小组成立后,组内每位同学充分调动积极性,展开奇思妙想,给自己组起了个性化的组名,如"植物小精灵组""阳光四射组""无敌杀虫组"等。有美术特长的同学还设计了小组标志,那精美的构图和绚丽的色彩引得组内其他学生赞叹不已。

接着,各组在组长的带领下制订一份种植计划,包括确定种植对象、研究方法、任务分工等。表 1 呈现的就是第 3 小组制订的种植计划。

表 1　第 3 小组的种植计划

第3小组	组名:快乐小农组　　　组长:小宋　　　组员:小刘、小赵、小张、小蒋、小周		
研究对象	小青菜		
收集资料	药用价值和生长条件		
确定主题	青菜的种植密度对它生长影响的研究		
预测	有影响——密度大排列挤:植物长得小;密度小排列松:植物长得大		
研究方法	对比法—— 相同条件:种子、水、土壤、阳光(培乐多草药屋土培箱) 不同条件:种植密度(密度大、密度小)		
研究步骤	1. 播种;2. 育苗;3. 平分;4. 土地;5. 移栽		
任务分工	小蒋:绘画 小张:保护员	小刘:测量记录 小周:拍照	小赵:浇水 小宋:整体调度

(三) 第三阶段:解决问题

1. 长周期种植活动

种植一段时间后,学生发现在密度大和密度小不同条件下生长的植物是不同的。到了收获季,各组学生分别摘取了种植密度不同的植物并在中草药探究课上分析研究起来:学生纷纷拿起直尺测量了叶片的长度、宽度;甚至有学生发现不同密度条件下,种出来的植物根的长度、根须的数量也是不同的;还有些同学数起了叶脉数,观察幼叶的颜色,并把它们都详细地记录下来进行比较。

种植	养护	收获

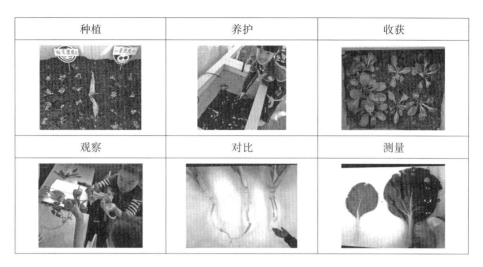

观察	对比	测量

图 2　学生活动照片

2. 数据分析

同学们经过讨论后,发现了至少有六个方面的不同点。接着,小组内分工,每位同学分别就一个发现点以自然笔记方式绘图记录下来。

叶片的长度	叶片的宽度	叶脉的数量

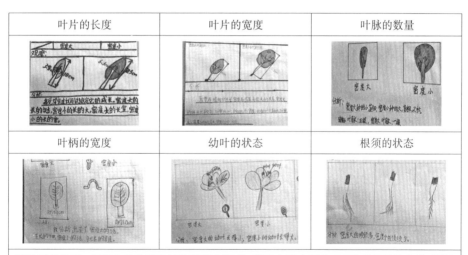

叶柄的宽度	幼叶的状态	根须的状态

其他同学发现:密度大条件下种植的青菜虫眼多,说明虫子吃得多,可能营养吸收充分,更好吃;密度小条件下种植的青菜虫眼少,虫子吃得少。此外,密度大条件下种植的青菜叶子颜色深;密度小条件下种植的青菜叶子颜色淡。

图 3　数据分析

3. 总结交流

经历了"植物的'密'秘"项目式学习后,同学们都有一定的体会和感受,有种植养护时的艰辛与快乐,有集思广益发现一种又一种方法时的喜悦,也有从争论不休到求同存异的观念变化。但不论遇到何种问题,老师都一直关注着每个学生,或引导学生运用跨学科的知识解决问题,或启发学生运用跨学科的方法技能分析问题,或鼓励学生发挥跨学科的特长展示交流。以下呈现了部分同学的体会。

学生体会

邱同学:在这次跨学科学习活动中,我主动承担了组内养护测量的工作。每天中午饭后,我都是第一时间去关心一下我们的小苗苗们。虽然种植很不容易,很辛苦,但我乐在其中。通过两个星期的测量分析,我发现不同密度条件下的两棵菜有很大的差距,从中意识到原来种植密度是那么重要。而且,我发现自从我做了这个测量员后,遇到数学题中求面积的问题就再也不害怕了,平均分配也不会出错了,密度大和密度小也不会再搞反了。

张同学:课上我们对种植的植物进行了观察,因为密度不同,所以它们长得大小也不一样。第一棵菜的根又粗又壮,比第二棵长得好。我们还学会了科学比较的方法,比如:可以测量叶的长度和宽度,测量茎的宽度,看叶脉的数量和幼叶的状况……看来密度对植物的影响很大。而且,老师鼓励我们用不同形式来展示活动结果,我很擅长画画,所以用自然笔记的方式进行展示,对我来说真是再好不过了。

刘同学:跨学科学习活动很有意思,在课上我们真正参与了设计、种植、管理、收获、探究的全过程,这样的中草药探究课充满了无穷的乐趣!活动中,我们遇到了预测结果与实验结论不一致、组内经常发生争论等问题。作为组长,我知道如果一个团队想要变得出色,那就必须团结起来,大家求同存异,用科学事实说话。最终大家明白了科学的实验需要严谨与耐心,想要的结果不是轻易就能得到的。这样的跨学科种植探究活动使我收获满满,虽然这节课结束了,可我还意犹未尽,好想再上一次,期待下次还有这样的活动。

(四) 第四阶段：评价与反思

1. 活动评价

在整个活动接近尾声之际，孩子们不仅交流分享了各自的收获和体会，每个小组还根据自己在活动过程中的表现进行了评价，具体内容见表2。

表2 "植物的'密'秘"活动评价表 （　　　）组

评价内容		标准描述	自评	互评	师评
设计制作	制方案	能自主撰写步骤详细的探究方案并积极实践			
		能自主撰写步骤详细的探究方案但疏于实践			
		能在老师启发下撰写步骤详细的探究方案并积极实践			
	齐参与	能积极配合组长讨论分工合作内容			
		能主动讨论分工合作内容			
		能在同伴的启发下讨论分工合作内容			
合作交流	有兴趣	不愿帮助同伴			
		能有强烈的好奇心并积极地参与学习活动			
		能愉快地参与学习活动			
	作小结	以简单的方式撰写学习体会			
		以一种方式作学习体会报告，并乐于表达			
		能以跨学科的方式作学习体会报告，并乐于表达			

2. 项目反思

从学生的学习体会中可以看出，基于PBL理念的跨学科学习打破了原有的学科界限，让学生收获了更多的快乐和体验，一些学科中的知识难点在这种跨学科的学习中能得到灵活的运用而使学生不再混淆，小组活动的形式也更有效地促进了学生的自主学习和互助学习。

此外，跨学科学习引导学生的学习方式发生了转变。学生天生对未知事物具有好奇心，有强烈的探索欲望，但往往受到学习时间、活动空间等各种因素的影响而被抑制，而跨学科学习尽可能地保护这种好奇心和求知欲，让学生经历中草药领域跨越各种边界、多元素交叉的探究活动，从问题聚焦到学科建模，再到问题解决的全过程，使学生参与到真实的实践中去，和同伴一起合作，开展身体、心灵、情境于一体的学习。

基于 PBL 理念的跨学科学习，教师在每个环节都要为学生起到引导的作用。在整个教学模型中，教师更像是学生学习的协助者，在较为松散的课程计划中为学生提供大方向的辅导，帮助学生顺利完成项目。而且在对学科概念的掌握上，基于 PBL 理念的跨学科学习能以实际的应用场景（分不同密度条件进行种植），帮助学生更好地理解抽象的概念（平均数、密度、面积等）。相较于以教师为核心的传统教学法，基于 PBL 理念的跨学科学习方式可以帮助学生提高学习效率、学习的自主性以及个性化表达能力。

四、图例小结

本次基于"植物的'密'秘"的实践研究从提出问题、规划方案、解决问题，到最后的评价与反思，经历了一次项目式学习的过程，同时它也是一个基于 PBL 理念的跨学科实践研究，跨越了数学、自然、语文等多学科的知识。在解决问题的过程中，学生学习运用观察记录、合作探究等研究方法，同时也锻炼了自主管理能力和动手操作技能。最后的评价交流形式多样，有自然笔记形式、数据对比图形式、体会小短文形式等，展示了学生美术、数学、语文等多学科方面的技能，体现了跨学科的思想。图 4 以思维导图的方式呈现了整个研究过程。

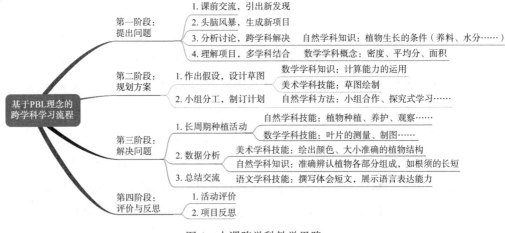

图 4　本课跨学科教学思路

案例4 纸牌有力气吗?

上海市普陀区秋月枫幼儿园 虞 艳

一、内容说明

在一次以纸牌为主要材料开展的大班建构游戏中,孩子们搭建的"纸牌高架桥"在放上小汽车后便坍塌了。于是,围绕着"纸牌有力气吗"这一问题,我和孩子们共同设计并开展了"纸牌大力士"活动。在活动中,孩子们通过操作试验、设计绘制、调查讨论等方式主动地发现问题、思考问题,并在解决问题的过程中尝试综合地运用多学科、跨领域的知识。

二、学习目标

1. 尝试运用多种方式去探索让纸牌发挥最大承载力的方法。
2. 在活动中感受运用多学科、跨领域知识去思考问题、解决问题的乐趣。

三、学习过程

(一) 片段一: 探寻纸牌的稳站姿

自"纸牌大力士"活动拉开序幕后,孩子们便展开了激烈讨论。有的说要找来教室里所有的纸牌,把它们都叠在一起,有的说要让每一张纸牌都像大力士一样有力气,有的说要在纸牌上放上很多很重的东西来证明纸牌的力气……

在孩子们的讨论声中,我抛出了第一个问题:"怎样才能使每一张纸牌都拥有最大的力量?"对此,孩子们是这样说的。

浩浩:"把纸牌折一折,站起来的纸牌才会变得有力气。"

辰辰:"就像我们搭纸牌房子的地基那样,让纸牌站起来。"

乐乐:"把很多很多纸牌放在一起,这样力气就会变得更大了。"

根据以往纸牌搭建的经验,孩子们很快便达成共识。他们一致认为:要让一张纸牌变得具有承载力,首先要改变纸牌的形状,使其"站"起来。

那么,纸牌可以怎么"站"呢? 在这个问题的驱使下,孩子们便开始了探索与创造。孩子们大致用了以下 3 种方法使纸牌站立起来,使其变成了不同类型的"纸牌柱":

(1) 折一折:将纸牌沿长边或短边对折或等分折(如图 1);

(2) 卷一卷:将纸牌卷起后形成圆柱体(如图 2);

(3) 闭一闭:将纸牌组合或按等分折后形成封闭的"柱"状(如图 3)。

图 1 折一折　　　　　　图 2 卷一卷　　　　　　图 3 闭一闭

随着"纸牌柱"的诞生,孩子们又提出了新的问题——"这些不同样子的'纸牌柱',它们力气一样大吗?"于是,我将班中的孩子分成了 3 组,请他们自己想办法,用自己的方式去寻找答案。

(二) 片段二: 测试纸牌的承重力

基于这 3 种"纸牌柱",孩子们通过讨论与试验分别得出了各自的结论,一场关于"最强纸牌柱"的交流会就此开启。

欢欢:我们在 3 种"纸牌柱"上分别放上了一张纸牌,并在上面放东西。一开始我们找来的是矿泉水瓶子,但是 3 种"纸牌柱"都倒塌了;然后我们又尝试在上面放书,数一数哪一种"纸牌柱"上放的书最多。

琪琪:折一折的"纸牌柱"是力气最小的,放了 3 本书就塌了;卷一卷的"纸牌柱"上放了 7 本书后,原来卷起来的纸牌就站不住被压倒了;闭一闭的"纸牌柱"上可以放 9 本书。

欢欢:所以我们认为最有力气的是闭一闭的"纸牌柱"。

乐乐：我们在卷一卷的时候用双面胶把纸牌粘起来了(如图4)，发现这时卷一卷和闭一闭的"纸牌柱"是力气最大的。

图4　卷一卷后粘住

凯凯：我们是用搭高楼的方法来证明"纸牌柱"的力气的。用卷起来粘牢的这种"纸牌柱"搭的楼是最高的。

辰辰：我们是用长方体"纸牌柱"做实验的，因为一开始长方体"纸牌柱"总是会分开，于是我们也把它粘起来了。

佳佳：我们做试验的时候发现，闭一闭粘起来的"纸牌柱"比卷一卷和折一折的都有力气，因为它不会在被压的时候打开，能够一直"站"着，在上面放的东西更多更重。

孩子们经过交流与讨论，最终一致认为：封闭并粘合起来的"纸牌柱"是最强、最有力量的。

（三）片段三：设计最好的高架桥

在拥有了"最强纸牌柱"后，我便向孩子们提出了重建"纸牌高架桥"的建议。起初，在孩子们绘制的"设计图"中，每张纸牌"桥面"下都摆放了密密麻麻的"纸牌柱"，而相比之下，"桥身"的设计就显得过于简单了，这又引发了孩子们新一轮的讨论。

佳佳：这座桥太难看了，就像一只八脚虫，一点也不像高架桥！

欢欢：这样搭桥才稳呀！要是拿掉纸牌柱的话，又倒塌了怎么办！

乐乐：我看到过的高架桥不是这样的，下面没有这么多的柱子。

教师：只有纸牌越多，力气才越大吗？那么城市中的高架桥是怎样被支撑起来的？我们一起去找一找，记录下来，重新设计一下"桥墩"，下次再带来一起讨论吧。

随后，我将孩子们的"调查"任务发布在班级家长群中，在家长们的帮助下，有的孩子带回了一些高架的照片，有的孩子带回了在网上收集的资料，有的孩子带回了全新的"桥墩"设计图。于是，孩子们的讨论又开始了……

辰辰：我发现高架桥下没有放满柱子,还有很多空地呢!

佳佳：高架桥下的柱子是放一个空一点,再放一个再空一点的,很有规律的。

琦琦：大桥下的柱子好像都放在了中间有一条线的地方,所以我带来的"设计图"上都将"纸牌柱"放在纸牌的边上。

欢欢：我在电脑上看到小学、中学里的哥哥姐姐也用纸牌搭过大桥,他们搭的"桥墩"都是粗粗的。

浩浩：我还发现他们将纸牌变成了各种不同样子的"桥墩",但都是空心的。

教师：根据大家的调查发现,请你们重新设计一下桥面下"纸牌柱"的摆放吧,看看怎样的"桥墩"是既美观又具力量的!

在孩子们三五成群的商议与设计后,全新的纸牌"桥墩"设计图出炉了。经过孩子们的讨论与投票,大家一致认为以下两种"桥墩"(图5、图6)的设计图最为合适。

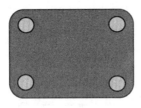

图5　桥墩设计1

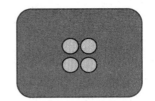

图6　桥墩设计2

四、图例小结

学前阶段的幼儿具有丰富的想象力、强烈的好奇心和无限的探索欲,他们能在以"问题"为导向的探索过程中"学会学习",能自由地在各学习领域的知识间跨越式地思考解决问题的方法。或许他们并不知道自己运用了什么学科的知识,但是正因为学前阶段的儿童未受过分科化的学习,他们解决问题所采用的思考与行为方式也就会更具整合性。对他们而言,在跨学科、跨领域学习的过程中,最重要的并不是学到了什么,而是学会了如何去学习,从而丰富了他们对学习的理解,帮助他们积累了学习的经验。

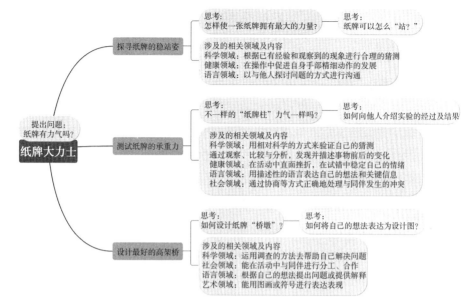

图 7　本案例中引导幼儿经历的思维过程图

案例5　磁悬浮现象探究

——以"磁铁和我们的生活"为例

云南省昆明市五华区昆明高新一小附属磊鑫外国语学校　王　馨

云南省昆明市盘龙区教师进修学校　张向红

一、内容说明

"磁铁和我们的生活"是教科版义务教育课程标准实验教科书《科学》二年级下册第一单元"磁铁"第7课,通过寻找生活中的磁铁、了解磁悬浮列车基本原理、动手搭建磁悬浮列车,引导学生更进一步知晓磁铁在生活中的应用。

本节课以STEM教育跨学科学习活动5EX设计模型为指导,结合概念转变教学实践,对教学内容从跨学科角度进行了分解(见表2),目的是引导学生在跨学科学习活动中建构科学概念,深度了解磁悬浮列车的结构及运行原理。

表 1 学情调查表

调查点	知道/经常	有印象/偶尔	不知道/从没有
（前概念）见过磁悬浮列车	5	27	3
	14.3%	77.2%	8.5%
（生活经验）玩过磁铁，认识磁极作用	32	3	0
	90%	10%	0
（知识广度）用乐高搭建过模型	33	2	0
	94.2%	5.8%	0

（注：抽样人数为 35 人。）

二、学习目标

依据课程标准并围绕培养学生核心素养的要求，本节课制定了如下教学目标：

表 2 "磁铁和我们的生活"教学目标分解

目标分类	知　识	能　力
Science（科学）	磁铁的应用领域、磁悬浮列车的基本组成、磁悬浮列车车体和轨道的形状、磁悬浮列车的组装方式。	进行实验探究的能力；收集资料、提取重要信息的能力。
Technology（技术）	车体、轨道材料选择；磁铁的选择；工具选择及使用。	合理选择材料和工具的能力；制作磁悬浮列车模型的能力；动手能力与团队合作能力。
Engineering（工程）	磁悬浮列车模型的设计与搭建。	设计磁悬浮列车模型的能力；动手搭建的能力。
Mathematics（数学）	对长方体、正方体、长方形、正方形的认识；图形的拼组，利用平面图形画出立体图形；速度的计算。	用数学语言表达结果的能力；数学抽象思维、逻辑思维及空间思维能力；收集实验结果并进行记录的能力。

学生通过磁悬浮列车科普材料和视频了解磁悬浮列车的基本组成等知识，通过科学实验了解磁铁同极相互排斥、异极相互吸引的原理，通过小组合作绘制车

身和轨道图体会工程设计的过程,通过学习车体和轨道形状、组装方式及拼装磁悬浮列车体会工程设计的过程,通过多元评价反思学习过程。

三、学习过程

(一) 进入情境,提出问题

聚焦:磁悬浮列车,看一看

师:同学们,上节课我们复习了磁铁能吸铁的性质,新学习了磁记录与磁铁的检测,那么你们见过或者乘坐过磁悬浮列车吗? 磁悬浮列车是自大约 200 年前斯蒂芬森的"火箭"号蒸气机车问世以来铁路技术最根本的突破。磁悬浮技术的研究源于德国,20 世纪 70 年代后,随着世界工业化国家经济实力不断加强,为了提高交通运输能力,以适应经济发展的需要,德国、日本、英国、法国、美国等发达国家相继开始筹划进行磁悬浮系统的开发。本节课我们继续学习"磁铁和我们的生活"。老师给大家带来了磁悬浮列车的图片和视频,让我们一起观看。

新知讲解

目前比火车还快的车是什么车?你知道图上列车的名字吗?

磁悬浮列车

用来产生相互作用力

图 1 磁悬浮列车

学生活动:

1. 回顾磁铁性质、磁记录相关知识。

2. 讨论见过的磁悬浮列车。

3. 观看磁悬浮列车图片和视频。

4. 倾听老师对磁悬浮列车发展历史的讲解。

设计意图:复习磁铁在生活中的用途,通过让学生讨论、观看相关磁悬浮列车资料,在学生脑海中初步植入磁悬浮列车形态。

(二) 探究学习,技术制作

活动一:玩一玩

磁悬浮列车的建造从磁悬浮实验开始。我们之前已经认识了各种各样的磁铁,现在我们将环形磁铁放在支架上再玩一玩。你们有多少种玩法?

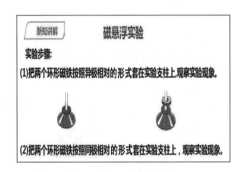

图 2　磁悬浮实验讲解

讲解:由于磁铁有同性相斥和异性相吸的性质,磁悬浮列车也有两种不同的悬浮方法:一种是利用不同磁极相互吸引的特点制成的,称为"磁吸式";另一种是利用相同磁极相互排斥的特点制成的,称为"磁斥式"。

学生表现:

1. 回顾磁铁种类。

2. 搭建支架。

3. 将环形磁铁放在支架上玩一玩,统计有多少种玩法。

4. 听老师讲解磁悬浮列车的两种悬浮方法。

图 3　学生操作磁悬浮实验

设计意图:

1. 通过回顾磁铁种类,将环形磁铁相关知识从学生大脑中唤醒。

2. 通过搭建支架,培养学生的动手能力。

3. 通过玩一玩环形磁铁,观察磁铁的相互排斥现象,初步建立悬浮意识。

(三) 工程设计与数学应用

活动二:想一想

问题1:我们在搭建磁悬浮列车模型之前,必须对磁悬浮列车的车身和轨道进行设计。谁来说说,磁悬浮列车由哪些部分构成?

问题2:你认为适合做列车车身的图形有哪些?组合后画出一辆列车。

问题3:你认为适合做列车轨道的图形有哪些?组合后画出列车轨道。

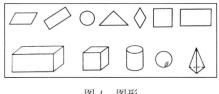

图4 图形

问题4:我们的列车和轨道需要安装磁铁,如何设计磁铁的安装空间?例如:列车需要搭建多高?需要为磁铁的安装预留几个单位?

学生表现:

1. 回答磁悬浮列车的构成部分。

2. 思考轨道与车身的设计。

3. 运用数学思维画出列车和轨道的平面设计图。

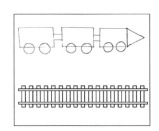

图5 学生设计的列车和轨道平面图

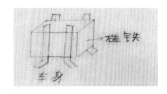 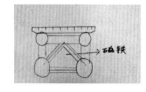 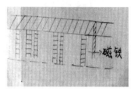

图 6　学生设计的列车车身立体图　　　　图 7　学生设计的列车轨道立体图

4. 小组再次讨论修改设计图。

设计意图：

1. 通过倾听老师讲解，知道磁悬浮列车的悬浮方法。

2. 小组讨论磁悬浮列车的结构，培养小组的合作意识，为下一步搭建奠定思维意识。

3. 通过小组合作设计列车车身和轨道。

4. 通过小组合作讨论设计列车结构，并尝试画出模型图，锻炼同学的空间想象能力和设计能力。

活动三：搭一搭

磁悬浮列车由车身和运行轨道两部分构成。

问题1：思考车身如何搭建？需要搭建哪些关键部位？

问题2：磁悬浮列车轨道如何搭建？

问题3：磁铁如何放置？

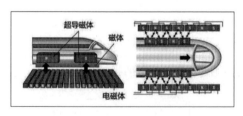

图 8　磁铁放置方法

学生表现：

1. 小组做好人员分配来搭建车身和轨道。

2. 选择搭建车身所需要的零件，选好后开始合作搭建。

3. 选择搭建轨道所需要的零件,选好后合作搭建。

4. 车身和轨道上分别放入磁铁,并调整磁铁使车身悬浮。

图 9　组装完成的磁悬浮列车

设计意图:

1. 让学生小组分工合作,目的在于培养学生的合作搭建能力。

2. 由于搭建列车和轨道所需要的零件小而多,时间又比较紧张,选好零件后再开始搭建可以做到紧张有序。

3. 列车和轨道的搭建对于学生来说有些复杂,利用教师的搭建视频可以减少学生的搭建困难。

(四) 学习反思,自我评价

活动四: 说一说

请各小组展示搭建好的磁悬浮列车,并分享搭建经验。

图 10　小组展示和分享

问题 1：你们小组是如何分工的？

问题 2：你们组在轨道和车身搭建过程中是否出现了问题？出现了什么问题？

问题 3：在有限的空间中如何安排磁铁的上下分布？你们是怎么做到的？

学生表现：

1. 展示搭建的磁悬浮列车并介绍自己小组搭建过程中是如何分工、如何解决出现问题的，同时详细介绍磁铁的选择。

2. 讨论让磁悬浮列车悬浮的方法是利用磁铁相互排斥的性质。

设计意图：经过设计和搭建过程，每个小组都希望在同学面前得到展示的机会。这个环节可以让学生互相学习，培养学生展示和分享自己作品的能力。

活动五：比一比

问题：运用数学知识如何计算出两列列车的运行速度？

小结：轨之间的摩擦，运行速度快，能超过 400 千米/小时，运行平稳、舒适，易于实现自动控制；有噪音，不排出有害的废气，有利于环境保护；可节省建设经费；运营亏损、维护和耗能费用低。上海磁悬浮列车时速 430 公里。磁悬浮列车是 21 世纪理想的超级特别快车，世界各国都十分重视研发磁悬浮列车。

图 11　列车速度比一比

学生表现：分组进行比赛，用数学公式"速度＝路程÷时间（$v = s/t$）"判定最后的胜利小组。

设计意图：通过让孩子们进行磁悬浮列车速度比赛，活跃课堂气氛。教师对上海磁悬浮列车的介绍，能培养孩子进一步的研究热情，以及对祖国科技发展的崇敬之情。

（五）知识扩展，创意设计

活动六：换一换

问题：除了磁悬浮列车，你还能搭建哪些和磁悬浮有关的作品？

活动六学生表现：学生通过小组合作，再次创造作品。

图 12　学生制作的磁悬浮笔

图 13　磁悬浮笔展示

设计意图：学生在不断探索搭建中更深入了解磁悬浮现象以及磁铁性质，进一步掌握之前所学的知识。

四、图例小结

"磁铁和我们的生活"教学案例是一次以磁悬浮现象为载体的跨学科教学，所涉及的学科领域包括小学科学中的磁铁性质、数学领域的空间结构和时间速度、语言表达、道德与法治学科中的我国磁悬浮列车运行情况和磁悬浮列车的发展历史，如图 14 所示。

探究磁悬浮列车是"磁铁和我们的生活"这一课中第二课时的学习内容。在第一课时的基础上，首先教师通过视频播放磁悬浮列车引导学生对磁悬浮列车有初步的印象，指导学生开展磁悬浮实验探究磁悬浮原理，明白究竟是什么原因让

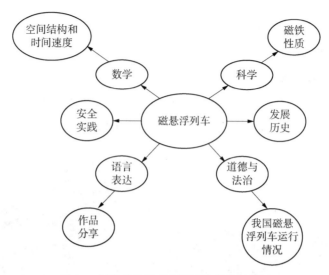

图 14 探究磁悬浮列车所涉及的学科关系

磁悬浮列车可以对抗地心引力"浮"起来。接着,小组之间开始对磁悬浮列车的车身和轨道进行设计并尝试用乐高套件进行搭建。列车的车身和轨道初步成型之后,小组同学开始思考选择什么样的磁铁才能使磁悬浮列车在轨道上"浮"起来,为列车匹配合适的磁铁,在这个过程中进一步强化了对磁铁磁力性质的理解。磁悬浮列车全部搭建好之后,每个小组对搭建好的列车进行展示和描述。最后,各小组之间进行磁悬浮列车速度比赛,比赛中严格按照数学公式 $v=s/t$ 判断速度的快慢以及确定最后胜利的小组。

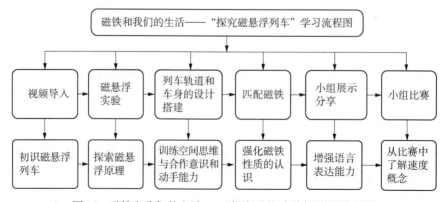

图 15 磁铁和我们的生活——"探究磁悬浮列车"学习流程图

案例6　小学数学图形与几何模块中图形的平移

一、内容说明

本案例以苏教版《数学》四年级下册"图形的平移"一课内容进行跨学科学习。图形的平移属于图形与几何模块中图形的运动的一部分,在这一课的学习中,学生要通过找对应点、对应线段来描述图形在方格纸上平移的路径,并会在方格纸上画平移后的图形。案例中以学习数学知识技能为主,同时融合美术技能,运用图形的平移巧妙设计美术作品,并用语言文字表述设计意图。学习过程中穿插埃舍尔的镶嵌画欣赏,让学生体会数学与艺术之间的巧妙联系。

二、学习目标

1. 学会从时事热点中发现数学现象。
2. 学生在方格纸上经历图形的抽象、运动、位置确定等过程,学会画平移后的图形。
3. 学生借助美术中不同的线条、形状和色彩,利用图形的平移运动设计一幅美术作品,并阐述设计意图。

三、学习过程

(一) 结合阅兵时事热点,学习数学知识技能

在学习"图形的平移"一课前,学生深入挖掘身边时事热点中的数学现象,从收集的材料中聚焦阅兵仪式这一热点事件,并提出一些数学问题:战车、飞机在直线上的运动都是数学中的什么运动? 每一排、每一个士兵都能走得这样齐,这是为什么? 学生带着数学问题走进课堂,在师生探索过程中,逐步体会图形的平移

过程。

1. 感受阅兵中的平移现象

师：同学们，新中国成立 70 周年的阅兵盛况你们还记得吗？让我们一起重温一下当时的情景。

师：从大家的眼神里我看到了满满的爱国情怀。这节课上，老师将和大家一起用数学的眼光来看阅兵。你能伸出右手比划一下阅兵的战车是怎样运动的吗？飞机是怎样运动的？那方阵呢？

（学生用手比划。）

师：这样沿着直线的运动是什么运动呢？

生：平移运动。生活中的平移运动有很多，阅兵仪式中战车、飞机、方阵的平移运动是十分震撼的。

2. 从点—线出发，学习平移的两个要素——方向、距离

（1）点的平移

师：老师想考考大家，士兵在训练的时候要从 A 点移动到 B 点需要怎样平移呢？（课件展示箭头。）

生：向右平移。

师追问：平移几格呢？是怎么看出来的？

生：A 点向右平移 6 格。

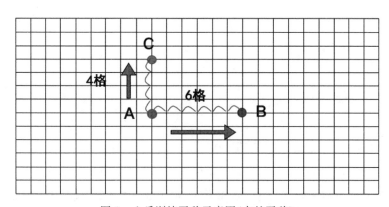

图 1　士兵训练平移示意图（点的平移）

生：数两点之间的格数，这个格数就是点平移的距离。

师：我们一起跟着他数数看。那从 A 点又怎样平移到 C 点呢？

生：A 点向上平移 4 格。

（2）线的平移

师：瞧，这一个个士兵排成了一条线。这一排士兵是怎样运动的？

生：向右平移。

师追问：怎么看出是向右平移的？

生：因为箭头表示的方向就是图形平移的方向。

师：在数学中，我们常常用箭头表示平移的方向，用虚线表示平移前的线段和图形，用实线表示平移后的线段和图形。那么向右平移了几格呢？

生：向右平移了 5 格。

师：是吗？我们一起数数看。在数学中我们把平移的格数称作平移的距离。

师总结：通过描述点和线平移的方向和距离，就可以清楚地描述其运动过程了。

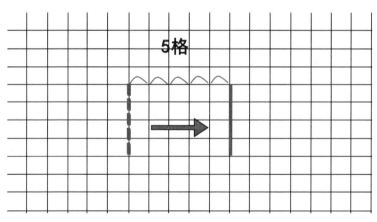

图 2　士兵训练平移示意图（线的平移）

3. 师生互动，学习探索图形平移距离的方法

师：接下来，我们根据点和线的平移来合作探究图形的平移。老师这里还有两幅图——小船图和金鱼图，请你们仔细观察它们分别是怎样运动的？

（1）初步认识图形的平移

师：它们在运动的过程中有什么相同点吗？

生1：小船图和金鱼图都是向右平移的。

生2：平移前后的图形的形状和大小都没有变化，只有位置发生了变化。

师：同学们说得很准确，再仔细观察一下，小船图和金鱼图在向右平移的运动中有哪些不同点？

生3：小船图比金鱼图平移得更远一些。

(2) 自主探索平移距离的方法

师：小船向右平移了几格呢？试着用自己的方式在纸上数一数，也可以同桌之间互相讨论。(音乐停，讨论停止。)你们认为小船平移了几格？为什么？

生1：小船向右平移了4格，因为两艘船之间的距离是4格。

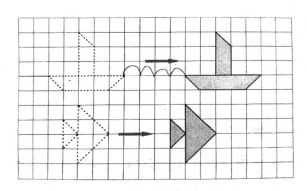

图3　图形平移距离的探究(学生操作1)

生2：小船向右平移了10格，因为两艘船船头之间有10个点。

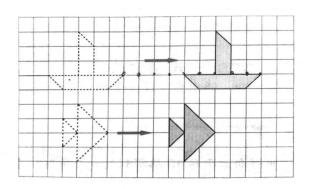

图4　图形平移距离的探究(学生操作2)

生3：小船向右平移了9格，我是这样数的。

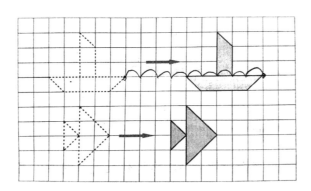

图5　图形平移距离的探究（学生操作3）

师：到底哪一位同学是正确的呢？

（大多数学生选择第三位同学，少部分选择第一、第二位同学的答案。）

生：第一位和第三位同学数的是两艘小船之间的格子数，第二位同学数的是格点的数量。

师：那谁来介绍一下你是用什么方法知道小船在方格纸上平移了9格的？

生1：找到船头的这个点，和移动后的船头的点，点平移了几格，小船就平移了几格。

师：你说得不错。还有谁能说说看？

生2：我是看船帆最上面的那个点，这个点平移9格后刚好和平移后小船船帆上的点重合。

师：老师发现他们俩的方法都是找了一组点，那么点平移的距离就是图形平移的距离吗？

生：图形在平移的过程中，点也随之平移了，所以点平移的距离就是图形平移的距离。

师：那在选择点的时候，有没有需要注意的地方呢？要选择适合的点，即对应点。通过点平移的距离就可以知道图形平移的距离，那是不是还有别的方法呢？

（教师将小棒放在小船上提示学生。）

生：我们还可以看线！

师：小船在平移的时候，小船上的边也随之平移，所以小船平移的距离也就是线段平移的距离。这条线段通过平移之后到哪里了？

（学生用手比划。）

师：对于这两条线段，我们可以称之为对应线段（或对应边）。接下来请你们数一数线段平移了几格？

生：9格。

师：所以小船就向右平移了9格。

师：我们刚刚是怎样知道小船平移了9格的？

生：要知道一个图形在方格纸上平移了几格，只要在图形上找一个点或者一条线段，点和线段平移了几格，图形就平移了几格。

（3）独立尝试金鱼图的平移

师：你们能用刚才的方法数出金鱼图向右平移了几格吗？先数一数，再把你的方法和同桌说一说。

（学生交流想法，展示小鱼平移过程。）

师：通过刚才的学习，现在你们知道为什么每一个方阵都走得这样整齐了吗？

生：只有当每一个士兵平移的距离、每一排士兵平移的距离都相等时，整个方阵才会显得整齐划一。这个方阵上的每一个点都是在做相同距离的平移。

(二) 数学与美术相融合，提升欣赏能力

通过前面的学习，学生已经能够通过方向和距离清楚地描述出一个图形的平移过程，下一阶段的学习目标是让学生通过确定对应点、对应线段去画出平移后的图形。在学习画出规则图形平移后的图形这一技能后，引导学生继续欣赏埃舍尔的镶嵌画作品，在欣赏过程中充分感知数学与艺术的联系，感受数学之美。

1. 方格纸上画出规则图形平移后的图形

师：经过刚才的学习，同学们应该都能用眼睛仔细观察、用嘴巴清楚地描述一个图形的平移过程。现在需要你们动手画出平移后的图形，你们能做到吗？看清楚要求，请你们画出平行四边形向下平移3格后的图形。

（学生在作业纸上独立完成，教师选取部分学生作业单进行投影展示。）

师：你是怎样画出平移后的图形的？

生1：把4个顶点分别向下平移3格，连接各点画出平行四边形。

生2：把上面（下面或上下一组边）的边向下平移3格，连接画出平行四边形。

生3：把任意一个顶点向下平移3格，根据原来各点的位置关系画出平行四边形。

师：要准确画出平移后的图形，关键是找什么？

生：画出平移后图形的关键是，根据平移前后两个图形的对应点之间的距离，找到平移后图形的各个顶点的位置。

师：不管是哪一种画法，平移后的图形都没有变化，平移只改变图形的位置，不改变图形的形状和大小。

2. 欣赏镶嵌画美术作品

师：其实我们在生活中也能常常见到平移现象。瞧，奥运五环也是由图形的平移组成的。

（学生欣赏奥运五环。）

师：瞧！这些美术作品中也隐藏着图形的平移运动呢，这些用简单的几何图形拼成的美丽作品叫作镶嵌画。还有一些复杂的图形组成的镶嵌画，比如摩尔镶嵌画。看完这些作品，你们有什么感受？

生：这些镶嵌画虽然只是由比较简单的图形组成，但是运用了大块的撞色，给了我们视觉上的冲击。

图6　简单几何图形组成的镶嵌画

图 7　摩尔镶嵌画

师：说得真好！美术历史上有一位艺术大家——埃舍尔，他的美术作品充分展现了艺术与数学的融合。我们一起来欣赏埃舍尔的《飞马》。（PPT 出示埃舍尔的作品《飞马》。）

生 1：棕色马之间以及米色马之间都用一匹马进行了平移。

生 2：乍一看还以为只有米色的马匹，仔细观察发现了棕色的马匹，而且棕色和米色差不多是同一色系的，看起来既有冲击力又很和谐。

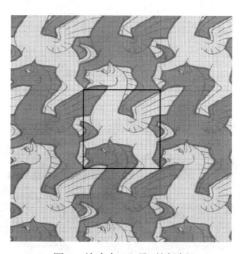

图 8　埃舍尔《飞马》的解析

师：埃舍尔将简单的正方形经过剪切和平移，变成了一个复杂的镶嵌图形。埃舍尔的镶嵌画太奇妙了，他的作品中有很多运用了多面体和变形几何。我们再来欣赏几幅他的镶嵌画作品——《鸟》和《蜥蜴》。

学生欣赏埃舍尔的《鸟》和《蜥蜴》。

师：《蜥蜴》这幅作品的设计过程也和数学中的一种图形的运动有关，是我们即将要学习的旋转。尽管埃舍尔没有系统地学习过数学，但他的创作中都蕴藏着强烈的数学元素，感兴趣的同学可以在课后搜索欣赏。

（三）美术与语文相融合

师：看了这些作品后，你们有些什么感触呢？请你们也发挥自己的想象力，利用图形的平移创作一幅献礼新中国成立70周年的美术作品吧！

学生课后完成美术作品，并用语言文字清晰表述自己的设计意图和理念，也可以为自己的作品配以美文，锻炼语言表达能力。教师利用班级学习角粘贴优秀作品，学生在成果展示中增强了自信心。

四、 图例小结

本案例涉及数学、美术与语文等学科，基于数学基础知识的学习，融合美术创作，在美术作品展示过程中运用语言文字表述设计意图，也可以为自己创作的作品适当配以抒情美文。通过本课的学习，学生充分体会到数学思维与艺术思维之间的密切联系，并尝试将自己天马行空的想法有逻辑地组合在一起，最大限度地发挥想象力与创造力。

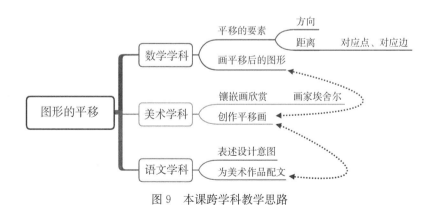

图9　本课跨学科教学思路

案例 7　科学编程陶艺镂空课"会亮的房子"

四川省成都市成飞小学　侯　娜

一、内容说明

本课是我校陶艺校本教材五年级的课程内容之一,鉴于高段学生陶艺基本知识和技能的掌握较之低、中段学生来说有显著的提高,我们在四年级所学习的川西民居(房子)的基础上循序渐进地安排了稍微有难度的"镂空"技法,既让学生复习了之前所学的知识,又增添了新的知识与乐趣。最重要的是,该课还使用了优必选机器人,实现了陶艺课与科学课的完美结合。

二、学习目标

1. 学会用泥条或者泥块堆砌镂空的方法,做出一栋具有川西特色的建筑。

2. 通过用 UKIT 主控,连接 LED 眼灯和红外线传感器,将 LED 眼灯嵌入镂空的房子,使灯光通过镂空的孔透出来。

3. 感受陶土艺术给人带来的粗犷的美。

4. 感受跨学科教学中知识的融合所带来的新体验。

教学准备:陶土、垫板、水桶、刷子、教师范作、优必选机器人、课件。

三、学习过程

(一)复习导入

师:我记得去年我们学习了"川西民居",大家做出了一座座独具特色的川西小院,给我留下了很深的印象。(欣赏当时作品的图片。)现在我们就来复习一下当时我们所学的制作技法。

图 1　学生制作的川西民居

（让学生说一说。）

生 1：老师，我记得上学期我们学习了泥片成型法。

生 2：还有一体成型法。

生 3：老师，我印象最深的是泥条盘筑法。

生 4：老师，我可以补充吗？还有泥块堆砌法。

师：今天，老师有一个设想，我想做一栋不一样的房子，比如会亮的房子。你们觉得这个想法怎么样？请大家想一想，怎样才能让房子里的灯光透出来，让外面看到呢？

（学生思考，分小组讨论。小组推选一人汇报讨论结果。）

小组 A：我们组的同学认为可以在墙壁上面开一扇门和一两扇窗。

小组 B：我们小组觉得还可以在墙壁戳洞，这样能使灯光透出来。

师：这两种方法都能达到使光透出墙壁的效果，通常称之为"镂空"，今天我们就来尝试做一做。我这儿准备好了光源，我们可以把它放进房子里面。那么可以用什么方式控制灯光呢？

接着学生就怎样发光的问题进行讨论，最终确定通过编程来控制灯光。

（二）学习新课——陶艺镂空

师：同学们，我们一起来观看课件，先来学习第一种方法。我们在泥片上用工具戳孔，可以用咱们最常见的笔杆，戳出规则或者不规则的、有形状的孔，戳出的孔要稍微大一点，这样才更有利于让嵌入的 LED 眼灯的光透出房子。另一种方法，是用泥块（短泥条）间隔堆砌，两块之间的距离要稍微大一点，均匀一点，这样才更有利于让嵌入的 LED 眼灯的光透出房子，让大家看到。操作时注意接合处的牢固程度和泥浆的调制使用。

(三) 教师示范

首先,用手掌或者擀面杖压出一块地板待用,然后把陶土搓成粗细均匀的泥条,将泥条切成长短一致的短条,用短泥条刷上泥浆,间隔地粘贴在地板上,做成房屋第一圈。待半干后,我们继续用短泥条刷上泥浆,间隔、错开地粘贴在房屋第一圈上,做成房屋第二圈,直到房子的墙面做好(留出门洞和窗户)。接着,制作房子外面的栅栏、植物和其他装饰,再将 LED 眼灯放入屋子内部,用泥片封顶,可平封,也可以呈人字搭建。制作时须注意:如果房屋面积太大,屋顶也会很大,下面没有柱子支撑的话,屋顶很可能会塌陷,这就要掌握好泥巴的干湿程度和厚薄程度,也可以再搭建一些柱子作为支撑。最后,用 UKIT 主控,连接 LED 眼灯和红外线传感器,当人靠近或者按开关时,红外线传感器感受到信号并传给主控,主控按学生编好的程序,发出不同的光和音乐;也可以通过平板上下左右倾斜,控制发光、发声。(与科学相结合,让镂空出来的陶艺作品有更精彩的展示效果,同时,也是对镂空技法的有力检测。)

(四) 学生操作,教师指导

学生分组进行,每两个人一个小组,用镂空的方式,结合优必选机器人,制作一栋会发光的房子。教师在不同小组间巡回观察,针对所发现的问题给予指导。

师:同学们,老师注意到你们在做的时候出现了一些问题,有的同学可能忘记了泥条搓制方法。我们张开手掌,在桌子上用力均匀地来回搓,一定要用力均匀,否则搓出来的泥条就会粗细不均,有的可能还会断裂。还有的同学粘贴得不牢固,那是因为咱们调制出来的泥浆有问题,泥浆若果调制得太稠或者太稀,都会影响粘合度。我还观察到有的同学用的是泥块堆砌法,但泥块之间的间隔距离太小了,灯光可能会透不出来哦。最后,我要重点表扬的是第四组的同学,在屋顶封口的时候考虑到了泥巴的干湿度,因为大面积的偏湿的泥巴,在下面没有支撑的情况下,很容易坍塌,他们的解决办法是用干一点的泥片并加一些柱子作为支撑。

(五) 小组展示

每组推选一个学生,现场编程,选出自己喜欢的灯光和音乐。把教室的灯暂时关一下,看看是什么效果。

以小组为单位进行欣赏，每组评选出一件自己组认为最有特点的作品进行展示。

图2 学生作品展示

学生的感受：

"我觉得泥巴太神奇了，会变成各种各样有趣的房子。"

"我觉得这些房子给我一种古朴的感觉。"

"原来陶艺也能跟科学结合得这么好啊。"

"看到这些作品，我觉得心里很安静，把教室的灯关掉后，会有静夜、田野、村庄、星空的感觉。"

(七) 学习延伸

师：同学们，看到这个场景，我不禁想到了一首诗——《夜书所见》，你们学过吗？特别是诗歌的最后一句，最能体现现在的场景。

萧萧梧叶送寒声

江上秋风动客情

知有儿童挑促织

夜深篱落一灯明

你们看啊，其实我们的陶艺课，并不是孤立存在的，它可以与我们很多学科相融合,比如今天,我们就融入了科学课的编程,还有语文课的诗歌等知识。希望以后,我们一起努力,做出更多、更好、更有趣的陶艺作品。

四、图例小结

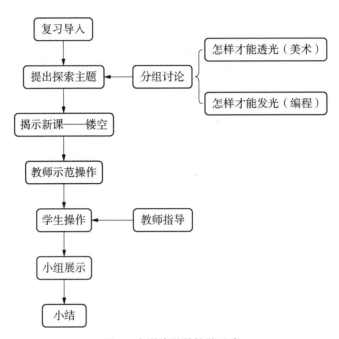

图 3 本课跨学科教学思路

案例 8 解密"花钟"

上海市浦东新区进才中学东校 吴颖川

根据上海中考改革方案,自 2021 年起,在上海新中考中增设跨学科案例分析题,满分 15 分,试题内容主要涉及地理、生命科学等学科,侧重考核学生综合运用各学科知识,分析和解决实际问题的能力。

一、 内容说明

目前,学生在初中阶段主要以分科教学为主,虽然分科教学具有一定的优势,但也有着不可忽视的局限性。学生在各种活动中会涉及多方面知识的融合,对生活应有完整的体验。而分科教学形式在知识教授时人为地割裂了学生原本的生活经验,往往使学生在实际生活中用不上所学知识。要想彻底摆脱和完全取消分科课程在短时间内是不可能实现的,但可在分科教学中加强与相关学科知识的有效联系,也就是实施"跨学科教学",这样既有效地降低了知识的分裂,又能提高学生的综合素质。

"生物节律与生活节奏"是沪教版初中《生命科学》第三章第一节拓展视野中的内容,"花的结构与功能"和"生物的分类"是第四章第一节和第四节的内容。"世界气候类型"是沪教版初中《地理》全球篇中的内容。本节课通常被安排在八年级学生结束《生命科学》第四章的学习之后,此时学生已完成上述内容的学习。

本次课的设计聚焦中考改革,将生物和地理知识进行融合,以"花钟"内"不同的花开放时间不同"这一现象入手,从"昙花开花时间的分析""白天与夜间开花植物的比较"和"对花农逆转昙花开花时间的思考"三个方面,逐步引导学生从地理和生物的角度揭示"花钟"背后的科学原理,并鼓励学生根据所学知识质疑"花钟"所示时间的准确性。在这个过程中,培养学生跨学科的学习意识和分析能力,也为未来的中考做准备。

二、 学习目标

1. 学生能运用地理与生命科学原理,使用书本与教师提供的数据,对问题进行分析,然后依据得到的结论解释问题。

2. 学生通过观察"花农逆转昙花开花时间"的做法,学会质疑已有结论的可靠性。

3. 学生通过经历跨学科分析问题的过程,逐渐养成跨学科分析问题的思维习惯,进而提高综合分析问题、解决问题的能力。

三、学习过程

(一) 探秘科学史,引入"花钟"

学生通过自然现象的观察,发现一天内不同花的开放时间是不同的：凌晨四点,牵牛花吹起了紫色的小喇叭;清晨五点左右,蔷薇绽开了笑脸;早上七点,睡莲从梦中醒来;中午十二点左右,午时花开放了;下午三点,万寿菊欣然怒放;傍晚六点,烟草花在暮色中苏醒;月光花在晚上七点左右舒展开自己的花瓣;夜来香在晚上八点开花;昙花却在晚上九点左右含笑一现。

教师介绍"花钟"的起源：

18 世纪,瑞典的生物学家林奈对植物非常感兴趣,他发现不同的植物在某天某个固定的时间开放,于是利用不同植物的开花时间不同这一特点,将不同时间开放的花种在一起,把花圃修建得像钟面一样,组成花的"时钟",称为"花钟"。这些花在 24 小时内陆续开放,人们只需要看看什么花刚刚开放,就大致知道是几点钟。

(二) 跨学科分析,解密"花钟"

这一现象背后的原因涉及地理和生命科学两门学科的知识,若从单门学科的视角去分析将不足以解决问题,所以学生将在教师的引导下以不同的学科视角审视问题,并从地理和生物的角度综合分析问题,从而揭示原因。但"花钟"内的植物多而杂,如果对其中所有植物的开花时间逐一分析,既没有足够的时间,也无法帮助学生理清分析的思路。于是,我引导学生从分析昙花的开花时间开始,逐步培养学生跨学科的意识与多角度分析问题的思维习惯。在这一过程中,我主要以问题链的形式进行引导,系列问题如下。

1. 为什么昙花在夜晚九点左右才开放?

表1 跨学科分析昙花开花时间的问题链

问题链	提问目的
提问1：同学们见过昙花植株吗？对昙花有哪些印象？	加深学生对昙花的了解，为后面的学习作铺垫。
提问2：为什么昙花不能在白天开放呢？	激发学生的求知欲。
提问3：昙花原产于美洲热带沙漠地区，其分类隶属是仙人掌科。热带沙漠气候的主要特征是什么？	引导学生从地理学科视角审视问题，同时进一步锻炼学生从统计图表中提取、分析、归纳信息的能力。
提问4：根据热带沙漠地区夏季的"单日气温曲线"以及"气温与空气湿度的关系图"，请说出昙花原产地单日的气温和空气湿度的变化特点。	
提问5：为什么昙花在夜晚才开放？	提高学生结论阐释的能力。
提问6：昙花的开花时间只与原产地气候有关吗？	引导学生从生命科学学科视角审视问题，同时进一步锻炼学生从所获得的知识中及时提取有用信息的能力。
提问7：植物开花的目的是什么？	
提问8：根据沙漠中昆虫的活动时间，请同学们思考：为什么昙花在夜晚九点左右才开放？	
提问9：昙花被引种到我国后，气候和传粉昆虫都发生了改变，为何开花时间依旧没变呢？	激发学生思考，同时向学生解释植物在固定时间开花这一现象背后的科学本质——"生物节律"，即"生物钟"。

　　提问4中的"单日气温曲线"呈现的是热带沙漠地区夏季一天24小时气温的变化，从0时到24时，气温先降低，再升高，后又降低；凌晨温度最低，小于10℃，中午温度最高，超过40℃，早晨和晚上较凉快，其中晚上温度变化较慢。"气温与空气湿度的关系图"呈现的是一天24小时内气温和空气湿度的相对变化，从0时到24时，气温先降低，再升高，后又降低，而空气相对湿度的变化和气温刚好相反。

　　对于第一张图"单日气温曲线"，学生刚开始的回答都局限于9点的气温，后来经提醒，学生把9点左右理解成晚上，这时大部分学生能说出热带沙漠地区白天气温高，晚上气温低，个别同学提到昼夜温差大，但都没有观察到温度变化的速度。接着当我追问白天和晚上气温变化的快慢时，学生能说出白天气温上升很快,晚上气温下降缓慢。在呈现出"气温与空气湿度的关系图"之后,学生都能说出气温和空气湿度的变化刚好相反,当气温升高时,空气湿度降低,当气温下降时,空气湿度升高。最后结合"单日气温曲线"一图,学生们能总结出:热带沙漠地区昼夜温差大,白天气温很高,气温上升快,空气湿度低;晚上温度较低,气温下降较慢,空气湿度高。

当我再提出问题:"昙花的开花时间只与原产地气候有关吗?"班内学生无一联想到植物开花与植物繁殖的关系。总体而言,从分析昙花开花时间这一过程中同学们的回答来看,八年级的学生暂未呈现出跨学科分析问题的思维习惯。

2. 为什么"花钟"内的植物开花时间各不相同呢?

这个问题和分析昙花的开花时间类似,目的是让同学们将刚才学习到的跨学科分析方法及时迁移并加以运用,做到举一反三。为了快速切入并分析这个问题,我请同学们比较白天开花的植物和夜晚开花的植物,从而回答为什么不同植物的开花时间不同。我给班级内的每位学生提供了一个资料包,内含7张卡片,其中6张是关于"花钟"内植物的相关信息,包括植物的名称、花的照片、开花时间、原产地及其分布和传粉者等,第七张主要是介绍蜂鸟、蜜蜂、蝴蝶和蛾等传粉者的活动时间。同时我也给每位学生发了一张白纸,用来记录分析结果。

资料包:

牵牛花

分布范围:原产于热带美洲,现已广植于热带和亚热带地区。
花期:6—10月,通常在早上4—5点钟就会开花,花不香。
传粉者:蜂鸟、蜜蜂等。

野蔷薇

分布范围:原产于中国,主要在黄河流域以南各省区的平原和低山丘陵。此外,朝鲜半岛、日本也有分布。
花期:5—9月,通常在早上5点钟左右开花,有香味。
传粉者:蜜蜂等。

万寿菊

分布范围:原产于墨西哥,中国各地均有分布。
花期:7—10月,通常在午后3点钟左右开花,花不香。
传粉者:蝴蝶、蜜蜂等。

月光花	夜来香	昙花
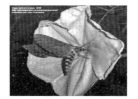		
分布范围：原产于热带美洲，1979年以来广布于全热带。 花期：8—10月，通常在晚上7点钟左右开花，有香味。 传粉者：蛾子等。	分布范围：原产于亚洲热带，现亚洲热带、亚热带，以及欧洲和美洲都有栽培。 花期：6—9月，通常在晚上8点钟左右开花，有香味。 传粉者：蛾子等。	分布范围：原产于美洲热带沙漠，现世界各地区广泛栽培。 花期：6—10月，通常在晚上9点钟左右开花，有香味。 传粉者：蛾子等。

蜂鸟	蜜蜂	蝴蝶	蛾

蜂鸟主要生活在热带地区，为昼行性鸟类，觅食高峰在黎明和黄昏。	蜜蜂靠太阳辨别方向，夜伏昼出。	蝴蝶靠太阳辨别方向，夜伏昼出。	蛾靠月亮辨别方向，昼伏夜出。

学生的回答主要有以下几类：

① 单从生物视角分析：牵牛花、野蔷薇、万寿菊这些白天开花的植物的传粉者是蜂鸟、蜜蜂和蝴蝶，它们都是在白天出来活动的。而月光花、夜来香、昙花这些夜晚开花的植物，它们的传粉者都为蛾子，蛾子是夜晚才出来活动的。

② 单从地理视角分析：白天和夜晚开花的植物，它们原产地的光照、温度、湿度等气候条件不同，而且夜晚开花的植物的原产地都为热带地区，白天温度较高，夜晚气温适宜，空气湿度大。

③ 从跨学科视角分析：综合上述两类回答，既联系气候条件，又想到传粉者的活动时间。

班级内学生从不同角度回答的人数占比见图1：

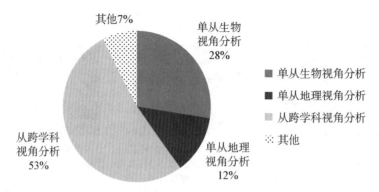

图 1　关于"不同植物开花时间不同"的分析情况统计图

从统计图中的数据来看,在经历了跨学科分析昙花的开花时间这一过程后,班级内的一半学生已经有了跨学科的学习意识,并呈现出跨学科分析问题的思维习惯。

(三) 阅读案例,质疑"花钟"

为了养成学生之后跨学科分析问题的思维习惯,我提出了一个问题:"昙花能在白天开花吗?"随即介绍了花农的做法:

在昙花花蕾有手指大小时,从早晨 5 时开始,花农就用黑色布把昙花套住,放在凉爽黑暗处。到晚上 6 时去掉黑套,放在 20 瓦的日光灯下,使其照光到第二天早晨 5 时。这样连续处理 10 天左右,可使昙花在白天开放。

通过这个例子,同学们认识到,植物体内的"生物钟"并不是一成不变的,它也会随外部环境的刺激而有所调整。"'花钟'显示的时间一定准确吗?"这个问题我并没有让同学们回答,而是让他们课后思考,因为答案并不重要,只有敢于去质疑才能对问题分析得更为全面。

(四) 小结与作业

小结:从今天这堂课上,我们观察到植物会在固定的时间开花,这是由植物体内的"生物钟"决定的。植物的开花时间与地理因素和生物因素都有一定的关系,地理因素如原产地的气候条件等,生物因素如传粉昆虫的活动时间等。其实大自然中,各种生物的"生物钟"十分复杂,受到的影响因素也更多。所以,今后碰到类似的问题,我们要记得从多个角度去分析,养成跨学科分析问题的思维习惯。

作业:沪教版初中《生命科学》第三章第一节拓展视野"生物节律与生活节奏",书本第78页,完成第一个问题:很多人在乘坐飞机飞越不同时区时会有"时差"的感觉,这是为什么?部分学生的回答如下:

从跨学科视角分析:

学生1:虽然在坐飞机时会飞越不同时区,但人潜意识中的时间变化是随原所在时区时间的推进而变化的,不同时区的时间不同,因此到达另一时区后,人的大脑与身体无法很快地反应过来,就会出现"时差"的感觉。

学生2:从地理角度看,不同时区的地理位置不同,气候也随之改变,给人以"时差"的感觉。从生命科学角度看,因为不同时区时间不同,人的体温在不同时间不同,给人以"时差"的感觉。

学生3:因为在不同时区的时间不同,比如晚上出发10小时后到另一个时区可能也是晚上,这是地理原因。人体内有"生物钟",到另一个时区时为了适应那个时区,"生物钟"需要调整,所以会有"时差"的感觉,这是自身原因。

学生4:因为人体的"生物钟"以及地理环境的差异,人的生物钟不能和旅行地区的气温、温度等因素同步,就会导致"时差"反应。

学生5:因为不同时区有"时差",昼夜时间会改变,使人的"生物钟"变得混乱,这样人就感受到了"时差"。

学生6:因为每个人按自己的生活模式已经形成了"生物钟",而在不同时区,时间是不同的,与"生物钟"有差别,就有了"时差"的感觉。

单从地理视角分析:

学生:因为太阳经过不同时区的最高点时的12时都不一样,不同经线上具有不同的地方时,所以在乘飞机时会产生"时差"。

班级内学生从不同角度回答的人数占比见图2:

从统计图中的数据来看,学生在经历了跨学科分析问题的思维训练后,班级内75%左右的学生已经有了跨学科分析问题的思维习惯。

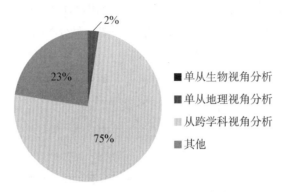

图2 关于"时差"感的分析情况统计图

四、图例小结

学生通过对"花钟"的观察,发现"植物在固定时间开花"和"不同植物开花时间不同",要想揭示这两个自然现象背后的的原因,单从地理或生命科学的视角去分析是不够的。植物的开花时间与很多因素有关,"花钟"内的植物都为虫媒花。对于虫媒花而言,它们的开花时间不仅与地理位置和气候有关,还与传粉者的活动时间有关,所以对于植物开花时间的分析必将涉及地理和生命科学两门学科的知识。

课中,学生在教师的引导下以不同的学科视角审视问题,并从地理和生命科学的角度综合分析问题,从而揭示"花钟"背后的原因,并了解到"花钟"的本质是生物节律,即"生物钟"。但是在实际生活中,由于各种因素的干扰,"花钟"所示的时间往往并不准确,因此我安排了"花农逆转昙花开花时间"这一环节,目的是希望学生在面对实际现象与所学知识出现矛盾的情况时,能大胆质疑已有结论的可靠性,只有敢于去质疑才能对问题分析得更为全面。最后,希望学生通过经历跨学科分析问题的过程,逐渐养成从多角度分析问题的思维习惯,进而提高综合分析问题、解决问题的能力。

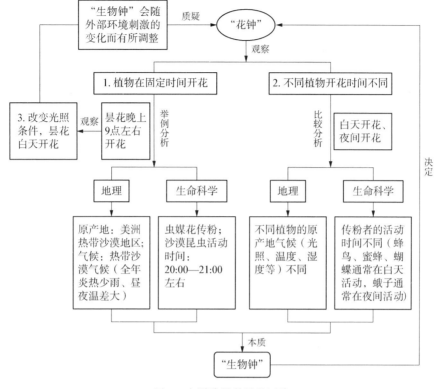

图 3　本课跨学科教学思路

案例 9　智能环保概念秀

四川省成都市成飞小学　齐　霞

一、内容说明

这是部编版教材《语文》四年级上册第一单元口语交际"我们与环境"的一节实践课。选择这个主题,是因为现在垃圾分类正在如火如荼地宣传、开展中,我们成都也将在不久后加入实施垃圾分类的城市行列,那么让同学们认识环保的必要性,重视环保就非常有意义了。在环保大主题下,再加上当代社会越来越提倡人工智能,我们今后的环保肯定也是和它密不可分的,所以才大胆选用乐高机器人这种特殊材料作为活动的重要呈现途径。我们四年级又正好有乐高机器人课程和社团,所以实践操作的问题可以立刻解决。当然,乐高机器人的加入,也让我们这些参加活动的小公民们兴趣盎然,个个干劲十足,使活动开展得更加顺利、更加有趣。同时,我们在这个活动中,打破了某一个学科的界限,主要结合音乐、品社、计算机、美术、语文、劳动等学科的知识技术,进行多学科跨界融合,形成了在一个主题活动中涉及多种学科知识的综合实践活动,既锻炼了学生的综合能力,又培养了他们的创造力,同时还能增强他们的环保意识。整个课程就是学生在各自小组内利用各自的材料、电子设备等对作品进行创作、解读、调试、展示的过程。

二、学习目标

(一) 知识与技能

1. 培养学生主动环保的习惯,增强环保意识。
2. 通过各学科整合,锻炼学生多方面能力,激发学生的创造力。
3. 利用各自的作品、工具、材料、道具等,完成作品和概念的展示。

(二) 过程与方法

开展小组合作的任务驱动式探究学习,在层层深入的实验和发现中不断优化结构和程序,通过调试后最终完成作品展示。

(三) 情感态度与价值观

1. 在合作中,充分享受共同发现的乐趣。
2. 在创意中,体验智能机器人技术的"智慧"。
3. 在实践中,进一步激发保护环境的热情。
4. 在探究中,逐步养成科学思维的习惯。

三、学习过程

整节课的流程很简单，但课堂却非常生动有趣，孩子们都积极参与。

(一) 回顾旧知

我带着全班学生观看之前各小组一起制作作品、搭建乐高的图片，然后复习状物作文的要素：作品名称、作品材料、作品搭建、作品原理和作品理念，之后提出本课学习目标。

(二) 各小组分工合作

各小组在组长的带领下，先是调试作品并编写串词（串词包括作品名称、作品材料、作品理念），然后根据自己作品的特点排练"走秀"（走秀时可以借助道具配合完成）。以"垃圾星球"小组为例，组长是李同学，她负责整个小组的分工、统筹、组织，也就是说，她是这个小组概念秀的总导演。王同学最擅长电脑，所以他进行乐高机器人的调试。朱同学平时写作能力最强，所以她负责撰写作品解说词。周同学在学校广播站"工作"，所以配音就由他来完成。此外，许同学平时最喜欢听音乐，所以她负责背景音乐的搭配。还有一个是美术课代表曾同学，作品的维护就交给他了。就这样，大家各司其职，开工啦！

(三) 各小组的"智能环保概念秀"表演

第一组展示的作品是"追梦溜冰鞋"。该组同学利用废纸、吸管、塑料瓶等材料，并与乐高机器人结合，加上四个轮子和传感器，使溜冰鞋滑动起来。在《奔跑》这首歌的背景下，溜冰鞋来回"奔跑"。

　　　　"追梦溜冰鞋"的介绍语是：脚上的溜冰鞋如果给机器人穿上多么有意思呀！溜冰鞋的材料全都是废纸，用过的吸管、塑料瓶等，十分环保。这双溜冰鞋的最大特点是有四个轮子，可以前进或者后退，通过传感器和马达灵活自由地运动，行走起来像一辆汽车，其实它是溜冰鞋外形和乐高机器人的完美结合。这双溜冰鞋体现了怀着一颗时尚靓丽的心，勇敢追逐梦想，一直奔跑的同时也要注意环保的理念。

"追梦溜冰鞋"的宣传词是："打扮时尚靓丽的我，满载环保理念，怀着梦想一直前进，永不停歇！"

说明：撰写这些介绍语、宣传词的时候，学生运用最多的就是文字编辑、语言表达能力，不仅仅要介绍这一项作品，而且还要将作品的外观、内部构造、特点、理念等给大家呈现出来，让大家更好、更深入、更全面地了解自己小组的作品。这个过程融合了语文学科知识，锻炼了语言表达能力。

图1　追梦溜冰鞋

第二组展示的作品是"傲娇的孔雀"。这组同学利用饮料瓶、吸管、废纸制作成了一只美丽的孔雀，尾巴上安装了乐高和传感器。在展示时，学生拿出花引孔雀开屏，孔雀无动于衷，第二次拿出镜子对着孔雀照，当它看到镜子里面的自己时就情不自禁地开屏了。这组同学意在用"孔雀开屏"号召大家保护动物。

说明：既然是人工智能，就离不开计算机，离不开编程。在本节课中，各个小组都运用了计算机，将自己设计的作品和乐高机器人结合起来，让这些没有生命的物体"活"起来。"傲娇的孔雀"就是利用乐高机器人和马达，达到了开屏的效

图2　傲骄的孔雀

果。"逃跑的三明治"则是将传感器和乐高机器人装在三明治里面,把三明治的眼睛和鼻子做成空心的,将传感器变成它的眼睛和鼻子,这样一来,只要有手要来抓住它,它就会自己向后"逃跑"。"芭蕾女孩"就是将女孩固定在马达上面,一边播放音乐一边旋转跳舞。"垃圾星球"和"逃跑的三明治"不同,"逃跑的三明治"跑得很快,"垃圾星球"则滚动得很慢,这就需要学生去编辑各自的程序,使自己作品的运动轨迹更好地和自己的主题完美结合,最终生动地呈现出来。

　　第三组展示的是"逃跑的三明治"。它是利用废旧纸盒、纸板制作而成的,它的鼻子里面有一个感应器,只要有物体靠近,它就会自动往后退。在展示时,这组学生还配了生动的手机语音录音和有趣的背景音乐,这样,一个当你想要抓它它就会逃跑的三明治就栩栩如生地展现在大家面前了。这组同学意在用如此妙趣横生的形象呼吁大家珍惜粮食,不要浪费。

　　说明:在展示智能环保作品的时候,同学们操作时首先要考虑各个作品的稳定性,这里就要运用数学知识了,如果作品不够稳定,那就不可能完成展示。比如"逃跑的三明治"就是运用了三角形最稳定这一原理,下面的滑轮是三角形的底边,上面是三角形的顶点,这样一来,一个活灵活现的三明治就稳如泰山了。其次,在整个作品展示过程中,对于时间的分配要运用数学知识来计算,不能超时也不能太短。这里就要把文字汇报时间、作品展示时间等全部计算出来并进行调整,才能保证完成的质量。最后就是平均速度,像"梦想溜冰鞋""垃圾

图3 逃跑的三明治

星球""芭蕾女孩"都要运用这一知识。"逃跑的三明治"跑得快,"垃圾星球"跑得慢,"梦想溜冰鞋"跑得快,"芭蕾女孩"转得慢,那到底跑多快、多慢,转多快、多慢呢?这就需要学生去计算、实践了。还有作品的形状,是三角形、方形,还是圆形呢?这都与数学有密不可分的关系。

第四组展示的是"垃圾星球"。它是利用废旧报纸制作而成的,里面装了一个吹满气的气球,最前面有一个电机和两个车轮。当缓慢的滚动与凄凉的音乐相互映衬的时候,一个灰色星球跃然桌上,一边拖着沉重的步伐,一边向大家"倾诉"着"伤痛",以警醒大家保护我们共同的家园。

说明:作品中的背景音乐、配音等离不开音乐学科的知识。"垃圾星球"配的是特别沉重、缓慢的音乐,从而使这个被破坏的地球显得更加破败、脆弱、孤独。"植物大战僵尸"的背景音乐正好是《植物大战僵尸》游戏的音乐,从而让这个作品更加生动有趣。"芭蕾女孩"的《四小天鹅舞曲》则让这个作品更加栩栩如生,使人很容易联想起翩翩起舞的芭蕾女孩。"逃跑的三明治"使用的则是欢快的乐曲,配合可爱的三明治的模样,真是有趣极了。

第五组展示的是"芭蕾女孩"。它是利用废旧窗帘布、废纸、吸管、塑料瓶制作而成的,固定在一个可以旋转的电机上面。芭蕾女孩随着《四小天鹅舞曲》翩翩起舞,这动人的场景告诉我们,只有环境更好,才能拥有更美好的生活。

说明:学生们在设计各个作品的时候,还要运用到很多美术知识。首先是这个作品的样式如何,需要大家自行设计。比如这个"芭蕾女孩"的造型,就是用吸管当作女孩的手,废旧胶泥作为女孩的头,裙摆是用废旧衣料制作成的。

图 4　垃圾星球

"垃圾星球"则是用废旧报纸制作而成。其次是作品的色彩搭配。比如，为了体现地球因污染得太严重，所有绿色植物都消失，只剩下一片灰蒙蒙的颜色这一情况，"垃圾星球"小组的同学就选用了废旧报纸来制作，正好符合被污染的星球的颜色。"芭蕾女孩"小组同学则效仿了芭蕾舞裙的颜色，选用了纯洁的白色。而"追梦溜冰鞋"小组为了呈现梦想的缤纷绚丽，就用了各种鲜艳的颜色。

第六组展示的是"植物大战僵尸"。它是利用废旧纸板、纸筒制作而成的，嘴巴里面装了一个会发射的乐高机器人。当游戏《植物大战僵尸》的背景音乐一响起，这个豌豆炮就开始发射豌豆了。这个有趣的游戏其实是要告诉大家，如果人类不保护好我们

图 5　芭蕾女孩

的环境,那么大自然的植物就会对人类实施反击,让人类承受应有的惩罚。

图6 植物大战僵尸

说明：整个课程都涉及品社学科,核心就是希望学生培养环保意识。对于学生的思想品德的教育,不仅仅是说教那么简单,而是应该让学生在展示中表达自己对于环保的理解,在活动中倡导大家注重环保。

(四) 点评及投票评比

最后一个环节是点评及投票评比。在观看完每组的作品展示之后,大家先是自由点评。比如当"垃圾星球"展示后,大家纷纷对该组的背景音乐和配音赞不绝口,都说他们把一个负担沉重、步履艰难的地球演绎得栩栩如生,仿佛让大家在这个灰色的满是垃圾的地球背后看到了无数污染与破坏,同时也让大家自我深省:如果地球真变成这样,我们人类又该何去何从呢？同时,也有同学指出"垃圾星球"里面的气球如果泄气了会不会就不能呈现圆形了,还有就是前面的乐高机器人能不能也用灰色或者黑色的乐高,这样和主题更加一致。既表扬对方的闪光点,又提出自己的宝贵意见,大家各抒己见,取长补短。然后我请每组同学通过电脑上的投票软件进行无记名投票,最终"垃圾星球"以其独有的创意、最佳的背景音乐和令人深省的"独白"获得冠军。

四、图例小结

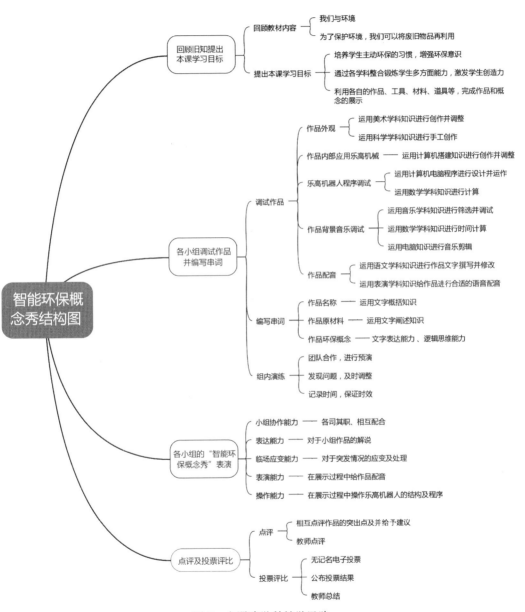

图 7　本课跨学科教学思路

首先，这节课通过废旧材料的再利用将环保理念渗透在学生的作品、课堂和思维中。随着空气、水的污染愈演愈烈，环境保护如今成为我国的热点话题，如何将这个沉重的话题深入浅出地向学生介绍，最好的方法就是用他们感兴趣的方式去完成，所以让每个小组利用废旧物品制作一个自己心目中的"环保代言人"。在制作之前，学生要去查找资料，找寻身边容易被人们忽视的废旧材料，然后群策群力构思一个有号召力的"代言人"。比如，"孔雀""豌豆射手"的制作用了塑料，"三明治""溜冰鞋"用了废纸，"芭蕾女孩"用了旧衣服，"垃圾星球"用了废气球等。学生们制作的过程就是一个了解环境污染、参与环保的过程。

其次，这节课将机器人与作品相结合，让静置的物品动起来，发挥了学生的创造力，使课堂栩栩如生。关于废旧物品的小制作，很多劳技课都会有。可是在我们的制作过程中，须将这些不会说话不会运动的小家伙与机器人、电机、传感器结合起来，让它们全都能活灵活现地动起来。其中，"傲娇的孔雀"一组，本来是将孔雀固定在纸板上开屏的，但孩子们在接触了机器人之后，特别想展示出孔雀开屏的动态。于是大家集思广益，最终将一个电机装在孔雀的身体里，并在电机末端的两个运动片固定在孔雀尾巴的两边，这样利用电机开合的原理，只要通过电脑控制开关，就可以让孔雀自如地开屏了。这不仅让课堂栩栩如生，还能使学生发挥奇思妙想，充分调动了他们的积极性，提高了他们解决问题的能力，并且在很大程度上培养了他们的创造力。

再次，整节课都是小组全员参与，大家各司其职，扬长发展。通过小组合作，每个组员秉着人人参与人人发挥的原则，对作品进行了一个生动形象的展示，令人印象深刻。比如"奔跑的溜冰鞋"小组，他们总共有五个人。其中善于写作的雷同学写解说词，喜欢朗诵的周同学担当主持，善于电脑操作的朱同学进行编程，热衷于表演的周同学给溜冰鞋配音，而擅长摄影的何同学负责照相。每一个小组的每一个孩子都能根据自己的优势为小组分担任务，并将自己最好的一面展现给大家，同时还能培养与人沟通和团队协作的能力。

最后，在调试和展示过程中，学生将多种技能整合，运用多学科知识整体提升作品质量。比如运用语文写作知识介绍作品，运用音乐知识给作品配音配乐，运用数学知识给作品及时计算时间、路程，利用计算机进行编程并连接机器人的电机、传感器，此外还要运用美术知识进行作品设计，同时在整个过程中始终贯穿环保理念,最终通过小组合作完成"智能环保概念秀"的展示。让我印象深刻的是"垃圾星球"小组。他们首先要用的是美术学科知识,因为要对这个垃圾星球的造型进行设计,接着运用语文学科知识介绍了这个星球的材质、特点以及环保理念,然后用手机播放了一首沉重的音乐片段,同时利用小组男生沙哑的声音进行配乐,整个过程要通过数学学科知识计算准确的时间、路程,最后还要通过机器人操作和电脑编程才能完成整个表演。当然在此过程中,学生涉及的学科知识远不止这些,而且他们的能力得到了极大程度的提升。

案例 10 跨越学科的美育探索

浙江省湖州市安吉县第二小学 肖秋萍

一、 内容说明

2000 年,我任教小学二年级,担任语文·思想品德、音乐及美术学科的教学工作,当时使用的是浙江省义务教育教材,语文与思想品德用的已是合科教材,音乐、美术是独立教材。在执教的过程中,我发现这些教材内容的编排有相似的经纬线,即以主题为纬线,以时间为经线,用一把以"美"为名的梭子编织出绚丽的色彩,传递给孩子对"美"的觉知。基于此,我的跨学科融合教学的实践拉开了序幕。

我惊喜地发现,这四门学科的融合让语言的学习变得灵动,音乐与美术因为语言的理解与运用,呈现出听视觉的盛宴,想象的画面立体充盈,孩子们与我均因这样的融合课堂而愉悦,得到了"美"的浸润。

语言、音乐、美术的融合教学,让学生在对祖国美的感知中自然地出现思维的碰撞,辨析"美的行为",即初步建立了"心灵美"的价值范畴,在教师的引导下,又初步感知到了说话的逻辑。

这样,以"审美思维"为核心,在关注到四门学科各自学科思维的前提下,通过共通的学科育人的"审美情趣",使学生对美的感知、表现、创造在融合课堂中无声地流淌。

这真的是一种很美妙的感觉,我与孩子们都因这样的课堂觉悟到了各自生命的成长。

二、学习目标

选择第四册《语文·思想品德》的第一课《爱祖国》(口语化的诗歌)与第四册《音乐》的第一课《颂祖国》,补充美术学科内容"画祖国"(因当年使用的四年级下册《美术》教材中没有此内容的编排)。

1. 确定分科教学目标。分科呈现各自的教学目标,教学重、难点及教学课时。

2. 确定合科教学目标。通过对学科分目标的解析,以四门学科融合的共性,即感知美、表现美、创造美,进行合科教学目标的确定。

三、学习过程

四门学科的融合设计,旨在让学生学会用审美的思维表情达意,即感知美、表现美、创造美。整个过程分为 2 课时进行。

合科教学第一课时的教学过程如下。

(一) 感知美

1. 听歌曲、看视频、揭题

【融合设计意图优点一:同主题音乐与语文的融合,学生入情入境】

上课伊始,音乐响起,屏幕上随之出现音乐课本上的歌曲《颂祖国》的歌词。

孩子们不自觉地跟随音乐的旋律,轻轻哼唱,45 双小眼睛齐刷刷地注视着歌词,有的孩子还忘情地大声跟唱起来。曲终,教师鼓励的话语响起:"孩子们唱得真好听啊! 让我们一起轻轻地读一读歌词,边读边告诉老师,在你们的脑海里出现了什么画面,好吗?"孩子们你一言我一语,开心地表达自己的想法……教师适时展示歌曲中唱到的祖国的美景。

正当孩子们欣赏着祖国的大好山河之际,屏幕上出现了孩子们喜闻乐见的所在家园的美景。"哇,那是我们这儿的儿童公园哎!""快看,那是我们学校的花园!"孩子们像发现新大陆似地叽叽喳喳地喊了起来。

此时,教师问:"孩子们,你们明亮的小眼睛已经告诉老师,你们都很爱这些美丽的景色,对吗?""对!""这就是我们美丽的祖国!""那你们想读一读有位大朋友写的一首诗歌《爱祖国》吗?""想!"45 位孩子立刻大声喊道。

此时,教师板书课题"爱祖国",并与孩子们一起有感情地读题,然后鼓励孩子们:"老师相信,学完诗歌后,你们也会像大朋友一样写诗歌了!喜欢吗?""喜欢!"

("大国+小家"的画面让孩子们初步感知到什么是"祖国",又把后续"像大朋友一样写诗"的任务前移。从孩子们大声的回答中,教师已经明显感受到,孩子们学习儿童诗《爱祖国》的兴趣已被极大地调动起来了。)

2. 初读诗歌、学习生字

引导孩子们用喜欢的读书方式自由朗读儿童诗《爱祖国》,学习生字,记住字形;检查交流后,让个别孩子读课文,其余的学生边听边标上儿童诗的节数。

3. 学习儿童诗第 1—3 节

教师引导道:"孩子们,要想成为小诗人,我们的第一步是要像大朋友一样会说:我爱什么!对吗?""对!""那请你们赶紧用笔画出'我'爱什么的句子。"孩子们低着头,像寻找宝藏一样,个个睁大眼睛,画得可专注了!

一个孩子一画完,就高高举起了手,教师点头示意后,孩子骄傲地站起来,非常投入地朗读起所画句子(班里孩子已经养成这样汇报的习惯);一个接一个的孩子纷纷站起来汇报画起来的句子。教师出示相应图片,板书重点词并结合图片,让孩子们再联系生活实际,说说爱的原因。

4. 模仿句式,进行想象说话练习

教师评价道:"孩子们真厉害,你们读得有感觉,说得在理,老师送你们两个大拇指!想不想再挑战一下,我们把说的难度系数再提高点,好吗?""老师,快说,是什么呀?!"

于是屏幕上出示句式:"我们的祖国有……有……还有……"再次响起没有歌词的音乐旋律《颂祖国》。孩子们跃跃欲试,小手举得一个高过一个,有个别孩子迫不及待地跑上讲台,把小手高高地举到我眼前,嘴里还大声喊道:"老师,我!我!"

(文字与音乐的视听效果互相映衬,创设了让学生初步感知祖国美丽山河的情境,极大地激发了孩子们模仿说话的欲望。)

5. 思维碰撞,知晓"祖国",感知言语逻辑

【融合设计意图优点二:语文与品德的融合,学生初步知晓"祖国"】

通过对语文与思想品德的合科教材、课后习题及教师用书的解读,引导学生体会热爱祖国的思想感情,理解为什么最爱伟大的祖国,这是全文教学的重点,同时也是难点。在句式的模仿说话中,孩子们从国家说到安吉又说到自己家园的美景,教师适时点拨——这些都是祖国的美景,并进行语文与思想品德学科思维的建构。

言语运用:请孩子们模仿书上的句子说一组句子"我爱……我爱……",将孩子们说的一组句子与书本的一组句子进行比较,请孩子们读一读句子,想一想画面,说一说不同。在交流的过程中,将文中一组诗句"我爱万里长城,我爱家乡的小河"与孩子们说的一组组诗句进行比较,通过与孩子们商量,采用教师的修改意见,对诗句中出现的言语逻辑问题加以纠正,最后把孩子们说的诗句汇成一首诗,让他们声情并茂地诵读,并编入班级优秀刊物。

思想品德学科思维:将孩子们共同创作的诗歌呈现在大屏幕上,并请他们想一想,如何用行为体现爱,用上句式"我爱……我爱……"说一说。只有把孩子们的言语化为行为,我们的思想品德教育才能说是成功的。

言语表达的美通过正确的引导,句式的变化运用,把原先枯燥、苍白无力的说教自然转化,体现了思想品德这门学科的审美情趣,即"心灵美"。

合科教学第一课时的课堂作业为:根据自己的说话内容,画一画"我们的祖国有……有……还有……",并在画的旁边写一写。

6. 学习第4—5节

在这两节诗歌的学习中,引导孩子们自主学习。让孩子们用早已掌握的自主学习课文的方法,即"读一读、画一画、想一想、说一说"的步骤学习诗歌。

自由读诗,画一画:"我"爱什么? 想一想:"我"为什么爱爸爸、妈妈、老师、同学? 比较"爱"和"最爱"的不同,理解"最爱"的含义。根据上节课孩子画的内容,用上句式"我爱……我爱……我更爱……"说一说。

以下内容为融合教学第二课时的教学过程。

(二) 表现美、创造美

【融合设计意图优点三:语言与美术、音乐的融合,孩子用画笔创造"美",用形

体表现"美"】

教师指导孩子们有感情地朗读课文,并鼓励孩子们在黑板上贴出提示背诵的词卡,孩子们边贴词卡边背诵,然后各自准备背诵。此时,教师投影队列图形,指导简单的舞蹈动作,鼓励孩子们展开想象,画出祖国的新面貌。

当孩子们掌握了最基本的舞蹈动作后,鼓励孩子们用自己最喜欢的动作表达对祖国美丽山河的喜爱,或是用音乐《颂祖国》的旋律唱一唱诗歌的内容,或是用画笔画出自己最喜爱的祖国美丽山水图,或是用已经掌握的句式或自创句式说一说自己脑海中美丽的山水图,或是用漂亮的文字写一写祖国的美丽山河。可以用诗歌里的句式,也可以用没有学到过的句式,写完后有感情地读一读自己的作品,也可以读给同桌或全班或家人听。

孩子们或唱,或跳,或画,或说,纷纷用自己最喜爱的表现方式歌颂了祖国的美!

四、 图例小结

教材中的这首口语化的儿童诗,是作者创作的文学作品,我在阅读与朗读时首先就会留心她的语文,这里的语文即指语言文字,说得精准一点便是指"语文的运用",即语用。孩子们学习语文的终极目标之一,我认为应该是个性地理解和表达。理解是对作者通过文学作品想要表达情感的领会;表达是用精确妥帖的文字表达心里所要说的内容。

整个学习过程,其实应该是孩子在已有认知的基础上,通过新的认知冲突,重新建构新的话语系统的过程。这样的语文课堂是指向于语用的课堂。因此,上课伊始,教师创设情境,让孩子能够在最短的时间里,快速进入学习新言语系统的状态。

而思想品德、音乐与美术适时地参与到整个教学过程中,就能让孩子们变得活跃,此时的活跃不单单是身体上的,更重要的是孩子们的思维也变得活跃。这是一种我手写我心、我手舞我情、我手绘我意、我口表我思的多元思维的互动互融,这就是四门学科融合教学创造出的使审美情趣得到熏陶与提升的功效。

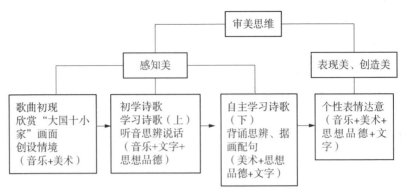

图 1　本课跨学科教学思路

案例 11　"环保"助力小沙包掷远兴趣化学习

上海外国语大学松江外国语学校　张雨琦

一、内容说明

本节课是沪教版教材小学《体育与健身》一年级小沙包掷远内容的教学设计。一年级学生具有年龄小，活泼好动，充满朝气，对新生事物充满好奇与探索的身心特点，虽然他们在投掷技能方面已经基本掌握了各种投掷轻物的动作方法，但在重复练习时容易出现注意力不集中的情况，练习时的枯燥乏味也会导致懈怠、懒散。基于此，我特设计主题为"点滴环保从我做起"，融合了体育与健身、美术、信息科技、劳技等学科的跨学科学习内容。

二、学习目标

在"点滴环保从我做起"主题的引领下，通过网络等渠道了解环保知识与行动；通过制作小报宣传环保理念（美育）；学会利用生活资源制作体育器材（例如改装矿泉水瓶、制作废纸团、制作小沙包等），加强动手能力；创设情境，引导不同能力水平的孩子学习并掌握小沙包掷远的动作要领，从而使学生在个性发展、实践能力、学科技能上全面发展。

三、学习过程

（一）单元教学安排

一年级小沙包掷远单元教学内容分为 4 课时进行教学。第 1 课时：学习小沙包掷远屈肘投掷动作以及采用掷飞机、纸团的方式进行比赛练习；第 2 课时：在不同的环保情境中练习小沙包投掷动作，初步学会快速挥臂的动作要领；第 3 课时：采用小沙包比赛的方式进一步巩固与提升小沙包掷远的方向；第 4 课时：巩固小沙包掷远的动作要领，进行练习考核。

（二）具体实施与操作

1. 单元主题引领，聚焦"环保"话题

体育教育是学校教育的重要分支，它不仅体现于身体活动的练习过程，更是来源于生活、辅助生活的重要途径，因此，教师可以取材于现实生活，通过社会热门话题展开教学情境的铺垫。例如，2019 年 7 月 1 日，《上海市生活垃圾管理条例》正式实施，一时间"今天你分类了吗"成为"网红句"。在体育室内课堂上，教师可以引入垃圾分类的热点话题，将"点滴环保从我做起"的单元主题渗透于课堂，引入"环保"的概念。什么是环保？我们可以怎么做呢？上海垃圾分类分为哪几种呢？在这些问题的启发下，学生利用课余时间上网搜索，运用自己的方式获取环保知识并完成《环保知识任务单》，通过手绘小报、电子小报涂色等来宣传上海垃圾分类知识（见图 1），同时思考如何用废物资源制作一项体育器材来练习小沙包掷远的动作，为第 1 课时的练习作铺垫。

图 1　学生制作的手绘小报

2. 体育器材多样化,废物资源巧利用

有效的课堂资源使用能够提高学生的运动密度,提升课堂效率。例如在第1课时中,以非常规器材纸飞机、纸团等作为练习器材,要求学生做到屈肘挥臂,有效激发了学生的兴趣。在《环保知识任务单》的问答中,学生提出利用废纸团、矿泉水瓶、牛奶盒等材料作为小沙包代替物进行小沙包投掷动作的学习。

"三人行,必有我师焉",即使是一年级学生的奇思妙想,往往也会带给教师新的灵感。例如在第2课时中,教师在学生提出的"利用雪碧、可乐瓶作为节奏棒"想法上进行改进,将矿泉水空瓶与飘带相结合作为轻器械开展热身操。在教授小沙包掷远的过程中,通过矿泉水瓶的声响、彩带的卷曲、直观的提示,帮助学生反馈快速挥臂的效果(见图2)。此外,学生可以利用空矿泉水瓶与飘带在家中自主动手进行简易器材组装练习。器材的活用,强化了学生学习的效能,提高了学习的效率,巩固了环保知识,加强了对可回收物的创新动手能力。

图2 以矿泉水瓶作为轻器械开展韵律操

3. 沙包趣味化制作,学生个性化发展

在新时代背景下,更有效地推动素质教育,使学生成为一个独立个体是每一门学科的目标与方向。学生是课堂的主体,教师作为引导者更应该尊重学生的个体差异性,创造促进学生发展的机会,让学生的个性得到发展和教育。例如在第3课时中,教师布置了一个小任务给学生——"请你和父母一起制作一个属于自己的的小沙包(150 g)"。在这个任务里,没有对小沙包的形状、大小、颜色、填充物等作硬性要求,让学生们的学习空间得到了拓展。学生们"脑洞大开",根据自己的力量、手形大小进行小沙包的"量身定做"。在这一过程里,学生们充分发挥想象力,不断迸发新想法。教师利用室内课时进行小沙包"选美",让学生走上讲台介绍自己小沙包的组成以及制作过程。例如,有的学生用袜子装了米,再把袜子的"洞口"缝合,做成了自己的小沙包;有的学生把小沙包做成了枕头的形状;有的学生做了小沙包一家(大小不同、形状相同);有的学生将绿豆、红豆、米作为填充物;甚至有学生将八宝饭作为小沙包填充物,祈祷自己能够投掷出好成绩……(见图3)这样个性鲜明、不同种类的小沙包也为体育练习中的分层辅导进行了铺垫。例如在小沙包掷远的过程中,女生的手因为偏小,在练习时无法抓住学校统一发放的小沙包,练习时只能揪着正方体小沙包的一角,这样很容易造成投掷动作的变形。其实,这时候教师可以让学生使用自己制作的小沙包进行练习,要求手包裹住整个小沙包,体会小沙包掷远动作的连贯性与发力过程。

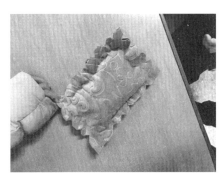

图3 学生制作的各类个性化小沙包

4. 注重教学评价,助力教学成效

一年级学生在学习行为、情感态度与意志品质等各方面仍处于发展过程中,需要通过一定的评价机制来引导其进行自我评价、生生评价,从而激发学生的学习热情,明确学生的努力方向,同时也作为教师改进教学能力的重要手段。因此,在跨学科融合背景下,对学生任务评价单进行设计。

(1)导入跨学科学习内容

环保知识任务单

班级： 姓名： 学号：

★ 你知道什么是环保吗？

★ 生活中，我们应该如何做到环保呢？

① _____

② _____

③ _____

★ 请你制作一张有关上海垃圾分类知识宣传的海报。（手绘/涂色任选）

★ 请你利用废物资源制作一项体育器材，为小沙包掷远的学习做准备。

我使用的材料是：_____

制作过程（描述）：_____

★ 我对自己的评价（画圈表示，例如：♡♡♡♡♡）

知识运用	内容	自我评价
信息技术	获取知识的能力	♡♡♡♡♡
美术	海报制作	♡♡♡♡♡
劳技	体育器材制作	♡♡♡♡♡

（2）个性化小沙包制作

个性化小沙包制作

班级： 姓名： 学号：

★ 请你和父母一起制作一个属于自己的小沙包（150 g）。

照片粘贴区域

我对自己的评价：		父母对我的评价：	
创新思维	♡♡♡♡♡	创新思维	♡♡♡♡♡
动手能力	♡♡♡♡♡	动手能力	♡♡♡♡♡
情感态度	♡♡♡♡♡	情感态度	♡♡♡♡♡

（3）"小沙包掷远"单元评价设计

A. 单元终结性评价

从动作技术标准检测技能学习的达成情况，采用自评、师评、互评方式。

班级		姓名	日期
等第	技能评价标准		
优秀	熟练掌握手脚协调配合快速挥臂投掷小沙包的方法。成绩根据小沙包掷远一年级评价标准。		
良好	较熟练掌握手脚协调配合快速挥臂投掷小沙包的方法。成绩根据小沙包掷远一年级评价标准。		
合格	能做到手脚协调配合快速挥臂投掷小沙包的方法。成绩根据小沙包掷远一年级评价标准。		
须努力	动作不协调，不连贯。成绩根据小沙包掷远一年级评价标准。		

B. 单元过程性评价

基于评价三个维度"运动认知""健身实践""社会适应"，选择针对性的观测点。本单元根据内容主题在培养学生克服困难、自信心和责任心等方面的教育价值，侧重对社会适应进行评价。

评价维度	核心要素	观测点	评价标准	相应打"√"
社会适应	人际交往	交流	主动回答教师的问题，与同伴积极交流，说出本单元关键技术要领，并能演示动作，会评价。	□积极 □一般 □不积极
		合作	在练习中善于观察他人动作并帮助指正。	□主动 □一般 □不主动
		责任	在小组学习中，敢于担当，具有安全意识和责任意识。	□强 □一般 □不强
	心理调节	自信	在分层练习中，挑战自我，敢于展示动作，敢于评价。	□满意 □一般 □不满意

四、图例小结

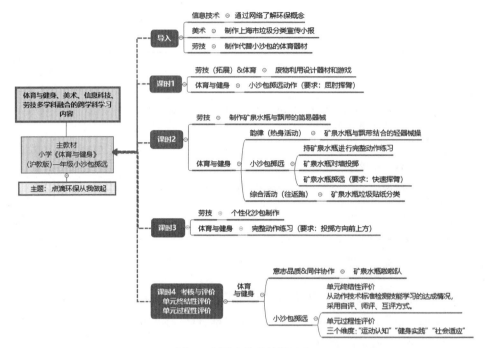

图 4　本课跨学科教学思路

案例 12　长绒棉还能种在哪儿?

上海市杨浦区昆明学校　董晓恬

一、内容说明

　　本节课是沪教版六年级第二学期《地理》"全球篇"第三章"天气与气候——世界气候类型"第一课时的教学设计,教学内容主要为各种气候类型的气温、降水量特征。教材运用文字、分布图、气温降水量表和景观图片为这些内容作了陈述性的说明,但缺乏差异的对比,同时重复地读图表总结特征对学生而言较为枯燥,不容易激发学生学习探究的兴趣。因此,本案例结合学生在地理、自然、科学学科中所学知识,以"长绒棉的生长需要怎样的气候条件"为情境进行探究学习。

二、学习目标

通过探究享誉全球的棉花中的"白金"——埃及长绒棉在不同气候下是否都适宜种植来学习不同气候类型的特征,引导学生在地图的阅读、数据的分析对比中掌握不同气候类型的特征及分布,实现学生对于世界气候差异的区域认知这一核心素养的形成。

三、学习过程

(一) 导入: 播放新闻——进博会埃及长绒棉展台

师:大家还记得去年上海举办的第一届中国国际进口博览会吗?埃及是该次进博会的 12 个主宾国之一。接下来就让我们通过一段视频来了解一下埃及展台。

(学生观看视频。)

看到埃及有这么优质的长绒棉,各国代表团心里都想能否在自己国家种植。大家能不能用地理知识帮帮这些政府官员和商人?

要解决这个问题,我们首先就要了解:这种纤维更长,纺成纱线后纤细又强韧,富有蚕丝般光泽的长绒棉,是一种怎样的农作物?它对生长环境有什么要求?

(二) 活动一: 长绒棉大考察——了解长绒棉生长对气候的要求

长绒棉学习资料如下:

长绒棉是棉花的一种,我们所利用的部分是棉花种子顶端的种皮部分,由表面细胞突起所形成的纤维组织。一般棉纤维的最大长度在 31 毫米以内;长绒棉为 33—39 毫米,最长可达 64 毫米(超长绒棉)。

气候是决定棉纤维长度的主要因素,长绒棉生长期对水分和气温的要求如下表所示。作为喜光植物,长绒棉在生长期内需要充足的光热条件,才能保证结出的棉纤维长度够长。在其生长后期,种植人员须经常整枝,改善田间通风透光条件,有利于提高产量。如果在棉花吐絮与采摘时期遇到降水,会严重影响棉絮的色泽与品质。

长绒棉生长对气温和降水的要求						
生长期(月)	萌发期+育苗期		现蕾期	花铃期	吐絮收获期	
	1	2	3	4	5	6
月平均气温(℃)	>10	>15	20—25	25—30	20—30	20—30
生长期平均需水量(mm)	20—70	70—90	120—140	120—140	90	90
月降水量(mm)	<70	<90	<140	<140	<90	<90
	若无自然降水,则须确保具备灌溉条件				降水越少,品质越高	

(注:生长期平均需水量是指在作物生育期中,农田消耗于蒸散的水量,即植株蒸腾量与株间土壤蒸发量之和。)

教师示范第一个月气温和降水区间的涂绘方法。然后请同学们根据长绒棉资料,结合小学自然学科学过的生物知识,两位同学一组,合作完成长绒棉习性档案,完成后拍照上传至班级相册。

长绒棉小档案

1. 长绒棉属于种子(孢子/种子)植物。棉纤维位于种子(填植物器官)的顶端。

2. 根据长绒棉的生长数据,在空白图表中用向右斜线表示长绒棉生长的气温区间,用向左斜线表示降水量区间。

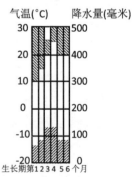

3. 长绒棉的生长周期约为6个月,是一种喜光(喜光/喜阴)的植物,若想获得高品质的长绒棉,在吐絮期自然降水应越少越好(多多益善/适可而止/越少越好),生长所需水分可以通过灌溉手段获得。

4. 棉田打枝改善通风条件,是为了增加棉花的光合作用(光合作用/呼吸作用),生产更多的养分,让棉纤维长得更长。

过渡：了解了长绒棉生长特点后，我们可以用什么办法来判断不同的气候能不能种植长绒棉？对，叠图。将两张底图相同但内容不同的图叠在一起，看一看有没有重合的或接近的部分，从中判断有没有相似性，或读一读重合的地方有哪些信息，找一找不同内容之间的相关性，这是地理科学研究问题的一种重要手段。

(三) 活动二：气候类型对对碰——推理

请同学们拿出活动一绘制的长绒棉生长期适宜气温和降水图，将它与世界各类气候类型的气温和降水量表重叠比对一下，看看能不能有重合的或者大致重合的时间段。

第一步：小组合作，在活动单上将合适的气候类型勾出来，并说出它的气候类型和气候特点。完成后组间进行交流。

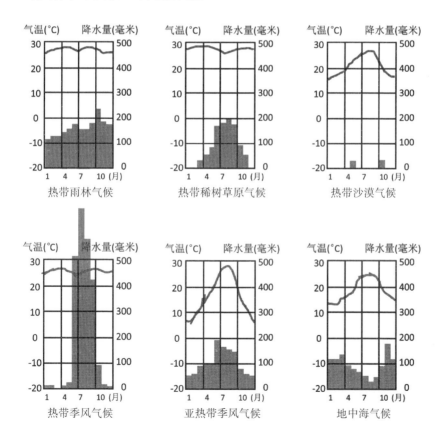

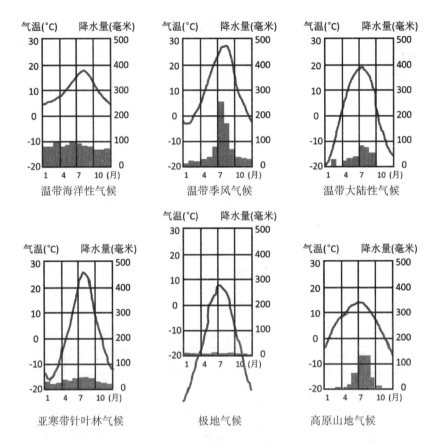

温带海洋性气候　　　温带季风气候　　　温带大陆性气候

亚寒带针叶林气候　　　极地气候　　　高原山地气候

探究结果交流（表述规范、注意倾听），表述格式为：我们发现＿＿＿＿＿＿＿气候类型符合长绒棉生长所需的气候条件，具有＿＿＿＿＿的特征，＿＿＿＿＿（什么季节）适合长绒棉生长。

学生1：热带稀树草原气候终年高温，有干湿季之分的特征，十季适合长绒棉生长。

学生2：热带沙漠气候有终年炎热少雨的特征，全年适合长绒棉生长。

学生3：热带季风气候有旱季和雨季之分的特征，旱季适合长绒棉生长。

学生4：地中海气候有夏季炎热干燥、冬季温和多雨的特征，夏季适合长绒棉生长。

师：根据大家对气候图的探究，我们发现世界上可以种植长绒棉的气候区有热带稀树草原气候、热带沙漠气候、热带季风气候、地中海气候。那么大家能根据找出的气候类型名称,推测出世界上哪些地方可以种植长绒棉吗?

第二步:请同学们根据气候类型寻找适宜长绒棉生长的地区,在平板上将棉花图例拖动到小组认为可能的长绒棉产区位置,每个图标最多移动10次。完成后上传结果。

学生1:热带稀树草原气候——非洲中部、南美巴西南部、澳大利亚大陆北部和东部。

学生2:热带沙漠气候——非洲北部、亚洲阿拉伯半岛和澳大利亚中部。

学生3:热带季风气候——亚洲南部和东南部。

学生4:地中海气候——欧洲地中海、黑海沿岸、美国西南部、澳大利亚西南部和南部,南非西南部,以及南美洲智利中部等地区。

过渡:那是不是在气候图上推测的条件适合的地方,都已经像埃及一样种上了长绒棉?有没有我们没有推测出来的地方,却是长绒棉的重要产地?在科学研究中,我们常常用地理事实来验证我们的推测结果是否正确。

(四)活动三:主产区证猜想——验证

师:请同学们通过世界长绒棉主要产区的资料来验证一下前面研究的结论是否正确。请每个小组各认领一个长绒棉主要产区,仔细阅读长绒棉产区的气候图,参考书本各大气候类型的特征和"世界气候类型图",说出当地的气候类型,判断其是否与在活动二中找到的适宜长绒棉生长的气候类型一致。并参考长绒棉的资料,说说在当地种植长绒棉,可能要注意些什么。

产区(括号内为2017—2018年长绒棉产量)	气候图	气候类型	气候特征	是否符合活动二探究结果	在当地种植应注意哪些问题
美国西部加利福尼亚州地区(15.24万吨)		地中海气候	夏季高温少雨,冬季温和多雨	是	高温期不够长,精确播种时间;注意打枝,增加光照

产区（括号内为2017—2018年长绒棉产量）	气候图	气候类型	气候特征	是否符合活动二探究结果	在当地种植应注意哪些问题
印度德干高原西北部地区（9.69万吨）		热带季风气候	全年高温，有雨季和旱季	是	注意排水，避开雨季，防止棉花腐烂
中国新疆的盆地边缘地区（7万吨）		温带大陆性气候	全年干旱，年温差、日温差大	否	灌溉；温度不够，精确播种时间；注意打枝，增加光照
埃及尼罗河河谷及三角洲地区（6.11万吨）		热带沙漠气候	全年高温少雨	是	灌溉
中亚乌兹别克斯坦、土库曼斯坦、塔吉克斯坦等（2.95万吨）		温带大陆性气候	全年干旱，年温差、日温差大	否	灌溉；温度不够，精确播种时间；注意打枝，增加光照
以色列北部约旦河谷地区（1.2万吨）		地中海气候	夏季高温少雨，冬季温和多雨	是	高温期不够长，精确播种时间；注意打枝，增加光照

过渡：通过验证，大家有哪些发现？

学生1：气候类型图与书本上不完全相同。

学生2：热带稀树草原气候区从叠图上看适合种植长绒棉，但六大产区中没有这种气候类型。

学生3：温带大陆性气候在叠图时因为温度条件不符合，被删去了，没想到我国新疆的长绒棉产量那么大。

教师分析：

1. 教材上呈现的气候图是各地平均的、有代表性的气候图，但是每个具体区域的气温曲线和降水量数据是有差异的，我们在根据某地的气候图判断其气候类型时，要把握住一些关键数据来做出判断，如全年月平均气温有没有超过15摄氏度，冬季月平均气温有没有低于0摄氏度，月平均降水量有没有超过100毫米等。

2. 大家看到在热带稀树草原气候区并没有长绒棉的主产区，这是因为这类气候区的自然植被以草原为主，发展的农业类型也大多以畜牧业为主。同时，这里是众多草原中特有的野生动物栖息繁衍的家园，如果大面积开垦农田，与野生动物争夺水源，可能会对当地生态平衡造成严重的破坏。我们开发土地、发展经济的时候，既要考虑到经济效益，也要考虑到生态效益。

3. 中亚与我们中国的长绒棉产区是温带大陆性气候，这与我们之前探究的结果是不相符的。温带大陆性气候有昼夜温差大、夏季日照时间长的特性，使得植物在白天光合作用强，有利于营养物质的积累，而在夜间呼吸作用弱，营养物质的消耗少。在我们使用的气候图中，曲线代表的月平均气温只能在一定程度上反映当地的平均温度情况，却不能将这两个特点体现出来，所以大家在选择的时候漏掉了这种气候类型。当然，在这样高温时间比较短的地区种植长绒棉，必须要精确种植的时间，确保成熟期和吐絮期是在最高温的月份。

结论：所以学习地理，不能机械地照搬照抄，要灵活运用，具体情况具体分析。

经过对比，我们可以解答进博会上各国代表团的疑问了：埃及的气候条件的确非常适合种植优质的长绒棉，尽管它产量不是最高的，但是品质是最优的，价格也最贵。其他在气候条件上适合种植长绒棉的国家和地区，在种植的时候则需要扬长避短，提高农业科技，未来才有可能在长绒棉市场上与埃及竞争。

四、图例小结

这节课我们围绕为长绒棉选择种植地区这一情境，通过阅读各种气候图和气候分布图,先提出解决问题的策略——叠图,然后通过对比、推理得出理论结果——适合生长的气候区,最后又用世界上六大长绒棉产区的实际气候图来验证推断的结果,在验证的过程中修正结论,发现新问题,解决新问题,将问题的研究推向更深层次。这整个过程,就是我们地理科学探究的一般流程。在今后的地理学习中,同学们也可以尝试运用地图工具、叠图的策略和科学研究的方法,研究生活中遇到的各种地理现象和地理问题。而在实际生活中,影响农作物实际产量的还有许多其他的因素,如劳动力、灌溉水源、交通便捷程度、农业科技水平等,在思考时我们应该注意综合考虑各因素,也可加以借鉴,以改进我们国家的农业发展水平。最后布置了一个拓展探究作业:我国的新疆是世界长绒棉主产区之一,请同学们根据本节课所学知识进行思考:新疆可以通过哪些手段提高长绒棉的产量与品质,在国际市场上与埃及竞争?请同学们自由组队,以小组为单位制作地理小报,采取的手段有可能包括但不限于以下方面:基因手段改良品种、精确计算播种时间、人工采摘保证品质、打枝增加光合面积等。

本节课基于长绒棉种植的跨学科教学的过程如图1所示:

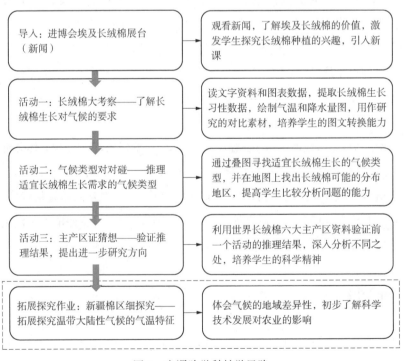

图1　本课跨学科教学思路

案例 13 让幼儿在纸牌游戏中学习语言表达

上海市普陀区秋月枫幼儿园 吴昕珏

一、内容说明

在大班上学期,幼儿在表述语言时,会出现断断续续、语序颠倒的情况,还会有语病,表现出缺乏逻辑性和表述比较单一的特点。对此,我设计了"会说话的纸牌"这一语言游戏活动。在活动中,我将一句话中的四要素巧妙地与纸牌花色相结合,形成♠—时间牌、♥—人物牌、♣—地点牌、◆—事件牌,将抽象的概念直观地呈现在幼儿面前。孩子在游戏的过程中体验到了乐趣,促进了思维发展,也提升了语言表达的能力。

二、学习目标

在整个活动中整合游戏、思维、语言等领域,达成以下学习目标。

1. 观察纸牌,理解画面,尝试将多张纸牌连成一句通顺的话。
2. 在游戏中感受语言的不同表述方式,体验语言游戏的乐趣。

三、学习过程

纸牌上有图形、有数字,而且简便轻巧,玩起来千变万化,引人入胜,我们常用纸牌开展各种数学游戏,孩子们也从纸牌游戏中受益良多。但是,纸牌游戏只能用于开展数学活动吗?能将纸牌游戏和语言活动融合起来吗?又该怎样地融合呢?幼儿的语言水平能在纸牌游戏中获得提高吗?基于这些思考,我设计了"会说话的纸牌"这一语言游戏活动。

(一) 认识游戏纸牌

在活动前,我把自制的 16 张大纸牌放在了一块 KT 板上,并背对幼儿放置,接着我出示了一副纸牌,问幼儿:"你们会玩牌吗? 会玩哪些纸牌游戏呢?"婷婷说:"我会玩'争上游'。"天天说:"我在幼儿园里玩过'纸牌翻翻乐'。"小宇说:"我会用纸牌变魔术。"幼儿们说起纸牌游戏来滔滔不绝。这时,我告诉幼儿,今天我们要用纸牌玩个新游戏,说完把 KT 板转了过来。幼儿们一看到这些特别的大纸牌,都发出了"哇"的惊叹声。我指着纸牌介绍道:"纸牌上有四种花色,每种花色的纸牌上都有图片,你们能看懂纸牌上的图片吗? 请介绍一下。"浩浩说:"我看到了方块 3 是一辆汽车,红桃 A 是一个爸爸。"乐乐说:"我发现红桃牌都是人,第一个是爸爸,第二个是妈妈,还有爷爷奶奶,最后红桃 4 是两个小朋友。"我立刻鼓励道:"乐乐看得真仔细,能够把纸牌上的花色和图案一起观察,发现了红桃牌的秘密。在今天这副特殊的纸牌中,一种花色代表一种牌,比如红桃就是人物牌。"有了我的鼓励,孩子们在观察图片的同时开始思考,同一种花色牌上的图案有什么共同的特征。在讨论中,孩子们发现黑桃牌中的图案"白天""夜晚""8:00""12:00"表示的都是时间,所以黑桃是时间牌。有着"超市""幼儿园""小区""马路"等图案的梅花牌是地点牌。而方块牌中有"皮球""汽车""图书""话筒"等图案,孩子们只能说出牌上的图案,但猜不出方块牌代表什么。于是,我告诉孩子们,方块牌就是事件牌。琳琳听了我的介绍后恍然大悟地说:"哦,方块牌上的图案就是做这件事啊。"从孩子的话语中我知道孩子们理解了什么是事件牌。孩子们在看看、猜猜中知道了今天游戏中纸牌的四种花色代表着不同的意思。

(二) 看着纸牌学说话

我抛出了下一个环节的引导问题:"我们能让这些纸牌说话吗?"听了我的问题后,孩子们都露出了好奇的目光。

我拿出了一个自制的大玩具"东南西北",我把玩具外面原来的东南西北换成了纸牌的四种花色,在玩具里面贴了刚才孩子们看到的有着各种图案的花色牌。看我翻动着这个大玩具,孩子们也想来试试这个新游戏——"花色翻翻"。天天第一个尝试,他选择了数字 4,就把玩具翻了 4 次,结果显示的 4 张牌里:黑桃(12:00),红桃(爸爸),草花(超市),方块(汽车)。我从大纸牌中取出刚才天天翻出的 4

张牌交给他,对天天说:"请你把这四张牌排一排,让它们连起来'说'一句通顺的话。你要考虑一下哪张是先说的,就将它排第一。"听了我的话后,天天思考了一会儿,然后把拿到的纸牌根据时间、人物、事件、地点这样的顺序放置,说:"中午12点,爸爸开车去超市。"听了他的讲述,我赞扬道:"哇,在这些纸牌中加上一些连接词,你就能让这4张纸牌变成一句话啦。真棒!"我又接着问:"谁还想来试试?用相同的4张牌说出一句不一样的话?"嘟嘟说他能够和天天讲得不一样,然后把人物牌和时间牌进行了交换,说:"爸爸在12点的时候,开车去超市买了很多好吃的给我吃。"有了这样一个交换牌的过程,孩子们知道要讲出不一样的话和纸牌排列的顺序是有关的。我总结道:"想要把四张牌连起来说一句通顺的话,须注意图片的前后顺序,相同扑克牌的顺序不一样,说出来的话也不一样,把时间牌放在第一张最容易把话说清楚。"有了这两个孩子的示范,帮助大家了解了"花色翻翻"游戏的玩法,其他孩子也都跃跃欲试。

(三)顺着纸牌讲美句

孩子们分成小组,每人玩一个小的"花色翻翻"玩具。孩子们的这次游戏和前一次的游戏有所不同。首先,玩具上的图案各不相同,不同的图片可以进一步激发幼儿思考如何合理、通顺地讲述。其次,在幼儿的讲述中,我也进一步提出了新的要求,讲的一句话不仅要通顺,而且要优美、好听。为了让幼儿理解怎样把话讲得优美,在游戏前我为幼儿搭建了承上启下的"阶梯"。我拿出"晚上"这张图片问:"怎样的晚上听起来很优美呢?"丫丫说:"挂着月亮的晚上。"悠悠说:"城市的夜晚。"琪琪说:"静悄悄的夜晚。"我接着说:"加上了这些好听的词,'晚上'就被讲得优美又好听了。"有了这样的铺垫,幼儿在各自操作纸牌时的表述就不一样了。在小组游戏中,大家一起玩玩、讲讲、听听,学习如何让这些纸牌连成一句话。博文说:"寒冷的冬天,爷爷奶奶在温暖的家里打牌。"彤彤说:"小朋友来到了游乐园,高高兴兴地玩了旋转木马。春天花儿都开了,有红的、有白的,真美啊,小朋友们觉得开心极了,就唱起了歌。"轩轩说:"爸爸妈妈来到了城隍庙,看到了弯弯曲曲的九曲桥,九曲桥下还有很多小鱼。中午12点到了,他们就在那里吃了饭。"孩子们在进一步观察画面开展游戏的过程中,运用之前介绍的语言组织的方法,让一句话不仅具有逻辑性,还能够更丰富、多样。

(四) 展开想象做创编

最后,在前面游戏的基础上我推出了更有难度的"掷骰子"游戏。这次图案和花色出现在了骰子上,但不是每个骰子上都有图案。梅花地点骰子和方块事件骰子上有几个面出现了只有花色而没有图案的空白牌,当孩子们掷到了空白牌时,疑惑道:"怎么这上面没有图案,我们要说什么呢?"这对于幼儿而言又是新的挑战,需要幼儿对整张空白的牌进行大胆想象。例如,当孩子们看到空白的地点牌不知道说什么的时候,我说:"这是一张畅想牌,可以随意想象,不过在讲述的时候还要看看其他的牌,想出一个合适的地方,讲一句合理、通顺、优美的话。谁想来挑战一下?"玲玲把手举得高高的,说愿意试一试。她掷到了时间—秋天,人物—老师和小朋友,地点—空白,事件—画画,她看了看骰子,说:"秋天到了,树叶都变成了黄色的,老师带着小朋友,来到了漂亮的小花园,把小花园五颜六色的花都画了下来。"当玲玲把这句话说完后,大家都拍起了手。玲玲不仅结合其他三张牌的图案——秋天、老师和小朋友、画画,把空白的地点牌想成了小花园这一地点,还能加以描述,使这句话变得更优美。孩子们在掷骰子的游戏中,不仅感受到游戏的快乐,还接受了挑战,锻炼了语言的表达能力。

四、图例小结

《3—6岁儿童学习与发展指南》中指出,5—6岁幼儿能根据画面提供的信息,有序、连贯、清楚地讲述一件事情。我们常用时间、人物、地点、事件来描述一件事,但是语言组织是在头脑中思考的过程。幼儿园的孩子以具体形象思维为主,须帮助他们将内部的思维展现出来。在这一活动中,我运用纸牌的四种花色,将其和讲述的要素相结合,设计了红桃"人物牌",黑桃"时间牌",梅花"地点牌",方块"事件牌"。用纸牌的每种花色代表一个主题,把隐形的讲述四要素通过纸牌的四种花色呈现出来。在活动中,我通过对应的讲述,帮助孩子明晰纸牌花色和讲述要素之间如何匹配,在活动中由游戏贯穿其中。幼儿尝试把四种纸牌用不同的排列方式进行组合,积极思考和构建纸牌之间的关系。运用纸牌游戏,可以让幼儿把内在的思维用语言表达出来,逐步理解和学习语句组织的方法,能够有效地帮助幼儿理清语言表达的思路,在游戏过程中激发幼儿讲述的兴趣,学习语言表达的技能,同时体验语言不同表达方式的乐趣,更激发幼儿积极思维、大胆想象,提升语言叙述的逻辑性和完整性,对幼儿将来语言发展有着深远的影响。

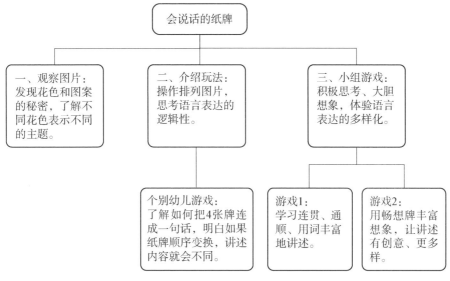

图 1　本课跨学科教学思路

案例 14　劳动技术学科"看图与表达"的多学科融合教学

上海外国语大学松江外国语学校　陆珏峰

一、内容说明

"看图与表达"一课是上海科技教育出版社出版的《劳动技术》五年级第二学期第二单元的教学内容。本案例是围绕简单电路的识图、绘图和操作以及串联和并联连接方式而展开的,有多门学科融合在里面,主要是讲述如何把劳动技术技能与自然、美术、数学、信息技术学科相关知识进行整合利用,更好地完好教学任务。实际上,学习劳动技术课程,就是在这几门学科的基础上学习操作技能,用以解决制作中的问题。学生要同时拥有自然常识和美术绘画技能,将数学理论和实践操作结合起来,再利用信息技术完成整个网上课堂的学习。

二、学习目标

1. 通过所学的自然学科电路知识来完成简单电路的连接,尝试自己连接串联电路和并联电路。

2. 基于对电路中元件符号的美术绘制能力,学会自己看实物示意图,或者依据实物连接电路绘制相应的电路图。

3. 通过数学的计算、测量、估算等来完成自制电池盒的制作和电路图的规范设计。

4. 通过应用网络软件——晓黑板和 Classin,完成网上师生的互动学习和作业的批阅评价,及时反馈问题,解决问题。

三、学习过程

劳动技术学科是一门侧重于动手操作和创作设想的学科,它旨在从我们的生活需求出发,运用所学的多门学科的知识和能力来解决问题,以创造美好的未来生活。在 2020 年的寒假里,一场突如其来的新冠肺炎病毒导致我们所有的学生和老师都不能进入校园上课,只能在家以网上观课和互动的模式完成学习。这对于劳动技术学科而言,真的是很大的考验。经历了一个多月的空中课堂的观课、互动、作业练习后,我深切地感受到了其他几门综合学科对劳动技术教学的重要性。劳动技术学科与数学、美术、自然等学科都有着密不可分的联系。在劳动技术教学过程中,我们经常需要融合数学的计算能力、几何知识,美术的绘画本领、审美观,自然的科学常识及实验操作技能,来完成劳动技术课程的作品设计与制作。此外,信息技术也为正常开展线上教学提供了坚实有力的后盾。因此,跨学科的教学模式可以让我们的劳动技术教学更好地开展。下面我就以五年级第二单元"看图与表达"的教学为例,简短介绍一下我是如何开展跨四门学科的劳动技术教学过程的。

（一）巧用自然常识，尝试动手操作

　　一直以来，小学自然学科特别注重科学原理解释和实验操作过程，而劳动技术学科除了要让学生知道原理外，更注重操作加工，也就是实践，每一个步骤都要学生自己去完成，没有现成的电器元件可以使用。五年级第二学期的教学内容都是围绕各种电路制作开展相关的设计和活动，而电路知识的相关基础来源于小学自然学科的学习，小电珠的电路连接需要先有一定的电路连接经验。因此，整个学期的劳动技术课程都需要使用自然课上所学的知识来帮助完成制作任务。

　　通过自然课教学，学生从二年级就开始接触电珠、电珠底座、电池、电池盒、开关、两头有鳄鱼夹的导线等电器元件，还学习过让两个电珠亮起来的串联电路和并联电路。而与此相比，劳动技术课程里所提供的电珠没有电珠底座，需要学生自己将导线连接到相应的位置上；学生还要自己包裹绝缘胶布，并严格按照电路连接的操作来完成；电池盒也要学生自己用卡纸、橡皮筋等材料，根据电池大小来制作，用回形针连接导线，不是使用自然实验室里的单刀单掷开关，而是用两个回形针互相别住作为一个简易开关；导线也有不一样的地方，从原来导线两头的鳄鱼夹变成了一根单独的导线，也就意味着学生要自己用工具剥离绝缘层，用露在外面的金属芯来直接连接电珠或者回形针等部件。有了这些自然常识，学生看着空中课堂中的视频和我做的劳动技术互动微课，基本上都能完成一个简单电路的连接，让小电珠亮起来。

　　"看图与表达"的学习在第一单元"材料与工具"一课的内容上增加了以下内容：电路图的识读和绘制能力培养，以及两个电珠的电路图绘制和连接操作。而两个电珠的连接这项内容正是电路中的串联和并联知识，在自然课中可以说是很重要的一项学习内容。因为自然教室不能正常使用、上课条件受限等原因，学生一直没有机会接触到电路连接的实际操作，即使有这种体验，也只是部分学生参与，或者有学生自己采购电路的制作材料在家实验操作。而这次的劳动技术课，可以让学生充分地利用劳动技术课上的材料来完成电路图的绘制和电路的连接。由于这个单元的配套材料是没有的，所以我让学生利用下发的第一单元和第三单元的电珠、导线等材料来完成这次的作品。学生很喜欢电路的制作，对于布置的作业，大部分学生都完成得很好。学生在初学的时候并不是真的很了解这两种电路的优缺点，而通过自己动手串联和并联电路，才真正体会到这两种连接方式的优缺点。

图1和图2是学生在作业练习和互动时上传的照片——单个电珠的电路连接。

图1 不正确操作的电路连接照片　　图2　正确操作的电路连接照片

教师点评图1：电珠金属部分没有包裹绝缘胶布；导线和回形针之间也没有包裹绝缘胶布，电路接通的情况下用手直接触摸电珠的金属部分是不正确的操作。请重新改进电路作品。

教师点评图2：绝缘胶布包裹紧密，操作规范。做得很棒！

图3、图4展示的是学生连接的2个电珠的电路。

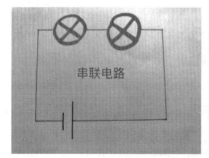

图3　串联电路示意图和学生作品

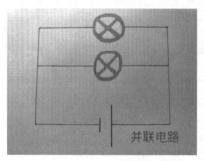

图4　并联电路示意图和学生作品

(二) 活用数学理论,自制所需器材

数学真的是一门很有用的学科,对于劳动技术学科来说也是必备的知识。电池盒的制作看上去简单,却牵涉了很多数学的概念,如电池盒做多大,就要找到电池并量出它的高和直径以确定纸盒的尺寸,画出相应的设计符号如正折线、剪切线,进行裁剪、翻折,用橡皮筋捆绑定型。最后别上连接了导线的回形针,电池盒就可以使用了。虽然这个制作过程是在第一单元就已经完成了,但由于在家网上学习的缘故,学生的作业反馈会晚一点儿。在作业批改的过程中,我发现有不少学生没有按照要求认真制作电池盒,所以在第二单元的电路教学中我要求学生再做一个大小合适的电池盒备用。因为第三单元也要使用到这个电池盒,而配套材料里没有电池盒。从第二次上传的电池盒作业中可以看出,学生的进步很大,电池盒的大小也做得比较合规范了。

以下是一些学生做的大小不合适的电池盒和大小合适的电池盒的作品图。

图 5　过大或者没有做成功的电池盒

图 6　修改后大小合适的电池盒

(三) 展露美术功底,完成电路设计

对于设计来说,美术功底是必不可少的。"看图与表达"一课就是让学生学会看懂电路图,会根据电路图连接电路。学生对于电路图中各个元件符号的理

解不同,画出来的电路图就会不同。对于符号的图案,学生基本上能够一看就会,但是还有部分学生不是漏画部件,就是没有将导线连接到元件上,还有部分学生把电池符号的两条线段画得长短一样,就像这样:—｜ ｜—,实际上电池符号是这样的:—｜ ｜—。在符号里还有一个重要的信息,就是长的线段一头表示电池正极(＋),短的线段一头表示负极(－),如果学生没有理解的话,在绘制的电路图中就会出现电池的正极连接电珠的现象,而从电路连接的规范操作来说,电池正极那头最好先连接开关部件,而不是电珠。这个问题本来很容易解决,但是由于学生上网课时接收信息不及时或者漏看,所画的电路图就会出现一些问题。好在作业是互相可见的,通过让那些不会画或者画错的学生观看优秀学生的电路设计图,自己发现问题并解决问题,便于以后画电路设计图时少走些弯路,打好绘画基础。还有一个问题就是审美观的培养,设计图的符号虽然简单,但是每个部件和导线的位置安排需要一定的美观度。有的学生设计的图没有美观可言,甚至是很不合理的安排。美术的绘画能力和审美能力是在每堂课中慢慢提高的,在劳动技术课上也要体现出学生所学的基本功和对事物的审美要求。好的设计才能做出更好更精美的作品,这也是培养未来"设计大师"的启蒙教育。

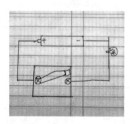 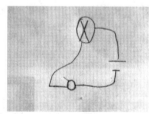 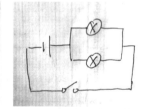

图 7　不规范的电路图

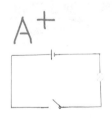 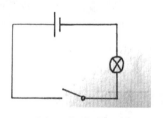 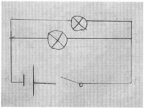

图 8　规范的电路图

(四) 调动信息资源,解决所遇问题

原来在学校上课的时候,老师上完课后没办法第一时间给每位学生的作业进行评价,只能挑几个学生的作品讲解一下并评定等第,不能及时反馈到位。在这特殊的时期,我们师生都是在家学习劳技课。学生学会了利用电视或者网络观看网课,之后和老师在网络学习软件中进行互动交流,在这一过程中,晓黑板和Classin软件的应用真的是方便了学生和老师。可能部分学生并不认真收看空中课堂的课和老师做的微课互动视频,也没有积极参与讨论和作业,但是互动活动覆盖的面还是比较广的,每个班级都有一半以上的学生能上传作业,完成老师布置的任务。在互动中学生提出问题,老师帮助解答问题,总结学生出现的问题,教会学生如何改进自己的作品。如果学生上传的作业有问题,老师在批改的过程中就会写清楚评语,让他改进后再上传作业。只要是上传了作业的学生,都能及时看到老师的评价和评语。有很多学生做得很好,其作业被推荐成为优秀作业;有部分学生经过多次改进,最终也成功地完成了电路的连接作业。线下教学是无法顾及到500多位学生的操作是否有问题的,而线上教学比平时学校教学的反馈更及时,这要归功于信息技术的发达和普及。此外,我可以随时随地地看到学生制作中更多的问题并及时进行纠正,也有很多学生利用私聊功能找到我,给我看他们的设计和制作,方便了交流,能有针对性地解决问题。以后正常在校上课了,我也要继续使用这些软件,让学生把学校里没来得及评价的作品提交给我,这样我就能关注到每一位学生的学习情况,及时跟进学生的学习进度。

图9是我和学生互动修改订正作业的截图。

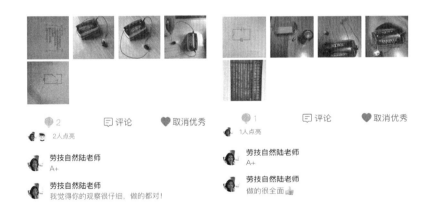

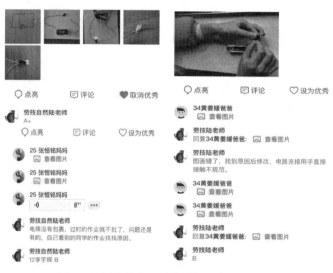

图 9　教师和学生互动修改订正作业的截图

四、图例小结

劳动技术学科所有技能的学习和创新思维的培养都离不开自然学科的基础、

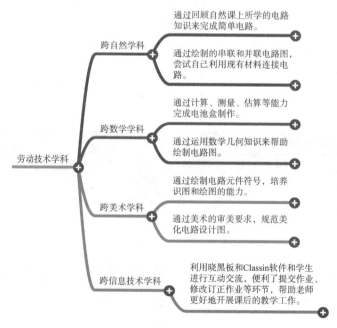

图 10　本课跨学科教学思路

美术学科的支持、数学学科的应用以及信息技术的帮助,只有把这些学科整合起来,构建更全面的认识,才能更好地解决问题,完成我们的教学。

案例 15 "ZHI 未来"课程的创造力培养

四川省成都市成飞小学 李 睿

一、内容说明

为达成"利用 STEAM 课程培养学生创造力"的目标,成飞小学以学校特色为基础,开展了"以航空科技为底色、创客教育为核心"的科技教育课程改革。教学案例"ZHI 成长"以建设"学科融合课堂"的方式展现了 STEAM 课程中创客项目式探究的"产品推销"环节的教学情景,适用于小学五、六年级教学。

此次教学融合语文、数学、科学、美术、信息技术等学科知识。学生经过奇思妙想和动手操作,制作完成了以"银甲卫士""神奇的帽子""螺旋分筛器"为代表的一系列环保作品,并在此基础上通过制作宣传画、工程师介绍、现场操作等方式向外界推介产品。

二、学习目标

科学:学生了解应用反光条及净水过滤器的原理,并制作介绍。

信息技术:利用乐高搭建驱动器及音控、光控模块,推动"银甲卫士"完成指定工作,并进行语言介绍。

数学:观察"银甲卫士"招手的高度和频率,帽子吸热的时间和温度,过滤器过滤的数量和大小,并记录分析相关数据,得出结论。

语文:关注产品细节,抓住特征有序表达;清楚介绍产品的名称、外观、功能及用途;介绍时主次分明,突出主体,语言表达平实生动。

美术:设计产品造型,设计产品宣传画;通过观察感悟,为自己的创意增加美感。

三、学习过程

学习是从生活中来到生活中去的,所以我们希望孩子们在真实的生活中发现问题,并根据自己的发展需要,通过探究、服务、制作、体验等方式,在跨学科的实践性课程中解决问题。

在这节课之前,齐心队的孩子们因为经常看到自己的父母白天辛勤工作,晚上回到家即使非常疲累还要打扫房间做家务,于是想帮助父母缓解疲劳、减轻负担,有了创造"银甲卫士"的设想;奇迹队的孩子们通过调查发现:许多环卫工人顶着大太阳在炙热的夏天劳作,由于双手被劳动工具占用,即使嘴唇干裂了也没有办法拿出水杯喝水,于是有了设计一顶神奇帽子的想法;爱因斯坦队的孩子们发现:在生活中一大盆纯净水,常常只被人们用来清洗一点点蔬菜水果就全部倒掉,联系课堂上学到的干旱少雨地方,一点点水资源就能挽救一条生命的内容,于是提出了创造过滤器,使水资源能够安全卫生、反复利用的想法。因此,通过团队讨论,有了以下创意:

创意一:设计机器人。利用EV3驱动机器人代替人工劳作。

创意二:变废为宝。利用环保材料为环卫工人设计便捷式工作服。

创意三:螺旋分筛器。过滤污染物,清洁水资源。

在设计完成之后,孩子们在课堂上分组推介,通过语言表达将创意产品的特点与大家分享,利用好奇等心理触发观众情怀,展示说的技能、说的艺术,并邀请其他团队成员体验创意作品,形成意见反馈表,从中加以借鉴和再探究。

学生从以下角度推介环保作品:

1. 介绍自己:团队名、成员姓名、成员分工。

2. 介绍作品:抓住作品设计初衷、特点、重点,利用语言、宣传画、创客作品等方式,简明扼要,清晰表达。

3. 请产品观察员以团队为单位填写手中的环保产品意见反馈表。

(一)推介银甲卫士的课堂片段

设计初衷(调查员夏语蔓): 我们经常看到父母辛勤工作一天后,拖着疲累的身躯回到家里,在沙发上放松一会儿,又要开始打扫房间,总是没有半刻休息。我们想要帮助他们缓解一下疲劳,于是设计了这款机器人——银甲卫士。

外形(设计员陈国睿):他由大小不一、方方正正的纸箱构成,一身闪闪发亮的锡箔纸十分美观,就像披上了一身银甲。这是炫彩风扇,我们安装了马达,能让风扇自由转动。这是手臂,也安装了马达,瞧,能招手呢!大家知道是怎么动起来的吗?主机是关键,我们用编好的程序让他按照我们的想法转动风扇,挥动手臂。还有耐久小轮胎,经过我们的改进,非常稳定,不但能减少机器行动带来的摩擦力,还能让"银甲卫士"反应灵敏。最后我们用乐高搭建的驱动器推动"银甲卫士",使他拥有强悍的动力、敏捷的速度、炫酷的外形,驱动器下的履带装置使"银甲卫士"更不容易打滑。

图1　学生介绍"银甲卫士"

功能:设计这个手臂是为了让"银甲卫士"既实用又有礼貌,他可以代替环卫工人在恶劣环境下劳动,还能与人招手打招呼。夏天,人们在酷热的环境中劳动多难受啊,可是有了炫彩风扇,情况就不一样了。一阵阵的凉风源源不断地吹来,让劳作中的人们舒服很多。因为"银甲卫士"的个子比较矮小,我们为他设计了一副发光的躯体,以保证他在黑夜工作时候的安全。

功能测试(产品推介员吴昊天):有人经过时,"银甲卫士"会热情地挥舞手臂。有同学想来试一试吗,并谈一谈你对产品的感受?

体验并反馈(体验指导员尚恩民):感觉要指挥"银甲卫士"的行动非常简单,只需下载EV3遥控器,连接上手机蓝牙,便可操作自如。我推荐"银甲卫士",因为

图 2　学生展示银甲卫士

他为人们送来清凉,让人们感到舒适,操作还很方便,太棒了,太智能了!

让我们一起带着愉快的心情,朗诵我们为"银甲卫士"作的小诗:

不言不语赤眼睛,兰质蕙心一身银。

我助人们更轻松,不辞辛劳日日勤。

教师指导学生对产品有序表达,说明白。

师:"银甲卫士"不仅美观实用,而且还有诗情画意。孩子们听懂了吗? 你们了解到了"银甲卫士"的哪些方面?

生:要介绍清楚一件产品,需要明晰产品的名称、外观、功能及用途。(说明文的要点。)

师:对这件产品,你最感兴趣的是什么?

生:手臂设计得非常可爱,很有礼貌,也很人性化!

师:你没听明白的地方的是什么。(继续深挖说明文要点。)你觉得还可以改进的是哪些方面?(继续科学探究。)听完了大家的点评,齐心队有什么收获吗?

听是相互的,每组听取意见时,有记录员专职记录,然后进行反馈:

谢谢大家的意见! 对于……我们可以改进;对于……我们还需要查资料,找……学科老师帮助我们改进。

表1 其他组对"银甲卫士"的产品意见反馈表

听懂了	下载EV3遥控器可以指挥银甲卫士的行动。	银甲卫士由主体、手臂、风扇、驱动器等构成,既美观又实用。
了解到了	制作"银甲卫士"是为了缓解父母的劳累。	可以在恶劣的环境中代替人们劳作;炫彩小风扇既漂亮,又可以在炎热的天气给大家带来凉风。
最感兴趣的是	"银甲卫士"的设计很人性化,在马达的帮助下可以旋转炫彩小风扇,挥动手臂。	银甲卫士的小轮胎在多次改进后十分稳定,可以减少行动带来的摩擦。整个机器人在主机驱动下可以平稳、准确地完成任务。
没听明白的有	EV3上的红外线传感器是如何使"银甲卫士"按要求行走的。	"银甲卫士"驱动器的充电时间是多久?可以使用的时间又是多长?
可以改进的是	除了招手以外,手臂是否还有其他更实用的功能,例如:清扫垃圾。是否可以设计得更美观些?	是否可以在劳作中播放一些音乐改变银甲卫士"不言不语赤眼睛"的现状,让他在劳动中带给大家快乐。

要说明清楚一件产品,需要明晰产品的设计初衷、名称、外观、功能及用途,这是了解一件事物的基本办法。同时产品观察员们也对创作"银甲卫士"的齐心队进行了评分。

表2 "银甲卫士"产品说明评分标准

序号	内容	分值	得分	改进意见
1	能用普通话展示,做到发音准确,吐字清晰,文明礼貌地使用语言。	10	9	部分组员的普通话还需要改进。
2	声音响亮,语速适中,态度自然、大方,有自信心。	15	14	有个别组员表现紧张,不是很好。

序号	内容	分值	得分	改进意见
3	能有条理地介绍产品的构成。	15	15	通过小组合作能够有条理地介绍。
4	能抓住细节,清晰描述产品的特征和亮点。	20	18	能够突出特征,但是亮点还可以更精确。
5	能按一定顺序说明产品,分清主次,突出重点介绍的部分。	20	18	能够表达重点,但是有东拉西扯的情况。
6	语言表达生动有趣,具有创意。	20	18	更注意常规性的表达,创意方面还有欠缺。

班级观察员分组填写表格,拍照放在 QQ 群里交流展示。各组发言不超过 2 分钟。团队观察员记录要点,团队讨论后反馈。

(二) 其他队的介绍

除了以上详细介绍的齐心队创造的"银甲卫士"外,奇迹队的"神奇的帽子"、爱因斯坦队的"螺旋分筛器"也受到大家的关注和欢迎。

1. 神奇的帽子

(1)帽帘:帽帘可以为露天工作的环卫工人遮雨或抵挡强烈的阳光。(2)瓶子及导管:环卫工人将水瓶插在衣服口袋里,把吸管从帽檐处拿下来放入嘴中,轻轻一吸就可以喝到甘甜的清水,避免他们因为工作太忙而腾不出手喝水的情况。(3)反光板:在帽子上设计了反光条,当汽车的灯光照在反光条上,就可以折射出明亮的光线,保障环卫工人夜间工作的安全。帽子全由废旧的物品制作而成,既便宜,又绿色环保。

2. 螺旋分筛器

这个产品的第一层是按照从大到小、从疏到密的顺序铺成的石子,可以过滤掉许多大颗粒的有害物质。第二层使用竹炭,它在第一层的基础上过滤掉水中的重金属。第三层填充沙子,有效去除水中较小的杂物。第四层是 100% 的纯棉纱布,可以过滤掉水中所剩不多的微小杂质,让水变得更纯净。

图 3　学生推介"神奇的帽子"及"螺旋分筛器"

(三) 学生们的多学科探索

在推介和反馈的过程中,创意团队和产品观察员们将创作过程与 STEAM 结合起来,从学科知识出发进行思考:有什么问题? 应该怎么办? 可以如何改进?

(1) 科学方面:学生着重诠释了为什么去做。齐心队的"银甲卫士"为什么会招手? 奇迹队的"神奇的帽子"为什么能遮阳,能为环卫工人解渴? 爱因斯坦队的"螺旋分筛器"为什么能过滤水中杂质? 学生不一定能精确了解相关的所有知识,但通过查资料,问父母,咨询老师,逐步解决了问题。

(2) 数学方面:学生充分利用统计方面的知识。例如,银甲卫士能不能招手? 招手的效果如何? 能举多高? 可以招几次手? 神奇的帽子可以吸多少热量? 遮多少光? 需要多长时间起到吸热降温的效果? 人带着帽子可以感受到多少热量? 温度最多可以升到多少度? 过滤器能过滤多少杂质? 可以过滤多大的杂质?

(3) 美术方面:学生在教师的引导下以产品宣传画、产品造型设计为切入口,观察、感悟、探索,力图使自己的创意具有一种值得欣赏的美感。在设计过程中,学生不断思考:创造作品的想法是什么? 创造思路是什么? 想做什么样的产品? 从朦胧的想法到理性的思考,再推演成可以实施的草图,最终形成自己满意的产品。

(4) 工程技术方面:例如,如何为"银甲卫士"安装马达和炫彩风扇? 如何利用乐高搭建的驱动器推动"银甲卫士"完成指定工作,效果如何? 如何搭建声音传感和灯光传感的模块,指挥机器人进行工作,效果怎样,还可以怎样改进?

(5) 语文方面:以上涉及的各学科的知识和内容,孩子们都会根据团队分工,通过口语交际、语言表达在产品推介中进行展示和反馈;同时,大家也思考产品要怎样介绍、宣传才能卖得出去。

整节课的主题取自教材、贴近生活,在学生探索过程中由多学科教师共同支持,按照以"语文学科为主,渗透融合创客、人工智能等科创教育元素"的思路,通过学科共构的形式进行常规学科课堂教学。教学中也反映出,孩子们不是一张张白纸,而是在各科老师们手中慢慢成长起来的活生生的人,有着和成年人一样的志向和情怀。

(四) 教学总结

本教学案例既体现了 STEAM 课堂对学生科学精神、工程技术能力的培养,又将对生命健康的人文关怀融入其中。在探究、体验产品的基础上,通过说明文教学、诗歌创作,潜移默化地让学生把科学创意与诗情画意的文学创作融为一体。以"ZHI"的同音字为纽带,将智慧、知识、制造、品质、编织、致敬等词语汇成一首小诗,致敬成长,致敬未来!

例如,学生的诗歌创作:

<table>
<tr><td align="center">**致未来**</td><td align="center">**织未来**</td></tr>
<tr><td align="center">舒俊城</td><td align="center">胡雷雅惠</td></tr>
<tr><td>此情此景,我想吟诗一首——</td><td>"长风破浪会有时",</td></tr>
<tr><td>啊! 未来,你是生命的动力,智慧</td><td>我们充满奇迹梦!</td></tr>
<tr><td>的源泉!</td><td>未来终究会来到,</td></tr>
<tr><td>如果你是阳光,</td><td>希望由我们来创造!</td></tr>
<tr><td>我们就是你滋养的花朵;</td><td>我们是祖国的花朵,</td></tr>
<tr><td>如果你是雨露,</td><td>我们是祖国的未来!</td></tr>
<tr><td>那我们就是你润泽的明天。</td><td>携手同心,让我们一起织未来!</td></tr>
<tr><td>发明让我们的未来更美丽,</td><td></td></tr>
<tr><td>创造让我们的未来更加多彩!</td><td></td></tr>
</table>

此案例在综合实践课程中既具有浓厚的语文味,又与其他学科紧密协作。涉及学科的老师均可以在课堂现场给予支持,也可以通过 QQ、微信等现代技术进行远程支持,有效地改变了一对一的学科支持的僵化模式。凡有创想和灵感的老师

都可以利用本学科或本人积累的其他学科的知识进行指导和帮助。同时,因为"产品研发"和"产品推销"是项目式课程中相互衔接的两个环节,所以在课堂进行当中,可以实现两个课堂的实时互动,使不同班级、不同阶段的孩子们对项目了解得更加清晰。

四、图例小结

在本次学习活动中,我们形成了以下有关跨学科知识学习的结构关系和授课流程:

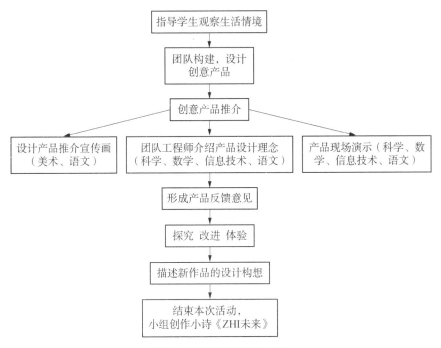

图 4　本课跨学科教学思路

创意物化,"智"造未来!借助新技术新思想的深度学习、碎片化的自由学习、多学科融合的跨界学习,正改变着学校教育方式和学习活动形式。在课堂设计过程中,如何融入创意思维,如何使各学科主动参与,如何与科技、人工智能恰如其分地融合起来,都是我们以后需要继续思考的问题……

案例 16　民族区域自治制度的跨学科学习

上海外国语大学松江外国语学校　叶婷婷

一、内容说明

部编版教材《道德与法治》八年级下册第五课第三框第二目是关于我国民族区域自治制度的介绍,整目围绕"社会主义民族关系""民族区域自治制度""民族区域自治制度的优越性"三方面内容展开。因为八年级学生日常生活中缺少对民族基本制度的认知,加上身边少数民族的同学也较少,所以对民族区域自治制度这一我国的基本政治制度缺乏理论上的了解。对此,结合日常生活中的一些现象,通过教师适当引导,促使学生从现象中认识到本质。

二、学习目标

学生通过分组探究,了解我国少数民族自治的基本情况;综合运用地理、历史、文学、音乐、思想政治等学科知识,理解民族区域自治制度的相关知识与现象,感悟民族区域自治制度的优越性。

三、学习过程

(一) 活动一:感悟与分享

教师播放视频《新疆医护人员阿依努尔:怀着一颗感恩的心去战斗》,引导学生思考:从身处抗疫第一线的新疆医护人员阿依努尔的言行中,你有什么感悟?

生 1:由于各民族间的相互帮助扶持,新疆得以快速发展。在这次疫情面前,民族一家亲,共同去战斗。

生 2:我国是统一的多民族国家,各民族之间相互团结、相互帮助。

师：两位同学说得都很好,正如阿依努尔所说,这些年来,那么多省市无私援助新疆,促其发展。这次她带着感恩之心驰援武汉,用一技之长救治病患,觉得无比骄傲!从中可以看出我国民族大家庭团结一致、众志成城。那么大家听说过我国的民族基本制度——民族区域自治制度吗?(板书:5.3基本政治制度——民族区域自治制度)

(二)活动二:识图与交流(地理学科)

师：你了解我国少数民族聚居的主要地区有哪些吗?

1. 出示地图,学生指出实行民族区域自治制度的少数民族分布地区。

2. 思考:为什么我国实行民族区域自治的地方都是西部地区?

生1：我国西部的气候条件、居住环境与中东部相比有较大差异,而且各地区资源条件和发展不平衡。

生2：在中华民族发展的历史长河中,受历史基础和地理条件等诸多因素的制约和影响,少数民族较集中分布在西部地区,呈现"大杂居、小聚居"的民族分布特点。

师：不错,同学们都看到了地理条件因素是我国实行民族区域自治制度的一个重要原因。那除此之外,还有什么原因呢? 课前我请大家分组查找了一些资料,下面请小组代表来交流一下。

(三)活动三:小组交流分享(历史学科)

组1介绍了我国历史上关于少数民族自治的情况,如明朝时期的土司制度,有其自身特色。

组2阐述了历史上实行的少数民族自治制度与我国现行民族区域自治制度的异同点。

组3分析了历史上实行的民族区域自治制度对我国当前的政治制度有哪些启发。

师：大家收集的资料相当丰富详实,从资料中可看出,我国自古以来是爱好和平、团结统一的国家。统一的多民族国家的长期存在,是我国实行民族区域自治的历史依据。

(四)活动四:阅读与交流

1. 自主阅读教材第72页的前两段,思考我国民族区域自治制度的主要内容。

（提示：从含义、地位、行政区划、自治机关及其职权等不同角度思考。）

生1：根据我国宪法规定，各少数民族聚居的地方实行区域自治，设立自治机关，行使自治权。

生2：民族区域自治制度是我国的一项基本政治制度。

生3：我国民族自治地方分为自治区、自治州、自治县三级。

生4：民族自治地方的人民代表大会和人民政府是自治机关，在行使一般地方国家机关职权的同时，自主管理本地方、本民族的内容事务，依法行使自治权。

2. 完成教材第72页"探究与分享"。

生1：各民族都有使用和发展自己的语言文字的自由。图中东巴文字的意思是"载歌载舞"。

生2：我看到人民币上有5种文字，除了汉语拼音外，左上是蒙文，右上是藏文，左下是维文，右下是壮文。蒙文从上向下竖写，行款是从左向右。藏文印刷体辅音的上部都有一横，基本齐平。维文是流线体，从右向左书写。壮文用的是拉丁字母，与汉语拼音字母相同。

师：真棒，从大家的交流中看出来，课前这几位同学都对我国民族的文字作了一番研究。因此我们说，各民族都有使用和发展自己的语言文字的自由。

(五) 活动五：探究与分析

1. 连连看：自治机关享有哪些自治权？

图1　自治地方的自治权

2. 阅读下列材料,思考:民族自治地方与中央的关系是怎样的?

材料:支持、帮助民族自治地方加快发展,是国家的一项重大战略。为加快西部地区和民族自治地方的发展,中国政府于 2000 年开始实施西部大开发战略。国家通过投资建设"西气东输""西电东送"青藏铁路等一批重大工程,帮助民族自治地方进一步把资源优势转化为经济优势。

提问:既然实行民族区域自治制度,为什么国家还要帮助少数民族地方发展呢?

生 1:我国民族区域自治是在国家统一领导下的自治。

生 2:各民族自治地方是国家不可分割的组成部分,帮助其加快发展经济等建设就是为了更好地促进国家的发展和繁荣。

师:同学们很聪明,都感悟到实行民族区域自治制度的前提和基础是国家统一,民族自治机关必须服从中央的领导。正如我国《宪法》和《民族区域自治法》所规定的:"民族自治地方的自治机关必须维护国家的统一,保证宪法和法律在本地方的遵守和执行";"民族自治地方的自治机关要把国家的整体利益放在首位,积极完成上级国家机关交给的各项任务"。

(六) 活动六:故事分享与诗歌朗诵(语文学科)

师:新中国成立 70 年来,全国各族人民平等相待、团结和睦,涌现出大量优秀的歌颂祖国统一或各民族和谐相处的文学故事、诗词歌赋,课前大家进行了收集,现在请大家来分享一下。

学生分享了《格萨尔王传》《都贵玛:草原母亲,大爱无疆》等内容。

(七) 活动七:阅读与感悟

出示图片"青藏铁路",结合教材第 71 页"阅读感悟",思考:实行民族区域自治制度的意义(优越性)是什么?

生 1:这条铁路被誉为"发展路、团结路、幸福路",大大促进了青海和西藏地区经济社会的发展和人民生活水平的提高。

生2：我国为了促进青藏地区的发展，投入了这么多的物力、人力和财力，这有利于把国家的集中、统一与各民族的自主、平等结合起来。

生3：因为青藏地区主要是高原，原本交通不便，有了青藏铁路，大大方便和促进了青藏地区与内地的交流。

生4：这些少数民族地方经济社会的发展，更有利于激发他们的爱国之情，就把各族人民热爱祖国的感情与热爱自己民族的感情结合起来了。

教师归纳：同学们分析得很全面，可见民族区域自治制度有利于积极推进民族地区的全面发展，有利于增进各民族的团结进步和共同繁荣，是必须长期坚持的一项基本政治制度。

（八）活动八：欣赏与提升（音乐学科）

师：课前请同学们查找、准备了一些关于我国民族统一方面的歌曲，下面就是上台来展示的时候了！

（学生表演。）

师：伴随着优美的歌声，请同学们来说一说，作为青少年的我们能为民族的和谐发展做些什么？

组1提出在了解和拥护民族政策方面：应积极了解、宣传我国的民族政策；坚决同制造民族分裂活动、挑起民族矛盾的人和行为作斗争。

组2提出在尊重少数民族方面：尊重少数民族的风俗习惯、宗教信仰、语言文字，不做伤害民族感情的事情。

组3提出在与少数民族平等相处方面：与少数民族同学平等相处，帮助他们解决学习、生活上的困难，与他们建立友谊……

总结新课：同学们，"五十六个民族、五十六朵花，五十六个民族亲如一家"！实行民族区域自治制度既体现了我国历史的发展趋势，又符合我国的现实需要，具有很大的优越性，希望大家以实际行动，为促进民族团结与和谐发展贡献自己的一份力量！

四、图例小结

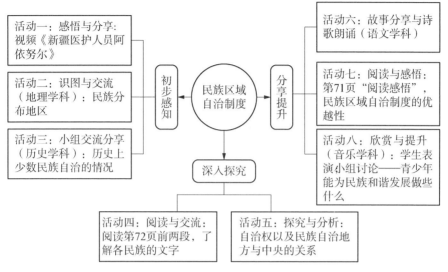

图 2　本课跨学科教学思路

案例 17　甘肃河西走廊历史地理及人文生态的跨学科整合教学

上海市浦东新区唐镇中学　柏玥萍
上海市浦东新区新川中学　郭孙黎

一、内容说明

地理和生物学科的交叉知识主要是生活性的知识点（如农作物与自然环境的关系）及同一知识（如生物多样性），学科不同，侧重点有差异。另外，地理与生物学科在学习方法（如综合分析、解决问题的方法和能力）以及培养的价值观（环境保护、可持续发展理念）上也有交叉。因此，我从知识性和价值观出发，以沪教版《地理》七年级下册区域篇（下）"认识区域河西走廊地区"作为研究情景，结合沪教版《生物》第 5 章第 2 节"生态系统的结构和功能"第 4 课时"多种多样的生态系统的保护",进行跨学科主题的整合。通过跨学科教学,学生可深化对河西走廊区域地理环境特征的认识,在真实情景下理解生物核心概念的内涵,建立生物与环境的关系,运用学科知识评价河西走廊的环境保护措施,提高分析、解决现实复杂问题的能力,培养综合思维,渗透环境保护、可持续发展观念,实现核心素养的整体提升。

二、 学习目标

(一) 学习甘肃河西走廊的地理特征

河西走廊海拔 1500 米左右,地形比较平坦,起伏不大,属于高原地形。河西走廊的平均海拔与内蒙古高原接近,地表与内蒙古高原连在一起,属于内蒙古高原的组成部分。这一部分区域和内蒙古高原其他地区的主要不同是:该区域因河流流水搬运、堆积作用形成的山前冲积扇地貌发育比较广泛,流水堆积物导致地表出现高低不平的岗洼相间分布现象。该地区与南面的祁连山和北面的沙漠相比较,地形、气候、水源、植被、土壤等自然条件优越,自古以来是我国西北地区农业较为发达、人口较为稠密地区,因此是古代丝绸之路必经之地,也是现代主要交通线路经过地区。

(二) 学习河西走廊的历史与人文

河西走廊,又称甘肃走廊,位于甘肃省西北部。走廊伸入我国大陆腹地,夹处蒙新高原与青藏高原之间,在自然地理区划上属于我国典型的西北内陆干旱气候区。得益于祁连山冰雪融水的滋润,走廊内发育了片片肥沃的绿洲。而戈壁、草原、绿洲相间分布的空间形态,为不同民族文化的入居、成长提供了理想的生存环境。从东西方向来看,南北走向的大黄山(焉耆山)、黑山又将走廊自东而西分割成以武威、张掖、敦煌绿洲为中心的,东、中、西三个既相互独立又相互联系的地理单元,这种相对独立的空间结构为河西文化的多元化发展提供了基本的地域条件。例如,五凉时期的南凉、西凉、北凉就是分别以武威绿洲、敦煌绿洲、张掖绿洲为中心建立的割据政权;五代时期,河西走廊甚至出现了肃州龙家、甘州回鹘、敦煌归义军政权和凉州蕃汉联合政权等多个民族地域联合体。历史上河西地域分分合合,统治民族代有更替,促使河西文化不断发生分异与重组。

(三) 介绍河西走廊生态系统的历史变迁

千里河西走廊位于青藏高原与内蒙古高原的交汇地带,处于中国地形第一阶梯到第二阶梯过渡处的走廊中部,地形地貌分为祁连山区、走廊平原、北部荒漠区三大板块。南为祁连山,是生态屏障;北为合黎山、龙首山,毗邻沙漠;中为走廊绿洲,是城市村庄农田分布区。河西走廊发源于祁连山北端的内陆河流有石羊河、黑河、疏勒河,三条河流孕育了三片绿洲、三个城市(武威、张掖、酒泉),衍生了两个工业城市(嘉超关、金昌)。河西走廊南面是青藏高原,北面是内蒙古高原,两大高原自然落差 3 000 多米,丝绸之路就是两大板块的接痕,全流域分青海、甘肃、内蒙古三个行政区域,生态系统非常完整。雪山、森林草原、河流绿洲、湿地、戈壁、沙漠等地形地貌齐全,湖泊沼泽遍布,芦苇丛生,生物多样性丰富,其生态系统水平分布和垂直分布差异都十分明显,地理位置和生态环境非常独特,是生态、地理人文以及人与自然关系的理想之地。这里既是古丝绸之路的商旅通道,也是现代欧亚大陆桥的要冲,东西文化在此交流,南北民族在此融汇,既有独特而深厚的历史文化丝绸之路,又是古老中国对外开放与交流的通道和窗口,尤其是对欧洲。马可波罗曾在河西走廊生活 1 年多,1 003 多年前隋朝皇帝曾在河西走廊召见了 27 国使节,开了"万国博览会"之先河,在当时可以与在上海举办的世博会一比。当年中国唐朝玄奘法师"西天取经"途径丝绸之路,往返都经过河西走廊;而佛教从印度先传到河西走廊,再传到敦煌西域以至中亚。

三、 学习过程

(一) 创设生活情境,认知区域环境

地理教师播放纪录片《河西走廊》片段及主题曲《河西走廊之梦》,设问:你从视频上可以看到,河西走廊在人类历史上成为兵家必争之地,那么是争什么? 主要是水源。河流对人类有何重要意义? 在河西走廊地区看到什么景观? 使学生

形成对该区域的感性认知,体会到河流对自然环境和人类发展的作用,为分析河西走廊河流对生态系统的价值进行铺垫。展示一道中考试题,说明河西走廊的自然环境是教学难点,引出生物地理跨学科学习。

探究任务一:认识河西走廊区域特征

自然地理环境的整体性

- 气候——干旱半干旱
- 地形——高原高山地
- 土壤——荒漠土
- 河流——内流河、欠发育
- 生物——荒漠、草原、湿地、落叶阔叶林

图1 河西走廊区域认知

教师出示区域图文资料,引导学生合作探究完成河西走廊区域认知框架图,并说出地理环境各要素相互影响的因果关系,得出区域特征的整体性。

探究任务二:江河之水从何而来

依据文字材料,提出问题链,探究河西走廊三大内流河的水源来源:(1)三条大河的补给水源有哪些?主体是什么?(2)这些水源在什么季节补给河流?说明理由。(3)为什么湖海湿地被称作"调蓄器"?地理教师引导学生构建以"水"为核心的河西走廊河流、湖泊的相互补给关系,理解湖泊湿地对调节河流流量的重要意义,为第2课时探究河西走廊环境问题的危害作铺垫。

(二) 关注主要知识点,突破跨学科难点

教师引导对河西走廊的环境进行生物探究,深化学生对生物多样性概念的理解。

探究任务三:生态系统的分布与特征

1. 通过连线判断典型植被所属的生态群落。

2. 在河西走廊降水分布图中尝试标出典型植被的大致位置。

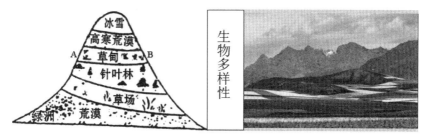

图 2 河西走廊植被分布

教师介绍河西走廊的典型植物,总结河西走廊生物分布深受热量和水分分布的影响,体现河西走廊的生物与环境相适应的生物学观点。

探究任务四:提供学案资料展示河西走廊的生物多样性,探究骆驼的性状特征,揭示生态系统多样与物种多样、基因多样的关系

教师总结生物多样性及其三个层次的含义,形成知识框架,培养学生对图文资料的分析能力,使学生对河西走廊地区的生物多样性有初步认识,重视河西走廊生物多样性的重要意义和价值。

(三) 调动地理生物学科知识,解释区域自然地理环境特征

1. 从地理视角解释祁连山、河西走廊的民族特色文化,及自然地理环境保护的重要意义。

2. 从生物视角解释"高寒地区生物多样性最显著"的含义。

(四) 跨学科整合,分析环境问题

地理教师展示冰川融化的文字资料和冰川消退的景观图片,补充全球、青海省的升温情况。

探究任务五:依据资料,完成框架图,探究气温变化对河西走廊地区其他地理要素的影响

教师点评学生的分析,出示文献资料,印证冰川短期消融和长期消退对河西走廊自然环境各要素、流域下游内蒙古高原生态系统的影响。

探究任务六：人类活动带来的环境问题及危害

1. 人类活动带来的环境问题。

地理任务：阅读资料，找出河西走廊的环境问题及其原因，完成知识框架图并予以说明。

生物教师从生物学科视角解读草场退化过程中土壤、动植物、微生物种群类型、气候的变化过程，从生物学科视角阐释植被变化对地理环境其他要素的影响，增加学生对地理环境整体性的理解。

地理教师从地理学科视角总结植被的破坏带来了区域自然环境各种要素的变化，点明自然要素之间相互影响、相互作用的关系，使学生理解高寒气候下生态环境的脆弱性。

2. 河西走廊环境问题的危害。

地理教师出示问题链，小组讨论并发言。

(1) 河西走廊地区的生态恶化会对当地产生哪些影响？

(2) 河西走廊的生态恶化仅仅影响河西走廊地区吗？

(3) 从河西走廊地区"重要的生态安全屏障"的内涵选项中选择正确的描述。

地理教师总结河西走廊生态恶化对当地社会、经济、生物的影响和对河流下游地区的影响，强调河西走廊地区的重要的生态价值。

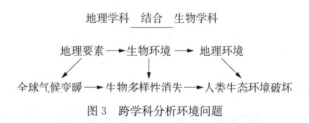

图 3　跨学科分析环境问题

(五) 解决实际问题，培养综合思维能力

探究任务七：河西走廊环境问题的治理

1. 河西走廊生物多样性的保护。

生物教师提供资料(扁都口地区生态环境的恢复)，学生完成探究问题。

(1) 扁都口地区是典型的草原生态系统，这个生态系统能量的根本来源是

_____。你能写出一条这个生态系统中的食物链吗?

（2）狼的出现对于这里的生态系统有什么影响? 你认为它会有助于提高生态系统的自动调节能力吗?

（3）有人提出退牧还草还不够,应该在草场周围都建立围拦,这样动物们都不能进出草场,从而让草场恢复得更快,你认同这个观点吗?

（4）人工投喂食物很难引来黑颈鹤,而生态环境恢复后,它们自动到扁都口栖息定居,其中可能的原因是什么? 给你的启示有哪些?

生物教师总结生态系统、生物多样性等概念内涵,点明生物多样性保护的关键是保护生态环境,渗透环境保护理念。

2. 河西走廊自然保护区的分区治理。

（1）提供自然保护区的文字资料,小组合作完成以下内容:判断哪些选项是不合理的保护措施,用生物学科食物链的知识进行解释。

教师从生态系统的视角总结投放剧毒治理旱獭的危害。

（2）为不同功能区挑选合理的保护措施,并说明理由。

教师点评学生对不同功能区的保护措施的选择,启发学生思考为什么河西走廊自然保护区要实施不同的保护措施。点明要保护生态环境,须生态自然修复、人工干预相结合,同时兼顾当地社会经济发展需求,谋求人与自然的和谐发展。

教师介绍了当地一期保护工程建设的十年成就,出示河西走廊的人均收入数据,总结河西走廊自然保护区目前存在的社会经济落后问题,提出课后任务:以环保学者身份,撰写关于河西走廊民生发展的建设性意见书,为当地居民的经济发展献计献策。

图4 生物学科结合地理学科的示意

（六）立足人地和谐发展观,培育综合思维

教师总结河西走廊这几年生态环境保护的历程,指出随着人们对于生态环境

保护意识和实践的不断增强，人地关系也随之发生变化，强调人类活动与自然环境之间的相互作用、相互影响，要不断反思人地关系，改变观念，规范行为，才能真正实现可持续发展。

四、图例小结

过去跨学科教学多是各学科内容简单的"大拼盘"，不能使学生很好地理解学科整合的原因和目的。本设计从地理与生物学科高度整合的角度出发，以养成学生核心素养为宗旨。通过提供大量的图片、文字材料，再现生活情景的真实性的问题，对地理学科自然环境特征的分析，有助于学生深刻理解环境与生物的关系，理解生物学科生态系统多样性的含义，促进学生对知识的全面掌握。同时，从生物视角认识到河西走廊生物多样性的独特性，从地理视角理解河西走廊生态环境的脆弱性，真正引起学生从思想上重视环境保护，认识人地关系和谐发展的必要性。综合运用地理和生物学科分析环境问题的危害和原因，评价河西走廊自然保护区的保护措施，有利于培养学生的高阶思维。通过地理和生物学科中有关河西走廊知识的整合，有利于学生对知识的整体性把握，提高其对真实世界的认识，锻炼学生分析、解决问题的能力，树立其科学的环境观、发展观，更好地实现了综合育人功能。

教学内容整合充分考虑到地理核心概念地理环境、人地关系与生物核心概念生物多样性的关系，以地理和生物学科之间跨学科通用概念生态系统为纽带，以生物多样性的保护为跨学科整合的主题。同时，因为地理是综合性学科，地理学科的知识更具包容性，把生物知识镶嵌在地理知识框架中更能反映真实的客观世界，所以确定以地理学科的知识脉络作为单元课程的知识框架，以河西走廊地区人地关系的发展变化为主线，揭示人地和谐是可持续发展的必然选择。在教学内容的整合过程中，既注重相近知识点的整合，互为对方学科教学重难点突破提供良好的知识支撑，促进学生综合理解现实世界，又强调各自学科知识的独立性和系统性，使教学内容的整合度大幅提升。

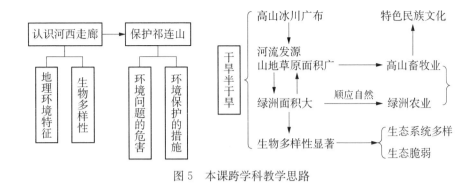

图 5　本课跨学科教学思路

案例 18　"诗画说节气"的"地理+"融合学习

上海市浦东模范实验中学　李　莹

一、内容说明

　　上海市浦东模范实验中学本着为老百姓提供更公平、更有质量的教育的追求,提出"为学生提供适合的教育"的办学理念,努力建构让学生喜欢的课程。学校重视中华传统文化教育,为让当代青少年更好地继承并弘扬文化传统,学校以"诗画说节气"课程为抓手,培养学生的艺术情怀与创新精神。该课程主要在六、七、八三个年级中开展,融合了地理、历史、语文和美术学科,激发学生对绘画、设计、诗词创作的研习,增强文化自信心,感受"中华文化之美"。

二、学习目标

　　1. 通过地理与历史学科探究二十四节气下的气候特征、物候现象,及相关节气历史。

　　2. 结合语文学科品读和节气有关的历代名家诗词,感知传统文化的魅力。

　　3. 结合实际生活,通过不同形式的绘画手法,呈现每一个节气的风貌。

三、学习过程

(一) 明确课程意义

二十四节气反映了太阳对地球的影响,是中华民族悠久历史文化的重要组成部分,凝聚着中华文明的历史文化精华。二十四节气既是古代官方颁布的时间准绳,也是指导农业生产的重要参照,还是日常生活中人们预知冷暖雨雪的指南针。在国际气象界,二十四节气更是被誉为"中国的第五大发明"。因此,学好二十四节气的知识,对于弘扬中华传统文化有着不可或缺的地位和价值。我校结合传统诗词和节气文化开设的"诗画说节气"课程,旨在探索中西文化的不同和中华文化所呈现出的独有传统,让学生学会感受生活,提高综合素质与修养,强化挖掘事物本质的能力。

(二) 课程中的地理学习目标

通过对"中国天气网"和校园气象站获得的数据进行比较分析获得气候特征,物候现象则参照《月令七十二候集解》内相关内容,并结合当前动植物的生长、发育、活动规律与非生物的变化对节候的反应情况进行教学。在对节气中的气候特征和物候现象进行了解后,提取出相关的典型意象,为诗歌和绘画的创作提供素材。

通过气象站以及日常的数据处理工作,学生能根据任务进行检索和分析各种资源,并找到相关联系,从而制定问题解决方案。在此过程中,培养学生对周边事物和自然现象的敏锐观察力,在生活和学习中能主动发现问题、提出问题。

(三) 课程中地理活动的具体实施过程

1. 气象站的安装与使用

气象站的建立和使用是获取气候数据的关键所在。本校安装的气象仪器为Vantage Pro 2 电子气象站,见图1。它是美国戴维斯公司面向气象服务、面向移动服务的小型气象站,具有如下特点:体积小,重量轻,功耗小,集成度高,安装简单,长期工作稳定可靠。在仪器安装完成后,教师先带领学生对气象站进行参观,了解其内部结构,知道气温、降水、湿度、气压以及风力风向所对应的元件;接着让学生了解气象站软件的使用。学生在使用软件的过程中提出了很多问题,比如风力的级别是怎么划分的,气压和温度的关系是怎样的,室内的温度和湿度是怎么测的,等等。对于这些问题,教师加以适当点拨,对有些难度较大的但学生又能解决的问题,则让他们通过小组合作查找资料、进行探讨去解决,从而不断提高学生的设计探索能力和信息处理能力。

对于"气温"和"降水"这两个主要气候要素设置专题学习,学生通过查阅资料自主探究其测量原理。教师引导学生认识普通温度表,最高、最低温度表和雨量计的构造原理,并指导学生学会测量气温和降水量,教学过程辅以观看实验视频和实地操作演示。学生在参与创建气象站以及探究气象要素测量原理的过程中感悟很多,增强了实践能力。

图 1　气象站的安装

2. 气象数据的收集与记录

气象站的安装是第一步,接下来便是数据的记录工作。对于如何分配人员进行数据的记录,社团的学生自己分工,自己安排记录时间,然后自制记录表格(见图2),教师则负责协助学生。学生在自己设计与实施安排计划时能善于捕捉任务的重点,合理地进行规划,制定问题的解决方案。当然,在此过程中,学生会有出现偏差的情况,此时教师需要加以引导,以便于更好地培养学生的地理实践能力。

图 2　学生测量和记录数据

气象数据的展示也是一大难题,如何把测得的数据共享给全校师生呢?社团的学生针对气象数据的展示方式,各自提出了自己的想法和建议,在此过程中学生的主观能动性得到了充分发挥。或通过设计稿展示,或通过语言说明,或通过课件画出模拟展板……学生们各显神通,教师对学生提出的方案进行利弊评判,并引导学生思考如何将气象工作的测量长期进行下去,最终得到我校的气象展板成品,见图3和图4。

图3 学生更新气象展板数据　　　　图4 教师指导学生使用气象展板

3. 气象数据的处理与使用

对于记录的气象数据,除了在气象展板上进行展示外,还与我校的"诗画说节气"课程相结合。根据收集到的气温、湿度、降水量、气压数据制作统计图表,以十五天为一个周期,对应各个节气的知识,使学生体会各个节气的差异。学生制作图表的过程是一个对信息进行加工再造的过程,学生不仅学会了如何制作折线图,而且在对数据的整理过程中产生了新的问题。比如学生发现一月份的室内温度比室外温度要高,而三月份时某些天室内温度比室外温度要低。通过实地的观测数据,学生不仅感知到了温度的变化,也发现了因季节变化而产生的室内外的温度差异。在不断发现问题和解决问题的过程中,学生的创新实践能力得到了锻炼和提高。

4. 气候特征的分析与比较

整理校园气象站测得的各个节气的气象数据图表,以两周为一个记录周期,分析得到的各节气下的气温、降水、湿度等气象要素特征,并与"中国天气网"提供的气象数据进行对照,得到局部地区气候特征与全国气候特征的异同点。此外,对比古人记载的节气特点和实地测量得到的节气信息,分析得出古今气候特征的差异,引导学生思考产生差异的原因,激发学生的探索精神,认识大自然的规律和变化,提高学生的思辨能力。

5. 节气意象的提炼与运用

对二十四节气的气候特征进行分析后,结合古人得到的物候现象,学生即可提取出用于其诗画创作的意象,如清明的意象有:桐花、田鼠、鹌、彩虹、麦花、柳花等。同时,学生能够了解当前的气候特征是应用二十四节气的前提,二十四节气这一传统文化来源于生活,也将应用于生活。对二十四节气及其蕴含的优秀文化进行认真研究、探讨,对当今社会的发展大有裨益。

6. 多学科的融合与应用

通过基于节气的气象特征、物候现象、习俗、历史典故等知识铺垫,学生由提取的意象展开联想和想象,创作现代诗,培养感知自然、抒发情感、生动表达的能力。学生体会古诗中的意象和情感,利用已学的平仄知识,炼字酝酿,创作属于自己的节气诗篇,培养自主创作的能力。在诗歌创作完成之后,教师会安排半节课赏析学生的优秀作品,学生朗诵自己的诗歌并加以解释,其他学生进行点评(图5)。通过这个过程,更好地激发了学生的学习兴趣和创作热情。

每一节气都有对应的主题绘画(图6),学生在美术老师的指导下,尝试将自己的设计和创意付诸实践,对绘画作品进行欣赏和评述,结合诗词的意境与对节气的理解创作出自己理解的相关节气图,逐步形成审美趣味,提高美术欣赏能力与创新素养。

模实的学子聪慧、灵气又好学,经过几位老师的悉心辅导,他们独立创作的绝句、律诗,其押韵、意境、中心、文理皆有模有样,他们创作的墙画也别具特色。

图 5　教师授课过程

图 6　大雪节气主题诗画

(四) 活动的收获和体会

地理学科在多学科融合的"诗画说节气"课程中起到了知识铺垫的作用,教师引导学生学会感知自然、观察生活,并将获得的知识应用于生活,感受事物的发展与变化,进行总结与提炼。通过一年的学习创作,我校学生已完成了二十四幅墙画作品和多首诗歌作品(图7—8)。学校墙面成为学生创作的舞台,独特的艺术长廊为校园增添了绚丽的色彩。参与学生基本能做到一个节气一首诗,有些学生甚至能为一个节气创作五至六篇诗歌。学生在"诗"与"画"的熏陶中,不断弘扬着中国传统文化。

图 7　学生墙画创作过程

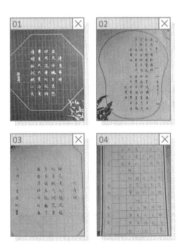

图 8　学生作品

四、图例小结

在"诗画说节气"课程中,通过地理与历史学科探究二十四节气的气候特征、物候现象及相关节气历史内容,结合语文学科品读和节气有关的历代名家诗词,借助传统格律诗歌的吟诵与自我创作感知触摸传统文化深久魅力,并联系实际生活,通过不同形式的绘画手法,呈现二十四节气中每一个节气的风貌。

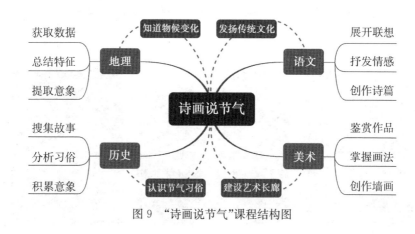

图 9 "诗画说节气"课程结构图

案例 19　聚焦数据分类整理的跨学科学习

四川省成都市成飞小学　李　爽

一、内容说明

本次教学对象为小学五年级学生,这个年龄段的学生大多已具备初步探究能力及合作能力,从而为这次的课程学习奠定了基础。本节课是对数据进行分类管理的跨学科设计,主要让学生通过分类整理,从凌乱、庞大的数据中找到调查家庭垃圾数量所需要的信息,进一步明确调查目的,规范调查方法,然后学会用数学思维科学地制作调查统计表。

二、学习目标

1. 学会对凌乱的数据进行分类整理,最后制作调查统计表。
2. 经历对数据的收集、整理、描述和分析的过程,体会统计的必要性。
3. 渗透合作学习,积累解决问题的经验,体会数学与生活的密切联系。

三、学习过程

教学实践是将教学设计理念付诸行动的过程。实施过程需根据学生在实际课堂中的表现,如对问题情境的理解程度、对活动的参与程度,适时进行调整。具体的实施过程如下所述。

(一) 情景导入

教师利用计算机,先给学生分享一段关于垃圾危害的视频,通过观看这段视频,学生可以发现我国每年产生的垃圾量巨大,这些垃圾给人类的生活乃至生存都带来了很大的危害。而且这些垃圾正是我们每个人、每个家庭每天都在产生的,所以控制垃圾、治理垃圾需要从我们每个人做起,由此激发学生想要去调查自己家庭一周产生多少垃圾的动机,导入本次课程。

(二) 活动探究

活动一：掌握科学、有效的调查方法

在上课之前,教师已经让学生自己在家收集数据：你的家庭一周内产生的垃圾量。在收集之前,学生会通过上网查阅与收集垃圾有关的资料,以便做好准备工作,如：垃圾的分类标准,垃圾怎么计算重量,用什么单位来表示垃圾的重量等。同学之间、师生之间也会通过线上通信工具进行共享交流。在收集过程中,学生会有意识地去采集生活垃圾,这样也是一种引导学生爱护环境的品德教育。不仅如此,学生还会运用数学知识对垃圾进行计量。数据收集完成后,学生将用自己

的方式记录下来,然后传到教师的 QQ 邮箱。教师将在电脑上展示每位学生的调查记录,让学生进行观察讨论,对比哪种记录方式才是更清晰、更完整的。

第一位同学的调查记录:

星期一:塑料 90 克,废玻璃 50 克,饭菜 200 克,果皮 500 克,废纸 10 张。

星期二:果皮 690 克,废纸 8 张,塑料 80 克,废电池 2 节,饭菜 160 克。

星期三:废纸 7 张,饭菜 240 克,果皮 300 克,塑料 110 克,纸箱 700 克。

星期四:废纸 11 张,饭菜 190 克,果皮 480 克,塑料 150 克。

星期五:废纸 12 张,饭菜 250 克,果皮 390 克,废金属 60 克。

星期六:废纸 15 张,废玻璃 80 克,饭菜 170 克,果皮 380 克,塑料 130 克。

星期日:塑料 80 克,纸盒 60 克,废纸 14 张,饭菜 270 克,果皮 360 克。

这位同学的记录内容包含了一周的时间(从周一至周日)内垃圾的种类以及每种垃圾产生的数量,这种记录方式能让大家清楚地看到其家庭一周内产生的垃圾情况。

第二位同学的调查记录:

干垃圾	7 天数量	湿垃圾	7 天数量	有害垃圾	7 天数量	可回收垃圾	7 天数量
纸巾	不计数	鱼骨头	不计数	电池	2 节	可乐瓶子	2 个
零食袋	9 个	剩菜	不计数	烟头	78 个	快递纸皮	5 个
鸡蛋壳	28 个	果皮	不计数	充电器	1 个	旧衣服	3 件
饼干	1 盒	鱼汤	不计数	镜子	1 个	旧玩具	2 个
一次性筷子	1 副	虾壳	1 盘	打火机	1 个	旧文具盒	1 个
羽毛球	1 个	苹果	3 个	过期药品	2 盒	易拉罐	6 个
面包	2 盒	陈皮	不计数	香水瓶子	1 个	旧书	1 本
陶瓷碗	1 个	辣椒	不计数	旧灯泡	1 颗	旧课本	2 本
坛子	1 个			过期保养品	1 瓶	塑料盒	12 个
玻璃杯	1 个			口服液瓶	6 个	旧鞋	2 双
垃圾口袋	3 个			钉子	3 颗	布娃娃	1 个
植物	1 盆			食品干燥剂	9 包	塑料篮子	1 个
核桃壳	12 个					旧键盘	1 个
坏掉的花盆	1 个					牙膏皮	1 个

这位同学把垃圾分成了四大类,每一类中产生了哪些垃圾,并且每种垃圾 7 天一共产生多少数量都记录得很详细。但是其他同学认为他没有清楚地记录从星期一至星期日每天产生的垃圾种类及其数量,只是记录了一周总的数量,针对这一点给这个同学提出了建议。

第三位同学的调查记录:

有害垃圾:无

可回收垃圾:3 种

不可回收垃圾:无

厨余垃圾:4 种

其他垃圾:1 种

这位同学的记录相对比较简单,只记录了产生的垃圾种类,缺少时间信息,以及产生垃圾的数量。

通过对以上三位同学的调查记录的对比,最后学生可以总结出调查家庭一周内产生的垃圾情况,需要记录三项内容:调查的时间、垃圾的种类、每种垃圾的数量。关于垃圾的种类,教师基于科学的知识向学生介绍了成都实行的垃圾分类标准,分成可回收垃圾、厨余垃圾、有害垃圾和其他垃圾四大类,以及每一大类都包含了哪些垃圾,让同学们更清楚如何对垃圾进行分类。

当学生们知道了需要记录的内容后,教师又同时呈现了两位同学的调查记录,让同学们观察比较。

学生 1 的记录:

日期	纸盒/废纸	厨余垃圾	有害垃圾	塑料瓶/易拉罐
10 月 1 日	2 个/3 袋	2 袋		1 个/2 个易拉罐
10 月 2 日	1 个/2 袋	3 袋		1 个易拉罐
10 月 3 日	3 个/2 袋	2 袋	2 个电池	
10 月 4 日	1 个/3 袋	4 袋	2 个玻璃酒瓶	6 个易拉罐
10 月 5 日	0 个/3 袋	2 袋		
10 月 6 日	3 个/4 袋	3 袋		2 个易拉罐
10 月 7 日	1 个/2 袋	2 袋		

学生 2 的记录：

> 星期一：塑料 70 克，废玻璃 50 克，饭菜 200 克，果皮 500 克，废纸 10 张。
>
> 星期二：果皮 690 克，废纸 8 张，塑料 80 克，饭菜 160 克。
>
> 星期三：废纸 7 张，饭菜 240 克，果皮 300 克，纸箱 700 克。
>
> 星期四：废纸 11 张，饭菜 190 克，果皮 480 克，塑料 150 克。
>
> 星期五：饭菜 250 克，果皮 390 克，废金属 60 克。
>
> 星期六：废纸 15 张，废玻璃 80 克，饭菜 170 克，果皮 380 克，塑料 130 克。
>
> 星期日：塑料 80 克，纸盒 60 克，废纸 14 张，饭菜 270 克，果皮 360 克。

这两位同学的调查记录内容都是比较清楚、完整的，但是他们的表述方式存在不同，一位同学是用表格的方式呈现的，另一位同学是用文字表述的。教师再引导学生思考哪种方式更好。学生们都表示表格的方式更简洁明了，最后教师与学生共同总结，规范调查方法。

活动二：小组自由设计调查家庭一周垃圾情况的统计表

参与本节课的学生是来自不同学校的，所以在学生彼此还不认识的基础上进行小组活动，不能够很好地发挥小组合作的作用。在这节课之前，教师让每位学生进行了自我介绍，再通过游戏帮助学生解决集体建设中面对的问题。由于本节课是融合课程，肯定会涉及很多学科的知识，所以教师决定利用小组合作完成设计调查统计表的活动。此外，每个组都需要有不同特长的学生，对此，教师先让每位同学利用计算机选择自己的特长。教师设置了组长（擅长组织、管理、协调、分配）、记录员（擅长书写、口语表达）、手绘员（擅长绘画、设计、手工）、分析员（擅长数学、统计、科学）、编程员（擅长信息技术）等分工，每位同学选择一项自己擅长的内容后，电脑会自动匹配成立小组，这样每个小组里面都会有不同特长的学生。

然后，教师根据每个小组成员自己的特长选择相应的任务，分析员负责分析统计表中栏目的内容，手绘员负责绘制统计表，记录员负责填写表格内容，编程员负责利用计算机把组内设计的统计表发布在投票网站上，组长负责在整个活动中组织管理小组成员的协调合作。设计完统计表后，每个小组给自己的团队想一个队名和口号。因为这节课调查垃圾情况就是为了更好地控制垃圾、保护环境，所以每个组设计的口号要与保护环境有关,最后可以在统计表上用艺术的形式来体现自己团队的特色。

活动三:统计表作品展示发布及反思评价

每个小组选派代表上台对小组设计的统计表进行展示介绍,并与其他小组对不足之处进行讨论。展示完毕后,小组之间在投票网站上对作品进行投票,最后根据投票结果评选出最佳设计,并进行颁奖。最佳设计如图1所示。

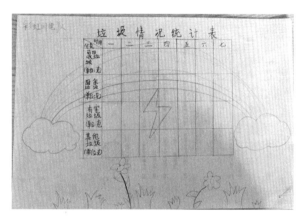

图1 学生作品最佳设计

在这节课的最后,教师总结道,我们今天学习了如何调查统计垃圾情况,这是为控制垃圾奠定基础,那同学们可以谈一谈对于减少垃圾,我们还可以做些什么。有的学生说:"这次通过自己调查家里的垃圾情况,发现平时生活中产生了很多垃圾,以后注意节约资源,减少垃圾的产生。"还有的学生表示:"这次我们学习了垃圾分类,以后要注意分类丢弃,这样更方便垃圾的回收和处理。"学生们积极讨论,既融合了品德教育,又提升了他们保护环境的意识。

四、图例小结

本节课以信息化教育环境为支撑,对与学生生活密切相关的垃圾问题进行了相关的教学设计与实施。具体而言,主要围绕数学学科知识进行教学,规范调查方法,渗透数学思维,让学生学会收集数据,分类整理调查数据,设计统计表;同时,融合了科学的垃圾分类相关知识以及保护环境的思想品德教育,使学生学会不同学科的知识,理解综合的力量。

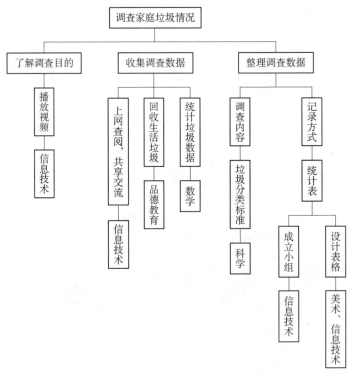

图 2　本课跨学科教学思路

案例 20　手掷滑翔机模型的制作

河南省新乡市第一铁路小学　刘春雨　张红军

一、内容说明

"手掷滑翔机模型的制作"是河南省基础教育教研室编写的《劳动与技术》五年级下册(海燕出版社)中的一课。针对这一内容,我们采用了 STEM 教育的跨学科学习的方法,使学生在制作滑翔机模型的同时,对科学、技术、工程、数学等多方面知识都有了解和应用,培养学生对科学的热爱,让他们在玩乐中学习知识,在学习知识中增强动手能力。就像 STEM 教育中的名言所说的:像科学家一样思考问题,像工程师一样解决问题。

二、学习目标

1. 认识滑翔机的各部分名称,了解滑翔机飞行的科学道理。
2. 学会认识图纸和绘制图纸是工程知识在手工制作中的应用。
3. 在绘制图纸中会使用数学进行计算。
4. 裁剪和粘贴滑翔机模型是多项劳动工具的技术使用。

三、学习过程

(一) 课程导入(历史知识)

1. 了解航空史

教师展示人类航空史的图片,让学生了解世界上第一架飞机是什么时间发明的,谁发明的;中国的第一架飞机是谁制造并驾驶上天的。

世界上第一架飞机是美国的莱特兄弟发明的。

1903 年 12 月 17 日,美国莱特兄弟实现了人类历史上第一次真正意义上

图 1　莱特兄弟和世界上第一架飞机

的飞行。飞机没有起落架和机轮，只有滑撬。起飞时飞机装在滑轨上，用带轮子的小车拉动辅助弹射起飞。首次试飞滞留空中的时间只有短短的 12 秒，飞行距离只有 36 米，但它却是人类历史上第一次有动力、载人、可操纵的重于空气飞行器的首次成功升空并飞行。

1909 年 9 月 21 日，年仅 26 岁的中国广东人冯如制造设计的飞机在美国旧金山奥克兰市飞上天了，这架飞机飞出 810 米。冯如被称为"中国航空之父"。

图 2 "中国航空之父"冯如雕像

2. 介绍中国现在的航空发展现状

教师给学生介绍中国自主研发的商用大飞机 C919、战斗机 J20、武装直升机 Z20、军用运输机 Y20，激发学生的爱国自豪感和为中华振兴而学习的决心。

（二）课程内容

1. 板书课题

2. 学习方式

今天老师用 STEM 教育的学习方式，指导大家学习这节劳技课。STEM 教育的口号是：像科学家一样思考问题，像工程师一样解决问题。我们做滑翔机模型，按照工程师的工作标准来做。

3. 从科学的角度了解手掷滑翔机

（1）了解手掷滑翔机的构造及原理。教师说明手掷滑翔机的构造，使学生对于飞机结构有基本的认知。

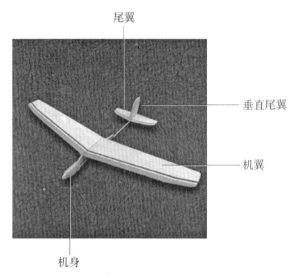

图 3　手掷滑翔机的构造

机翼：飞机要能够飞行，必须要有一定的"升力"。气流在通过机翼时，便会在机翼的上下产生不同的流速，一般而言，机翼上面的流速会大于机翼下面的流速，而流速愈大，所产生的压力就愈小，所以机翼下面的压力较上面大，自然就产生了"升力"，将飞机向上提升。

机身：一般而言，机身的长度和机翼的宽度比例约为 0.85～1.0 比 1。

尾翼：尾翼又分为水平安定面及垂直安定面，水平安定面用来控制飞机的俯仰运动（即一般所称的水平尾翼），而垂直安定面则是用来控制飞机的侧向运动（即一般所称的垂直稳定翼）。

重心：一般而言，手掷滑翔机的重量都很轻，我们可以调整机头部分的橡皮泥来调节整机重心。将飞机向前投掷，如果投掷出去后飞机立即向下坠，则代表重心太前，需减少橡皮泥；反之，如果机首不断上扬，需多加橡皮泥；如果可以顺利向前下方缓缓滑行着地,则为正常的重心位置。

(2)教师介绍飞机飞行原理。飞机能够飞行,最重要的因素就是机翼。根据空气动力学的原理,地球上的物体要对抗地心引力"飞"起来,必须借助空气的"升力"。而"升力"又是如何产生的呢?物理学家发现一个物体的两侧,如果空气流动的速度不同,那么两边就会产生不同的压力。当机翼下方的压力大于上方的压力时,就会有"升力"使得飞机飞起来,这是伯努利定律。

4. 介绍制作流程

绘制图纸——→制作机身各部分——→组装飞机——→试飞矫正。

5. 指导学生看图,讲解绘图基本技巧

机翼

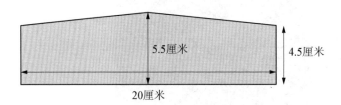

尾翼

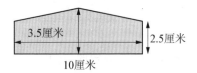

垂直尾翼

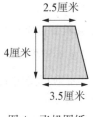

图 4　飞机图纸

(三)探究学习(融合数学计算和制图)

1. 学生小组讨论

学生分小组讨论手掷滑翔机由哪几部分组成。（机身、机翼、尾翼、垂直尾翼。）

图 5　小组讨论

2. 各小组画出简单图纸

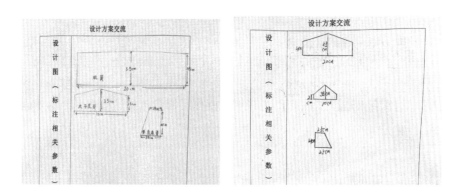

图 6　学生作品

3. 学生交流汇报

4. 小组评价

（四）合作完成（融合科学和劳动技术）

教师提示：按照图纸剪裁制作滑翔机组件，并粘贴。

1. 小组合作制作飞机

(1) 制作机翼：首先画线，按照图纸上所示的机翼尺寸，用直尺分别画出中心线、两条反折线和两个翼尖的轮廓线。

(2) 做机身：按照成品桐木条做机身，再用 KT 板做出机头部分。

(3) 尾翼的制作：按水平尾翼、垂直尾翼的尺寸，在硬纸板上画线并裁剪。重要的是一定要保持尾翼的水平及垂直，才能使手掷滑翔机的飞行保持平稳。

2. 作品组装

(1) 模型的组装：按照图纸所示的位置，用胶把机翼、水平尾翼和垂直尾翼黏合到机身相应部位。机翼、水平尾翼在黏合时要保证与机身垂直，垂直尾翼在机身的中心线上，与水平尾翼互相垂直。

(2) 模型的调试：以模型的重心位置作为支点，通过将少量橡皮泥黏在机头部位的方法，使模型前后左右保持平衡，就可以试飞了。室外试飞的一般过程是：首先要调整飞行姿态，通过增减机头橡皮泥的方法，使轻轻推出去的模型能缓缓地滑行到地面，而不出现头重或头轻波状飞行情况；接着加大力量和角度，根据滑翔的姿态调整重心。

(五) 汇报交流，成果鉴赏

1. 作品展示

由小组发言人进行作品展示，并说明在制作手掷滑翔机过程中遇到的难题及克服的方法。

2. 试飞测试

(1) 留空时间赛：每轮竞赛三分钟，满十秒为正式飞行，每次竞赛飞行三轮，三轮成绩之和为正式竞赛成绩。留空时间的计时单位为秒(保留两位小数)，自模型离手时开始计时，模型着陆时终止计时。

测试次数	第一次试飞	第二次试飞	第三次试飞
留空时间(秒)			

(2) 直线距离赛：场地为矩形(长 30 米，宽 14 米)。模型着陆停稳时，机头在

地面上到起飞线的垂直距离为竞赛成绩,单位是米(保留两位小数)。竞赛进行两轮,取其中一轮较高成绩为个人竞赛成绩。以下情况成绩无效:放飞时脚踩线或跨线,模型整机着陆时在边线或边线延长线之外,飞行时模型翻滚 90°以上。飞行成绩无效时,可再次起飞,在规定时间(2 分钟)内试飞次数不限。

测试次数	第一次试飞	第二次试飞
直线距离(米)		

(六) 教师总结

我们要学科学,爱劳动,勤思考,多动手。科学的发展是永无止境的,只要我们努力学习,一定会把祖国的明天建设得更好。学生在各环节的表现如表 1 所示。

表 1　学生在各环节的表现

情境带入	能认真观看视频。
探究学习	说出手掷滑翔机的组成部分。
合作体验	小组成员间积极互动、提问,认真思考,小组合作顺畅。
画出图纸	能完整画出手掷滑翔机各个组成部分的图纸。
剪切制作	小组成员间积极配合,完成制作、组装任务。
汇报交流	同学讲解设计思路,介绍制作的滑翔机模型,以及在制作过程中遇到的困难和解决的方法。

四、 图例小结

本课程使用跨学科的 STEM 教育方式进行教学,首先通过让学生观看视频和图片,使其初步了解世界航空发展史和中国航空的奠基人,认识我们祖国当今航空发展状况,激发学生的民族自豪感,引发学生了解和学习航空知识的兴趣。

在制作滑翔机模型的过程中,认识和绘制图纸环节可让学生掌握数学和工程相关知识;剪切和粘贴模型部件环节可训练学生的动手操作技能;试飞调整环节可让学生了解滑翔机飞行的道理。通过一节模型制作课的学习,学生了解了科学知识、工程设计、数学计算、劳动与技术应用等内容,获得了基础知识和基本技能,养成了合作、探究的学习好习惯。

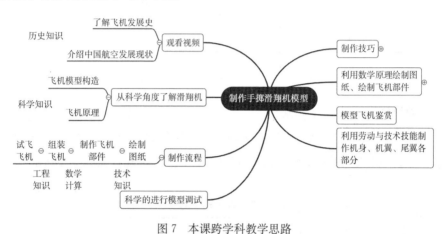

图 7 本课跨学科教学思路

案例 21 "探秘珍菌秀菇"的小学综合实践

浙江省湖州市安吉县第二小学 蔡国华

一、 内容说明

随着我国素质教育的推广,国家先后制定了中小学综合实践活动课程纲要。但是,小学综合性实践活动课程没有统一的教材,导致综合实践课程的实施仅仅停留在表面,甚至一些学校将此类课程用作其他科目的学习。安吉县第二小学利用每周三下午的社团活动,扎实开发不同年段的校本课程"探秘珍菌秀菇",扩建菌菇综合实践基地,最大限度地进行跨学科学习,从而提升学生的综合实践能力。本案例体现中段学生对菌菇知识的再学习及再研究,激发了学生的求知欲,培养了学生的核心素养。

二、学习目标

1. 运用各种方式展现每个小组从不同渠道查阅到的菌菇种类以及菌菇生长特点等内容,培养小组合作、探寻、整理等能力。

2. 观察、记录菌菇生长情况,发现菌菇生长受环境、温湿度等因素影响,形成研究小报告,培养学生在真实情景中探究并解决问题的能力,渗透 STEAM 理念。同时,学习绘制菌菇及其生长图,培养学生的审美能力。

3. 学习制定售卖菌菇方案,课后动手烹饪菌菇,充分整合信息技术、劳动与技术、美术、数学等相关学科知识,培养学生的动手、分析、社会实践等综合能力。

三、学习过程

(一)解菌菇之谜

又到了每周三下午的社团活动——探秘珍菌秀菇综合实践课。蔡老师带着学生兴奋地走进菌菇实践基地。孩子们都惊呆了! 短短一周,学校菌菇基地的各种菌菇又长大了,尤其是灵芝的变化最大。

1. 学生分组开展探究

(1)"探秘菌菇"综合实践活动小组分工表(见表 1)。

表 1 "探秘菌菇"综合实践小组分工表

组名	类别	组长	主要任务	活动内容
灵芝小组	稚笔墨香	章菁雅	参与体验	参与菌菇日常种植活动,了解菌菇生长的基本知识,掌握种植的基本方法。
秀珍菇小组	稚子实验	胥蘅书	调查研究	参与菌菇日常种植。通过调查、实验等活动,探究种植技术,形成研究小报告。
金针菇小组	稚手菇香	胡真需	美食制作	参与菌菇日常种植活动,进行美食制作,体验舌尖上的菌菇美食。

组名	类别	组长	主要任务	活动内容
褐灵菇小组	稚手绘菇	陈雨轩	绘本创编	将参与菌菇实践活动中的所学所获,创编成绘本。
杏鲍菇小组	稚手售菇	张昕圆	宣传推广	积极参与菌菇日常种植活动,设计菌菇销售方案、广告语、宣传语。

（2）汇报前需整合每个组员搜集的菌菇生物知识,推选一位代表汇报即可。

（3）小组相互评价,合计星最多者为"最佳团队"。

评价细则：① 菌菇内容详细,具有科学依据。☆☆☆☆☆

② 展示方式新颖,渠道丰富独特。☆☆☆☆☆

③ 表达大胆自信,条理清晰明了。☆☆☆☆☆

2. 各小组讨论,教师依次巡视指导(15分钟)

3. 各小组代表展示汇报,其他小组相互评价,教师及时点评(20分钟)

（1）灵芝小组代表发言：我们小组通过网上搜索,整理了关于灵芝的一些知识,现在由我代表小组给大家做简单介绍。学生拿着一株灵芝,从上往下介绍了各部分名称,并展示了菌类结构图。

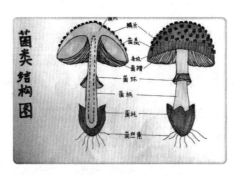

图1 灵芝小组展示菌类结构图

（2）秀珍菇小组代表发言：大家比较熟悉秀珍菇，吃得也比较多，但是我们觉得大多数同学对平菇和秀珍菇分得不是很清楚，所以我们小组特别调查和区分这两种菌菇。学生运用图片对比，并配上语言文字解说。

秀珍菇和平菇关系：秀珍菇和平菇都属于真菌界，而秀珍菇是平菇的一种。

表 2　秀珍菇与平菇的五个不一样

种类	特征	色泽	生长环境	起源	分布
秀珍菇	实体单生或丛生，菌盖扇形、肾形、圆形、扁半球形，后渐平展，基部不下凹。	灰白色、灰褐色，表面光滑，肉厚度中等。	生长发育需要碳素、氮素和各种矿物质养分等。	印度南部查摩省。	广东、福建、山西、吉林等省都有栽培。
平菇	生长平展，无"黄梢"，长满斜面后极易形成菌皮，菌盖边缘较圆整，菌皮较紧而硬。	灰白色、浅灰色、瓦灰色、青灰色、灰色至深灰色。	生长发育可利用的营养很多，木质类的植物残体和纤维质的植物残体都能利用。	意大利首先进行木屑栽培研究，四十年代后期种植推广。	现分布在长白山林区，开始用枫树等阔叶树倒木栽培。

（3）金针菇小组代表发言：我们经常吃金针菇，但是对于它的真正价值，可能了解不多。所以我们小组特别收集整理了金针菇的功效（实物投影展示文字资料）：

① 金针菇有促进儿童智力发育和健脑的作用，被誉为"益智菇"。

② 金针菇含有 18 种氨基酸，其中赖氨酸、精氨酸、亮氨酸含量尤其多，能增强记忆，开发智力，特别对儿童智力开发有特殊功能，国外称之为"增智菇"。长期食用金针菇，还能使儿童体重、身高明显增加。

③ 金针菇中含有的朴菇素，经常食用具有预防高血压等。

④ 食用金针菇具有抵抗疲劳、抗菌消炎、清除重金属盐类物质的作用。

⑤ 金针菇不但能防病，还利于美容、减肥。

（4）褐灵菇小组代表发言：褐灵菇的名字听起来比较陌生，我想大家也是吃过的。大家看了褐灵菇的图片，也许想到了女生裙摆下的裙边吧。

褐灵菇是周金山在太行山原始森林中发现的巨型野生食用菌，利用野生平盖灵芝、野生黄牛肝菌、野生大杯伞等多种野生菌与杏鲍菇通过远缘杂交成功,保留了刺芹侧耳杏鲍菇的野生特性、野生价值、营养价值。安吉是个生态县,具有得天独厚的地理位置和生态环境,从而成功栽培了褐灵菇。

(5)杏鲍菇小组代表发言:看到胖嘟嘟的杏鲍菇,就会想到什么呢?我们小组特别上网搜索并尝试了杏鲍菇烧肉片的经典做法,这种做法既简单又家常,关键比吃红烧肉都过瘾。希望大家看后,今天回家也能照样做着吃吃看。(学生观看杏鲍菇的视频,并呈现二维码,让大家大家扫一扫,学着做杏鲍菇炒肉)

4. 评选"最佳团队"(5分钟)

介绍完后,各组派出组长统计星星最多的小组,教师为"最佳团队"颁奖。

教师总结:同学们通过调查、访问、上网查找资料等各种途径对目前学校栽种的几种主要菌菇进行探究,运用图片、讲述、实物、PPT、视频等不同方式深入浅出地让大家了解到了更多的菌菇知识。

(二) 探菌菇之因

1. 引导质疑

师:同学们这次进基地最大的发现是什么?

生:老师,我觉得各种菌菇有明显的变化。

师:你们觉得菌菇的生长和哪些因素有关?

生1:通过几个星期的观察,我觉得好像跟温度有关。

生2:在周爷爷指导下,我们通过对比观察记录,发现菌菇生长还跟湿度、天气、光照有关。

师:接下来请同学们继续观察,用心记录数据,小组合作探究,相信大家会有新的发现。对于前段时间的几次记录,同学可以重新设计制作一张表格,将数据整理摘抄到一张表格上。

2. 对比观察

师:根据每周观察记录,秀珍菇小组寻找到了灵芝变化的根源。

生1:我通过对比四次观察记录发现,在营养、光照不变的情况下,子实体随着温湿度的变化而变化。

生2：还要补充一个条件，在培养基含水量不变的情况下。

师：你们真是太厉害了。你们针对灵芝生长确立研究试验点，通过观察、对比等，解决真实情境中的真实问题。老师告诉大家，你们带着任务做一个专题的菌菇研究，就是 STEAM 项目研究呢！

生2：没想到，我们的活动还能做得这么高大上呢！

图2　蔡教师指导学生观察记录灵芝生长

图3　周老师指导学生观察温湿度表

3. 得出结论

在这个试验活动中，学生通过自主、合作、探究的方式进行学习，运用科学、数学、设计等方面的知识，学会分析数据，得出结论，形成研究小报告。例如，秀珍菇小组对灵芝的观察记录（见表3），以及其他组对不同菌类菌丝生长情况的研究。

表 3　灵芝生长环境各种因素记录

活动内容：<u>灵芝生长环境探究</u>
小组名称：<u>秀珍菇小组</u>　成员：<u>胥蘅书　郎懿瑶　张泽颖　戴士杰　王俊涵</u>
观察对象：<u>灵芝子实体的生长</u>
主要方式：<u>观察　对比记录</u>
实验工具：<u>温湿度表　刻度表</u>

观察时间	第一次	第二次	第三次	第四次	第五次	第六次
	5 月 13 日	5 月 20 日	5 月 27 日	6 月 3 日	6 月 10 日	6 月 17 日
温度	23℃	22℃	25℃	28℃	32℃	39℃
湿度	78％	80％	75％	70％	65％	55％
子实体生长	良好	良好	良好	良好	良好	停止生长

我们得出结论：
　　1. 在营养、光照、培养基含水量不变的情况下，人为改变环境中的温度、湿度，发现子实体发生变化。当温度超过 38℃ 或低于 15℃，湿度低于 60％ 或高于 95％ 时，子实体停止生长。
　　2. 在温度、湿度、营养不变的情况下，人为改变环境中的光照、含水量、空气等因素，子实体会二次生长。

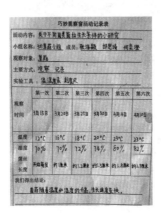

图 4　各小组的探究

　　师：同学们的收获太大了！大家不仅认识了许多家乡常见的菌菇，还了解了常见菌菇的栽培技术。学到这里，你们有什么收获呀？

　　生：通过对菌菇生长成因的探究，我们感受到科研工作的辛苦、劳动的艰辛，当然也体验到了劳动学习的乐趣，懂得了合作的重要性，明白了团结就是力量。

(三）绘菌菇之本

　　1. 激发创编菌菇之趣

　　师：在经历了几个月的"探秘珍菌秀菇"综合实践活动后，菌菇的神秘面纱慢慢被揭开。今天的第一二节社团活动让大家掌握了更多菌菇的秘密。为了让没有参与这个社团活动的同学们也能认识它们、喜爱它们，我提议：将我们参与菌菇种植的活动或者是大家所了解的菌菇生长的知识或者栽培技术编写成绘本。大家觉得这个主意怎么样？

　　生：这个主意太好了，就是把美术课上的绘画本领使出来。这个我们都擅长，尤其是我。

　　师：老师知道大家喜欢，要注意绘本要求哦！

　　大家纷纷动手操作起来，小组分工合作完成一种菌菇的汇报创编。

　　2. 优秀作品成果展示

　　为了确保绘本内容的准确性，同学们将课前掌握的菌菇知识及将自己亲身参与种植的体验编入绘本中，还不断询问老师，有的甚至还跑去图书馆呢。一本本生动形象的绘本做好后，老师特意将绘本挂在科技楼的玻璃走廊前，吸引了一大批同学来观看。走廊上时不时传来学生骄傲自信的声音："我们太有成就感了！期待各大报社的记者为我们的绘本创编活动作宣传报道！"

图 5　学生菌菇绘本作品

（四）售菌菇之益

　　1. 采摘菌菇之乐

　　师：这么多的菌菇我们吃不完怎么办？

生1：采摘下来,到街上去卖吧。

师：你们有没有卖过东西？知道怎么销售吗？

生2：没有,不知道怎么卖？老师教教我们吧！

2. 制定销售方案

于是,老师与学生一起模拟了一场简单的销售现场。在销售前,老师给学生上了一次营销课。蔡老师引导学生针对原来的"集市散卖"模式,思考如何让大家种植的成果获得更大收益,体验销售的过程与乐趣,同时激发学生的创意思维。在课堂中,蔡老师让大家明白什么是销售,销售的技巧与路径,梳理种植全过程中可能出现的卖点,并结合生活经验与观察,完成销售策划表。2020年6月18日大清早,同学们来到安吉县递铺镇农贸市场,进行售卖活动。前一天,大家一起商量精心编辑宣传语,制作了销售广告牌。杏鲍菇小组的同学们一边举着广告牌,一边吆喝,果然成功吸引到了买家。短短十几分钟,他们组的姬菇就一售而空了。果然"菇好还要勤吆喝"啊！灵芝小组的同学在姬菇的包装盒上印上祝福语,有了金字招牌包装,她们组的售卖也非常红火。在售卖活动中,同学们不仅学会了和他人沟通、合作的能力,还掌握了销售技能,大家表示这个活动太有意义了！

设计包装袋　　　　　　　　　　快乐采摘

图6　学生参与销售活动

（五）延菌菇之宴

师：活动后,奖励每个同学一小袋菌菇。今晚大家在爸爸妈妈的帮助下,将亲自采摘的金针菇、秀珍菇等做成美食,别忘群共享哦。

生：真的吗？老师,我烧不来,怎么办？

师：大家可以在大人的帮助下完成，一定要注意安全哦！

晚上，群里热闹得很。没想到大家什么做法都有：炒着吃、炸着吃、蒸着吃、煲汤喝、做馅料等，真是八仙过海——各显神通。

同学们在烹饪前，对金针菇和秀珍菇这两种蘑菇做足了功课。组员章菁雅在日记中写道："我给爸爸妈妈做了一道腊肉、冬笋片炒秀珍菇，这简直就是舌尖上的味蕾享受！看着爸爸妈妈那么爱吃，我太开心了！在做这道菜的过程中，我也体会到妈妈平常做饭的辛苦，我今后要多帮她做家务……"看来，通过一次美食活动，同学们成长了不少呢！

图 7　学生制作的菌菇美食

四、图例小结

安吉县第二小学师生借助社团课开展了"探秘珍菌秀菇"综合性实践活动，充分跨域了信息技术、科学、数学、美术、劳动与技术等多门学科。活动围绕菌菇主题分为解菌菇之谜、探菌菇之因、绘菌菇之本、售菌菇之益、延菌菇之宴五大板块，循序渐进，环环相扣，学生自始至终都兴趣盎然。探秘珍菌秀菇活动切实培养了学生查阅资料、观察记录、分析探究、解决问题等综合实践能力，融合了多学科知识，挖掘了学生的潜力。

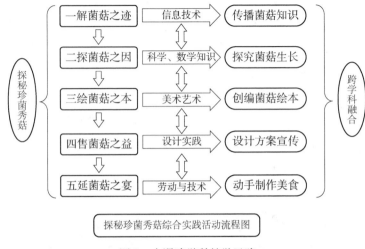

探秘珍菌秀菇综合实践活动流程图

图 8　本课跨学科教学思路

案例 22　"地图上的比例尺"的跨学科学习

上海市青浦区第一中学　郭　雪

一、内容说明

"地图上的比例尺"是六年级《地理》上册"2.1 地图的语言"的部分内容，理解比例是学看地图的前提。本节课将比例尺这一知识点落实到"校园"这一小区域，让学生体验测量篮球场地、获取数据并绘制成平面图的学习过程。

利用校园篮球场创设学习情境，借助数学知识比较比例尺大小，尝试比例尺的计算和不同表示方式之间的转换，能在地理课上融汇贯通地运用数学知识。利用高德电子地图的缩放功能展现地图比例尺变化与地图内容详略、图幅所示区域大小三者的关系，融合现代信息技术，让学生感知地理空间尺度变化，构建空间思维。

二、学习目标

1. 体验"测绘校园篮球场平面图"的过程,理解地图上比例尺的含义。

2. 利用测绘结果,借助简单的数学知识,比较比例尺的大小,进行比例尺不同表示方式的转换以及量算地图上两点间的实地距离。

3. 初步学会电子地图的使用方法,缩放电子地图,理解比例尺大小与地图内容详略、区域范围大小的关系。

三、学习过程

(一) 片段一: 测绘校园篮球场平面图,理解比例尺的含义

(平常上体育课、活动课才会去的篮球场,现在要在篮球场上一节地理课。)

教师介绍篮球场各部分场地和线的名称,说明要测量的部分和活动要求,分发 30 米卷尺、夹板、数据记录纸以及绘图纸(A4 纸)。

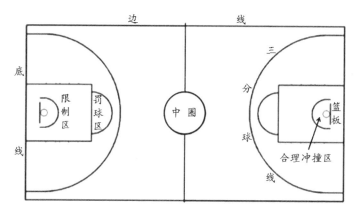

图 1　篮球场各部分名称

学生分组测量,每组 6 人(组长协调,测量 3 人,记录 1 人,读数 1 人),测量后将记录的数据交给老师检查。

教师巡视、指导各组测量情况,检查数据是否在误差允许范围内。

图 2　学生分组测量

　　学生尝试将测量的实际数据转换成绘图要用的数据（转换数据的过程即是对比例尺含义的应用），并使用转换后的数据在 A4 纸上绘制篮球场平面图。

　　教师在上交的成果中，选取绘制不准确的平面图及其对应的数据进行展示，引导学生将这些平面图与实际篮球场的形状进行比较。

　　学生指出这些平面图的变形问题，从数据中分析问题出现的原因是数据转换不成比例。

　　教师选取绘制较准确的平面图及其数据展示，请该小组同学说明数据转换的方法。

　　学生在交流展示中学习正确的数据转换方法，即"统一缩小一定的倍数"。

数据区：

需测量项目		测量数据（实地距离）		缩小后距离（用于绘图）	
边　　线		28.8	米	14.4	厘米
底　　线		15	米	7.5	厘米
中圈直径		3.6	米	1.8	厘米
罚球区(半圆)直径		3.6	米	1.8	厘米
限制区 (长方形)	长	6	米	3	厘米
	宽	4.8	米	2.4	厘米

※三分球线、合理冲撞区、篮板等可以不测量、也不必画

小结区（试描述数据缩小方法）：

统一缩小 200 倍。

图 3　学生所测数据

教师说明将测量数据按统一比例缩小为绘图数据,这就用到了"比例尺",测量数据为实地距离,绘图数据为图上距离,比例尺表示实地距离在图上缩小的程度,也叫"缩尺",即:比例尺=图上距离/实地距离。

(二)片段二:借助数学知识(单位换算、分数知识等)

借助数学知识求比例尺、表示比例尺、比较比例尺的大小等。

1. 学生应用比例尺的公式,为正确绘图的小组求比例尺。

(1) $\dfrac{28\ 厘米}{28\ 米}=\dfrac{28\ 厘米}{2\ 800\ 厘米}=\dfrac{1}{100}$;

(2) $\dfrac{14\ 厘米}{28\ 米}=\dfrac{14\ 厘米}{2\ 800\ 厘米}=\dfrac{1}{200}$。

说明:同期数学课正在学习分数,所以学生容易求出比例尺,但要强调先单位统一再计算。

2. 教师说明求出的 $\dfrac{1}{100}$ 和 $\dfrac{1}{200}$ 为比例尺的分数式,也可以写成 1∶100 和 1∶200,它们的含义分别是"图上 1 厘米代表实地距离 100 厘米"和"图上 1 厘米代表实地距离 200 厘米"。100 厘米等于 1 米,所以比例尺也可以表示成线段式 0 ⊢—⊣ 1 米 和 0 ⊢———⊣ 2 米。

学生知道比例尺的三种表示方式是分数式、比例式和线段式。

说明:对于分数式与比例式两种数字式,学生容易理解,此时对线段式的理解还有困难,需进一步强化,尤其要注意灵活、准确地进行单位换算,可以设计比例尺不同表示方式相互转换的练习予以强化。

3. 教师在黑板上张贴三种不同比例尺的篮球场平面图,标注三幅图比例尺的分数式,要求学生比较三幅篮球场平面图的比例尺大小。

学生应用数学中分数比较大小的知识——分子相同,分母小的分数值反而大,因为三个比例尺的分子均为 1,所以" $\dfrac{1}{50}$ 大于 $\dfrac{1}{100}$ 大于 $\dfrac{1}{200}$ ",也就是 1∶50 大于 1∶100 大于 1∶200,也可以推导出 0 ⊢———⊣ 0.5 米 大于 0 ⊢———⊣ 1 米 大于 0 ⊢———⊣ 2 米。

4. 比例尺的应用,量算两点间实地距离。

创设情境问题：篮球赛开球时,双方队员需在中圈争球。姚明在中圈争球成功后,跑向己方罚球线准备投篮,请问从中圈到罚球线大约要跑多少米?

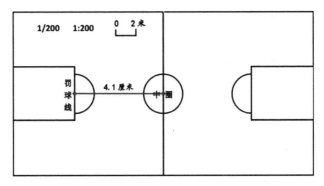

图4　情境问题图示

(1) 用分数式或比例式计算:4.1×200=820 厘米=8.2 米。

(2) 用线段式计算:4.1×2=8.2 米。

(三) 片段三: 应用现代信息技术,缩放电子地图观察变化

借助信息技术,使用平板电脑的电子地图,持续缩放观察,理解比例尺变化时,地图所示区域大小、内容详略的变化。

教师:1. 分发活动单(印有活动要求、四个情境及知识梳理表);

2. 在学生活动过程中巡视监督指导,并选择展示组。

课内:【学用高德地图——比较图幅相同的地图】	
轮流操作高德地图,为以下情境选择合适的地图,将 地图截图 ,并 记录比例尺 。	
情境1: 想看到青浦城区街道状况	情境2: 想看到上海市的轮廓
情境3: 想看到上海市在全国的位置	情境4: 想看到中国在世界的位置
比较记录的比例尺,用"最大""较大""较小""最小" 进行 标注。	
打勾自评: 在限时内完成(　　) 在全班交流时完成(　　)	

图5　活动单

学生轮流操作高德地图,为四个情境选择合适的地图,截图并记录比例尺,再比较四个比例尺的大小。

教师:1.选择小组活动成果,利用希沃授课助手同步四幅截图:①中国地图;②世界地图;③青浦城区地图;④上海地图。

2.设问引导学生观察:哪幅内容最详细?哪幅表示的区域范围最大?

学生:比较四幅截图,说出青浦城区地图的内容最详细,但范围最小;世界地图的内容简略,但范围最大。学生能准确标注四幅图的线段式比例尺,知道青浦城区地图的比例尺最大,世界地图的比例尺最小。

表1　比较比例尺大小

比例尺	地图表示范围(变大/变小)	地图的内容(变详细/变简略)
变大	变小	变详细
变小	变大	变简略

说明:1.用平板电脑的电子地图能保证将图幅完全相同的地图进行比较。

2.关注与现代信息技术整合的地理,引导学生学用电子地图,是现代社会必不可少的生活技能。在此环节学生能学会在生活中根据需要选择合适比例尺的地图。

总结反思:以"测绘篮球场"为情境设计学生学习体验活动,通过体育活动场地的测量以及后续的绘图、数据分析、计算和地图标注等活动,学生在"动中学""做中学",激发了学生参与的深度和广度,为"比例尺"这一难点的突破搭建了有利的平台。将篮球场这一教学资源发挥了不同的用途,贴近学生生活,图形简单,易测量、易绘制,能够与比例尺的知识恰到好处地融合起来,同时达到课标的两个要求——"在地图上按照比例尺量算两地的实际直线距离"和"学习绘制小范围的简单的平面图"。

在比例尺的表示方式中,有一种分数形式,即"$\dfrac{1}{?}$",在比较比例尺大小的时候,一定要将比例尺转换成这种分数形式,再利用数学学科中比较分数大小的方法——"分子相同,分母小的分数值反而大",比较出比例尺的大小。只有借助数学知识,才能将不同地图上标注的比例尺进行大小比较。另外,当比例尺的线段式与数字式之间相互转换时,需要灵活准确地使用单位换算知识,这对六年级学生来说即是一次数学考验,也是一次强化训练。

与时俱进地尝试"与现代信息技术整合的地理",保证了图幅相同情况下的地图比较。现代信息技术发展突飞猛进,各学科课堂与信息技术的整合不能只停留在 PPT 的使用上。大多数家庭都有平板电脑,而且学生操作平板电脑的能力比较强,在本节课上尝试在平板电脑中使用电子地图,是利用了学生的优势,为学生主动地、富有个性地学习创造了良好的环境,也使学生明白电子产品不只是用于娱乐,利用得当更有助于学习。电子地图的缩放使学生直观感受到了地图的变化,切实保证了图幅相同地图的比较,也使学生初步学习了现代人应有的电子地图使用技能。从学生乐于把平板电脑带到课堂这一现象,就看出学生喜欢与现代信息技术整合的课堂,也符合课标"尝试使用电子地图"的要求。

四、图例小结

作为课前准备活动,老师带领同学们测量了学校篮球场的边线、底线、中圈弧直径、限制区长宽等各项数据,学生利用测量数据分组尝试绘制篮球场平面图。

课堂授课过程分三部分:片段一,展示学生的绘图成果并引导交流,正确绘图的小组是将实地距离按统一的比例缩小为图上距离,从而引导学生正确理解比例尺的含义,同时也获得了 $\frac{1}{100}$、$\frac{1}{200}$ 两幅不同比例尺的篮球场平面图;片段二,复习数学中"长度单位换算"的知识,帮助学生学会比例尺的数字式(无单位)与线段式(有单位)之间的正确转换,再利用数学中的"分数知识"——"分子相同,分母小的分数值反而大",比较 $\frac{1}{100}$、$\frac{1}{200}$ 两幅不同比例尺的篮球场平面图大小,最后学会量算两点间实地距离,在此过程中需要正确使用数学中的比例关系、分数计算以及单位换算等知识;片段三,教师指导学生尝试运用现代信息技术手段,即操作平板电脑中的电子地图缩放,观察图幅大小变化、地图内容详略程度的变化以及对应的比例尺变化,并进行记录,最后得出"比例尺大的地图,内容详细,范围较小"的结论。

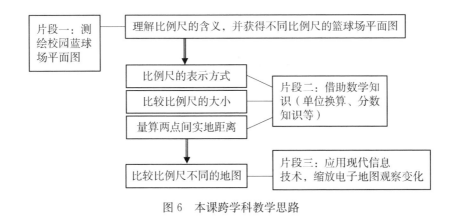

图 6 本课跨学科教学思路

案例 23 借助信息技术解决生活中的数学问题

四川省成都市成飞小学 徐伊璘

一、内容说明

在小学五年级数学学科学习中,学生对行程问题有了一定的理解,以及有了一些简单的编程能力和编程思想,但在生活实践上还有一些不足。学生对路程、速度、时间三者关系的认识主要源于书本上的概念,比较抽象,所以要借助数学的公式、概念,加上信息技术中学到的编程知识进行实验,在实验中解决汽车行驶的记录方式,并加深对"路程=速度×时间"这个公式的理解。

二、学习目标

1. 通过生活中汽车的里程记录表引发学生思考仪表是如何记录数据的,学会从生活中发现问题。

2. 利用已学数学知识测量轮子的周长。(方法的多样性)

3. 利用 EV3 机器人和信息技术的编程经验模拟汽车运动场景,发现轮子的周长、圈数、时间和路程之间的关系。

三、 学习过程

(一) 情境引入

师:生活中有这样的情况,请看,从图中你能知道什么?

生:速度、总里程、油量。

图 1　汽车仪表盘

师:那汽车是怎样记录行驶路程的呢? 我们先从汽车的运动开始观察。(用数学的眼光观察生活,会捕捉信息。)可将车子的运动看成什么运动?

生:轮子的运动。轮子带动汽车前行——轮子转动一圈车子走的路程就是轮子一周的长度。

师:那我们要测量出路程,需要知道什么信息呢?

生:轮子的周长和圈数。

(二) 测量周长

师:先来测量轮子的周长,我们分成 4 个小组,桌面上有两种大小的轮子和一些工具,请你们用自己的方法来测量,并记录在表格中。

表1　轮子周长测量(实验一)

	轮子的周长	圈数	路程
一	15 厘米		
二	10 厘米		
三			
四			

生 1：我们组是利用绳子来测量的,我们用绳子绕轮子一周,然后把绳子拉直后,用直尺测量出绳子的长度,这就是轮子的周长。

生 2：我们组用的是软尺,直接用软尺绕轮子一周,看有多长。

生 3：我们组利用 EV3 设计一个车子,上面绑上一支笔,轮子转一周,小车在白纸上运动一段距离,车子带笔在白纸上画了一条线段,最后用直尺测量。

师：我们知道了轮子的周长后,下面就是借助编程让小车运动起来,在编程过程中,需要什么量,可以用哪些模块进行编程?

生：需要周长、圈数。我们可以在固定功率的情况下,设置圈数、轮子的周长,通过计算将两个模块的数据相乘,在屏幕上输出结果。

说明：五年级的学生学过的周长公式只有长方形、正方形,对于其他图形只会将图形一周的长度加起来得出,所以对于车轮这样的圆形,他们需要利用工具来辅助测量。

(三) 实验一：证明路程＝轮子的周长×圈数

(已经准备好了以下部分：用乐高材料搭建小车、程序模块,先让学生认识程序模块,明确操作。)

师：这里已经编好了程序,我们一起来看一看。这里的第一模块输入的是轮子的圈数,在固定的功率下连接第二个模块表示轮子的周长,通过乘法的计算法则计算出结果显示在屏幕中。所以你们只需要输入周长和圈数,就能得到路程。

教师要求学生测量不同轮子的周长、指定圈数,把两个数据输入程序模块中,运行小车,记录小车显示的数据。改变轮子的大小和转动的圈数,反复尝试。

学生需要记录不同大小轮子的圈数,然后进行纵向和横向的对比观察,从中发现一些规律。

表2 学生的实验结果(实验一)

	轮子的周长(厘米)	圈数(圈)	路程(厘米)
一	15	10	150.24
二	10	10	99.56
三	15	20	300.00
四	10	20	200.02

生:我们组通过实验数据发现,横向观察中的每一组:路程=周长×圈数,通过公式计算和机器人测试出来的结果基本一致,稍有误差。纵向观察中分成两类:圈数相同,周长越大,路程越长;周长相同,圈数越多,路程越长。

师:其他组对照自己的数据,有没有什么想补充的?

生:我们组在实验的过程中发现有一次的数据相差特别大,后来我们发现是因为车子在运动的时候被一根线阻挡了,产生了误差。

师:你们认为产生误差的原因有什么?

生1:轮子安装的松紧。

生2:地面的平滑程度。

生3:有没有遮挡物。

师:我们可以通过路程=轮子的周长×圈数来进行记录。想一想,还有没有其他方法?

生:我们可以用学过的路程公式来记录。

(四) 实验二:验证路程=速度×时间

师:很好!那速度怎么表示呢?速度是什么?

生:速度是单位时间内行驶的距离。在实际的程序模块中是没有速度这个选项的,那就要借助我们数学中对速度这一概念的界定:速度是单位时间内行驶的距离,所以速度与时间和轮子周长有关。

师:没错!速度是一个导出量,需要进行运算得到。这里是已经编程好的程序,我们一起来看看。还是固定功率,相当于固定了车子的速度,车子开始行驶后输入时间,形成对应的轮子圈数,利用上一个程序计算出路程,再通过路程÷行驶时间显示出速度。

表3 学生的实验结果(实验二)

	时 间(秒)	速 度(厘米/秒)
一	10	1.567
二	20	1.554
三	30	1.549
四	40	1.552

生:我们组记录的数据中,虽然时间不同,但对应产生的速度值很相近。

师:每次测出来的速度为什么有些不一样?

生:误差导致的!

师:产生误差的原因可能是什么?

生1:我发现车子轮子安装时比较紧,滚动起来不是很顺畅,觉得这个会阻碍车子前进的速度,产生误差。

生2:我要补充我们组员的回答,也可能是轮子松了,车子开得不平稳,这也会导致速度不同。

生3:行驶时有阻碍,比如我们组在实验过程中,车子被桌上的线绊了一下,这一定会影响实验数据。

生4:路面或桌面不平滑也是原因,我知道比较粗糙的地面会阻碍车子的行驶。

说明:当时设计这个问题时,怕学生回答得比较局限,但在实际的讨论过程中,学生因为有了实际操作经验,所以更能在活动中发现导致误差的原因,这也是思维的过程体现。为了方便下一步实验的录入和计算,我们将速度四舍五入为整数部分。通过实验来求速度的方式加深了学生对速度概念的理解,并把抽象的概念形式化成小车的运动,更直观地通过实验数据感受速度产生的过程以及它与路程和时间之间的关系,这就是借用信息技术来帮助学生理解数学概念与关系。

师:很好,那现在我们知道了速度,可以用公式来进行模拟了吗?

生:可以!

师:我们一起试一试,在这里的程序中,你们只需要录入固定的速度值,改变时间,就能显示对应的路程了,快行动起来吧!

(五)实验三:路程＝时间×速度

学生利用实验二中速度的数据,通过改变时间,得出路程。

师:通过你们的验证,我们可以用路程、时间、速度的关系来记录小车的路程吗?

生:可以!

师:的确,在这个公式中,时间是基本量,而速度不是基本量,速度是导出量,速度跟轮子的大小(或者说轮子周长)和时间有关系。也就是说,速度是由轮子周长和时间两个量运算得到的。实际上这两个形式不同的数量关系表达的是同一个物体运动关系,"时间×速度＝路程"是由"轮子的周长×圈数＝路程"演变而来的。

图2　学生探究过程

师：通过今天的学习，你们知道汽车是怎样记录行驶路程的吗？

生：知道了！

说明：这一环节是让学生找到两个关系式间的关系，数学中抽象的概念与公式，其实都是从生活中提炼出来的，而这次的编程与小车行驶的实验更形象化地解释了"汽车是怎样记录行驶路程的"这一问题。学生在这个过程中，也能发现实验也有区别于生活的地方，我们在实验中都是让小车趋于匀速运动，而生活中不会这样，我们之所以让小车匀速运动，目的是让学生更好地理解数学中路程、速度、时间之间的关系。

(六) 小结

在学生总结本节课的收获时，明显能看出学生对路程、速度和时间三者的关系理解得更清晰了。

师：今天你们有什么收获呢？

生1：通过今天的活动，我们知道了汽车是怎样记录行驶路程的，同时通过实验证明了我们数学中的数量关系："时间×速度＝路程"是由"轮子的周长×圈数＝路程"演变来的。

生2：我们今天的实验都是让车匀速运动，但生活中的汽车不会一直匀速，那我们还能这样算吗？

生3：我们知道汽车的仪表盘上会显示汽车速度，所以它一定是根据某种公式计算出速度，而我们的路程可以用轮子的周长和转动的圈数求出来。

生4：我们之前做过的题目都是在匀速的前提下，所以可以直接用公式计算出来。

生5：我通过今天的学习知道了速度是一个算出来的量（老师可以提一下是导出量），需要路程和时间来计算，这也就是我们的速度公式。

师：所以数学和生活是紧密联系的，生活中还有很多这样的例子，大家可以留心观察。这些现象会帮助我们理解数学知识，解决数学问题。

在这节课的整个过程中，学生需要具备以下知识技能。首先，本节课是一节以数学课为主体、信息技术为辅助的课，对于生活中的问题需要用数学的眼光来看待。这节课运用的数学知识主要是路程＝速度×时间、速度的概念、周长的概念与计算。此外,我们希望培养学生的数学思维,这一点主要体现在他们学习的整个过程中:从现象中发现问题、提出问题,找有关的数学知识来解决问题,得出结论。其次,本节课需要信息技术的技能,主要是编程的运用,学生至少能根据自己的需求来编写程序并进行实验。本节课运用的是 EV3 机器人及乐高的编程程序,上面有很多模块,学生能够从中找到需要的模块进行组合,最终达到实验的目的。因为本班学生并不是每个人都很擅长编程,所以在分组的过程中会考虑学生的情况,保证每组中有学生擅长,分工明确。

通过数学与信息技术的跨学科整合教学,能借助其他信息技术的某些技能帮助数学知识的理解,通过实验将抽象的知识具体化,帮助理解。

四、图例小结

本节课是数学与信息技术跨学科的融合与应用,以信息技术中编程为载体帮助学生学习数学中抽象的知识,加深理解,同时感受数学与生活之间的紧密联系。而从另一个角度看,数学知识同样为信息技术提供了理论上的支持,有了数学上的概念、公式、关系的支撑,才能进行有效的编程,从而实现小车的运动。在本节课中,二者之间包含的知识关系如图 3 所示:

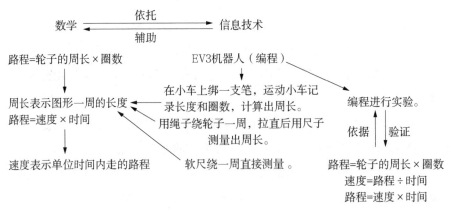

图 3 本课跨学科教学思路

案例 24　学科融合，促进学生语文基本能力的发展

——四年级作文课"探秘月球基地"

四川省成都市成飞小学　邱雪翔

一、内容说明

这是人教部编版小学《语文》四年级上册第一单元的习作练习课,本次习作的内容是写自己喜欢的一个好地方,重点是指导学生具体有序地写出自己推荐的地方和推荐理由。学生在三年级已经接触过介绍物品的作文写作练习,这次的练习是一次写景的练习,但也可以看作是一个写物的练习,可以指导学生运用已学的方法,对需要介绍的地方进行观察。但是,在实际学习中,由于学生选择的地方各不相同,教师在指导上针对性不强,一些学生学习之后仍然不能掌握方法,甚至根本不会写作。针对这一情况,我借助乐高搭建月球基地,再指导学生进行介绍,能集中对学生进行指导,对于学生掌握这一类作文的写作方法,有较好的作用,也能为后面的独立介绍做好准备。

二、学习目标

1. 让孩子们使用 WeDo2.0 科学机器人套装(♯45300)、乐高月球任务启发套装(♯45807)设计、搭建月球基地,通过动手操作,在实践时去发现问题,并尝试解决问题,体验并感悟搭建的乐趣,从而培养他们的团队分工合作意识以及知识能力共享意识。

2. 学习按一定顺序介绍本小组搭建的月球基地,注意讲清楚这个地方的特点,列出推荐的理由,学习运用所学的写作方法对自己的作品进行清楚有序地介绍。

学习重点:能够清楚明白地把这个地方的特点介绍给他人,体现其吸引人之处,注意语言的连贯性和条理性。

学习难点:培养学生认真观察的习惯,做到有序观察,有序表达。

三、 学习过程

(一) 组队，我们准备出发

师：同学们一定去过很多地方，其中有没有让你印象特别深刻的？比如水乡的小镇让我们赏心悦目，游乐场让我们兴奋不已，书店让我们流连忘返，住家附近的小树林是我们的快乐天堂……每个人都有自己喜欢的地方，你愿意和大家分享吗？

设计说明：引导学生自由分享，激发表达愿望。同学们自由发言，简单说明自己想推荐的地方。

（板书：推荐一个好地方）

师：每个同学都有自己想推荐的地方，但实在是太多了，所以我们这次可一起来推荐一个地方——我们的月球基地。

设计说明：聚焦本次教学的研究点，引出下面的学习内容。

让学生以小组为单位，自己设计搭建，明确探究任务：

（1）了解与月球相关的知识；

（2）设计月球基地。

学生交流特长，组建探究团队，确定队名和分工。

设计说明：分组合作式学习，有助于发挥学生的不同特长，让每一个学生都感觉自己在学习活动中能产生作用，有所作为。

表1　小组分工

团队分工	主要职责
组长	统筹本组的创建活动。
采购员	根据团队设计，可以在"材料选购区"选择相应的材料，充实本团队的月球基地。
工程师	运用已有零件，搭建本团队的月球基地。
程序员	根据团队设计，为月球基地的某部分编写 WeDo2.0 程序，使之能够动起来。
宣传员	宣传团队设计的理念，带领队员讲解在这个月球基地的工作和生活。

（二）小组创享,搭建月球基地

设计说明：这是整个活动过程的重点,让学生通过自己动手操作,在操作过程中主动地学习体会,并验证自己的设想。同时培养学生主动发现问题并解决问题的能力。

同学、老师交流月球知识,为本组的搭建做好准备。各组在组长带领下构思设计月球基地,分工合作,完成团队的月球基地的搭建。

图1　学生分组合作完成搭建

学生们动手设计飞行器、月球车、月球空间站等,用双手"智"造心中的月球家园;动脑编写WEDO2.0程序,运用传感器优化机械创意,让自己的飞行器、月球车等机械结构能动起来;反复研究模型结构,优化设计,使本组的月球基地更趋于完善。

图2　学生作品

设计说明：从课程的设计内容中可以看出，这节课与传统的作文教学不同，整个课程包括两个方面：一是月球基地模型的设计和搭建；二是运用所学的写作方法进行清楚有序的介绍。教学思路是通过一系列教与学的活动，让学生体验并感悟搭建的乐趣，同时运用所学的写作方法对自己的作品进行介绍。改变了以往的写景作文方法，鉴于听者对地点不熟悉，让学生在亲手搭建后再进行介绍，使介绍者更清晰自己的思路，使听者能更好地与介绍者互动。

(三) 团队交流汇报

教师明确目标：每个人都有自己喜欢的地方，那么怎样把你喜欢的地方介绍给大家呢？怎样介绍才更有条理，也让大家感到你喜欢的地方很美，并和你一样喜欢那个地方呢？请同学们打开课本第 12 页，读一读，大家一定能找到答案。

确定习作主题：让学生观看视频，从中找到关键信息，明确本节课的学习要点——介绍月球基地。要写出这个地方怎样吸引人，使别人读了后也对这个地方感兴趣。

指导学生回忆：上学期我们在介绍成飞公园的时候，是怎样介绍的？（学生回忆并回答，教师板书：有顺序、抓特点、有重点、有画面感）

小组讨论，准备展示。小组分工合作，每人介绍一个区域；别人发言时一定要认真倾听，听完后再发表意见；组长做好协调和组织工作，确保每个小组成员都能发言。

小组交流，互相评议；教师巡视指导。（注意引导学生按一定顺序介绍，可以是参观的顺序，也可以是方位的顺序）

最后，举行推荐会：

（1）小组发言，全班交流。

（2）一个小组发言后，师生共同总结。（预设指导要点，包括：顺序——由远及近、由近及远、总分总、从整体到部分、由上到下等；特点——形状、颜色、大小等；重点——在诸多景物中最有特色的；情感——真实的感受）

附：一个小组的发言实录

生 1：我们这个月球基地由 4 个部分组成，分别是工作区、生活区、娱乐

图3　学生交流

区和物资堆放区。这 4 个区域各自都有自己的特色,下面就由我们组的 4 名同学分别来介绍。

生2:我给大家介绍的是工作区。这个区域大约有100平方米,里面有我们在月球进行实验所需要的全部设备。

生3:大家看——这就是生活区。我们的生活区虽然不大,但功能齐全,生活非常舒适。我们在这里,可以休息、欣赏音乐、看电影……生活真是多姿多彩。

生4:说到娱乐区,就更好了。在这里,有各种绿色植物和鲜花,空气清新。你可能会问:为什么在月球上会有植物?当然是因为我们有高科技的防护罩了。在这里,就和在地球上是一样的,甚至比地球上还好呢!

生5:最后大家看到的就是我们的物资堆放区。这里除了堆放各种生活、工作物资外,最棒的就是我们的停车场了。(指着停车场里的各种车辆模型)这里有月球漫步车、太空探险车、超大型运输车……比如说这个月球漫步车,是不需要任何传统能源的,在这个交通工具的外层,全部是光伏发电板,所以它完全可以将光能转化为动力。

设计说明:"探秘月球基地"一课的教学,是学生在搭建的基础上再进行作文练习,向大家介绍本组的作品。这样的任务设计,就是要求学生合作完成。为了使本组的介绍更有特色,更具竞争力,同组成员一般都会讨论、交流,以期达到更好的效果。同时,学生们会再次查阅资料,教师也推荐一些科普书籍,引导学生了解相关的天文、环保、机械、能源等知识,并将这些知识运用到自己的介绍中。例如有的组就在介绍时说:"这个月球基地的设施非常齐全,主要分为以下几个区域:工作区、生活区、休闲区……"(然后就由不同的组员分别进行介绍)在整个过程中,学生的学习是完全主动的,根本不需要教师的督促,教师需要做的就是在孩子们有困惑时鼓励一下或简单点拨一下,学生的潜能在主动学习中得到了极大的发挥。

教师总结:这节课中,我们分小组介绍了你们各自的月球基地,同学们都说得很好,有没有同学能来总结一下,在说的时候要注意些什么?

学生发言,总结要点如下:

(1)介绍时要注意按照一定的顺序来说,才能说清楚。常用的顺序有方位顺序和参观顺序。

(2)要抓住月球基地的特点进行介绍。

(3)介绍时要有详有略,重点的地方要说详细,次要的地方可以说简单一些。

(4)介绍的时候要加入自己的感情,如果自己都不喜欢,肯定也说不好。

设计说明:通过学生的自我总结,复习巩固所学方法,加深学生对本课学习难点的理解和掌握。

(四) 布局谋篇,读写结合

1. **理清思路,撰写提纲**

写作文前先有个大概的思路,知道应该怎么写,先列出提纲。(板书:开头,中间,结尾)

推荐一个好的地方(提纲)

开头:介绍自己要推荐的地点、环境情况以及大致特征。(总写)

中间:(分写)

第一种:可以按照游览或观赏的顺序来描写。

第二种:可以选几处(两三处)具有代表性的景物来描写。

第三种:可以按照方位变化来描写。

第四种：展开合理想象。

结尾：写自己的内心感受。（总写）

学生在作文草稿本上列提纲，并互相交流。

2. 学生书写作文

四、 图例小结

整个课程的学习主要分为以下步骤：首先是了解学习主题，明确学习目标，在此基础上进行分组，明确组员的分工，为后面的合作学习做好准备。接着小组合作搭建月球基地。这个环节包括两部分内容：一是月球基地的搭建，并且要编写程序使基地设施动起来；其次是要优化结构，使作品更加美观。然后是学习介绍我们的月球基地，这一部分主要培养孩子"听、说、读、写"的语文关键能力。最后师生共同完成作文。

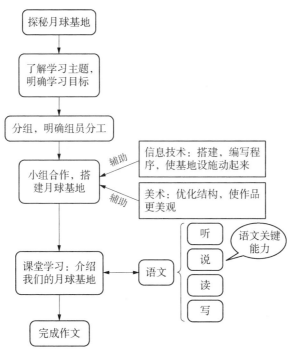

图 4　本课跨学科教学思路

案例 25 "地球运动速度"问题的跨学科教学

上海市青浦区第一中学 赵丽萍

一、内容说明

高一《地理》教材专题 4"地球运动",被安排在高一年级第一学期进行学习,主要内容有地球自转与公转的特征及其地理意义,这是该单元的核心内容。该单元的学习过程可以尝试以下方式:观察日常生活中由地球运动引起的地理现象,运用多媒体软件或者制作学具,模拟演示地球的运动。

本案例主要关注地球自转和公转的运动特征,重点是地球速度特征。虽然地球自转和公转的线速度与角速度的分布规律比较简单,但是如果缺少对其形成原因的深层思考,学生的遗忘率往往较高,或者容易混淆知识。而高一物理第四章"圆周运动"、高二物理第十三章"万有引力定律"相关内容恰好能解决这些问题。因此,在本节课教学中,我尝试有针对性地选择一些物理结论解释地理问题,围绕"地球运动速度"进行主题式学习,用跨学科的学习方式为学生思考搭建阶梯,引发学生深层思维,从而降低学习难度,提高学习效率。

二、学习目标

1. 通过模拟地球自转和公转,理解地球自转和公转的方向、周期。

2. 通过计算匀速圆周运动的角速度和线速度,理解地球自转角速度和线速度的含义及其分布规律。

3. 通过学习开普勒第二定律,理解地球公转速度在近日点、远日点的差异。

4. 根据地球运动相关知识,说明生活中的地理现象。

5. 培养科学、健康的生活态度,树立辩证唯物主义世界观。

三、 学习过程

(一) 学习片段一

学习问题：如何理解地球自转角速度和线速度的差异及其分布规律？

高一地理教材专题4"地球运动"通过文本与图表(如图1)，概述了角速度与线速度的概念及分布规律。具体如下：

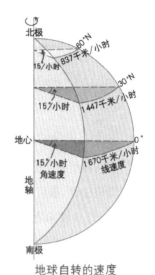

> 关于地球自转的角速度：单位时间内转过的角度。除南北极点的角速度为零外，其他任何地点的角速度都为15°/小时。
>
> 关于地球自转的线速度：单位时间内转过的弧长。赤道处最大，从赤道向南北两极逐渐减小，在南北极点为零。

图1　地球角速度和线速度

虽然这个知识点的难度并不大，但是在学习过程中，部分学生会提出一些疑问，如："角度与弧长有何区别？""什么是弧长？地球表面各点的弧长如何计算？为什么赤道处弧长最长？"……由于对这些概念缺乏深层理解，学生对地球自转角速度和线速度分布规律的认识也是一知半解，概念混淆，前背后忘，学习效果不尽如人意。

造成这种现象的原因与跨学科知识出现断层有一定关联。在高一物理第四章"圆周运动"中，有大量篇幅描述了与地球自转速度有关的内容，如匀速圆周运动、角速度与线速度的关系等。这些物理原理比较简单，如果提前铺垫，肯定会事半功倍，增强学生对角速度与线速度的理解，但是该内容在地理学科中是在高一第一学期学的，在物理学科中是在高一第二学期学的，时间上的错位导致学生学不得法，无法掌握知识要领，理解不深刻。

所谓"授人以鱼，不如授人以渔"，学习应更注重过程。基于学科特质与教学进度

月球和地球谁跑得快？

图4-13中的两个天体分别是地球和月球。众所周知，月球绕地球的运动，地球绕太阳的运动，这两个运动都可看成是匀速圆周运动，关于这两个运动的快慢有着两个不同观点。请看下面地球和月球的"对话"。

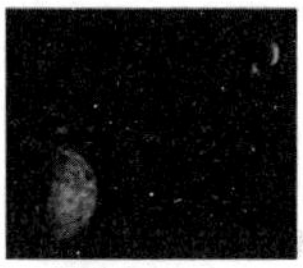

图 4-13

地球说："你怎么运动得这么慢？我绕太阳运动1s要走29.79km，你绕我运动1s才走1.02km。"

月球说："你可别这么说！你要用一年时间才绕一个圈子，我28天就走了一圈，到底谁运动得慢。"

关于这场争论，请先谈谈你的看法。

图 2　高一《物理》教材学习材料

的双重考虑，我引用了物理教材中的"匀速圆周运动"原理进行拓展，便于学生理解。

1. 情境创设，辨析概念，激发兴趣

关于地球自转角速度和线速度的概念理解，我引用了高一《物理》教材学习材料中的"月球和地球谁跑得快？"，具体过程如下。

师：众所周知，月球绕地球公转，地球绕太阳公转，但是今天地球和月球却因为"速度"发生了争论。地球认为它跑得快，因为地球绕太阳运动 1 秒要走 29.79 km，而月球绕地球运动 1 秒才走 1.02 km；月球却认为它跑得快，因为地球围绕太阳公转一圈需要 1 年，而月球围绕地球公转一圈只需要 28 天。关于这场争论，你支持哪一方呢？为什么？

生 1：我支持地球的说法。因为地球在单位时间内运动的路程更长。

生 2：我支持月球的说法。因为在一年内，地球只能绕太阳公转一圈，而月球可以绕地球公转 13 圈左右。

预期效果：导入问题形象生动、富有趣味，能激发学生的学习兴趣，创造良好的学习氛围。预估支持地球和月球的学生人数差不多，同时学生也能初步说明原因，为后续引出角速度和线速度的概念作铺垫。

师：其实，无论地球绕太阳公转运动，还是月球绕地球公转运动，都是匀速圆周运动。观察图 3，你能说出角速度与线速度的差异吗？

生：在单位时间内转过的角度，即为角速度；在单位时间内转过的弧长，即为线速度。

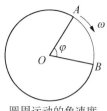 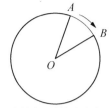

圆周运动的角速度　　　　　　圆周运动的线速度

图3　圆周运动的角速度和线速度

　　教师利用概念,引导学生归纳角速度和线速度的计算方法,即角速度计算公式为:$\omega = \phi/t$;线速度计算公式为:$\nu = s/t$。

　　师:现在请大家再来回顾一下,地球和月球究竟谁跑得更快?

　　生:如果从角速度来看,月球公转的角速度明显大于地球;如果从线速度来看,地球公转的线速度远远大于月球。

　　师:可见,我们既要用科学的眼光去探究问题的本质,也需要用辩证的方法看待问题。

　　预期效果:在物理图表的引导下,学生能直观、清晰地认识角速度和线速度的概念,激发他们探究问题的欲望,深刻理解相关知识。

　　2. 实践探究,掌握规律,加深理解

　　"纸上得来终觉浅,绝知此事要躬行。"虽然高一地理课本已经用图表说明各地的角速度和线速度,但是学生单纯识记的话,很容易遗忘和混淆。基于此,我引用并调整高一地理课本中"匀速圆周运动"示例2,引导学生计算各地的自转角速度和线速度,具体过程如下。

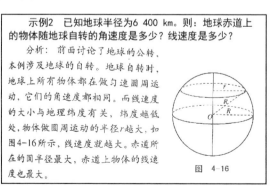

图4　地理课本示例

师：地球自转时，地球上所有物体也都在做匀速圆周运动。请同学们计算赤道、北纬30°、北纬60°三地的角速度及线速度。

（教师提示弧长的计算方法为 $2\pi R$）

学生采用同桌合作方式，根据角速度和线速度的概念，进行计算。

预期效果：在计算过程中，地球自转角速度的计算相对容易，而线速度的计算有一定难度，主要是对于"弧长"概念的认识不足，导致无法计算北纬30°、北纬60°纬线上的线速度。

教师适时介入，利用三角函数引导学生认识到北纬30°、北纬60°的半径与赤道半径的关系：即分别是赤道的 $\frac{\sqrt{3}}{2}$ 倍和 $\frac{1}{2}$ 倍。

师：通过计算，你能发现影响地球自转线速度大小的主要因素是什么吗？

生：地球自转线速度的大小与地理纬度有关，纬度越低，物体做圆周运动的半径越大，线速度越大。

预期效果：在动手计算的过程中，学生需调动多感官的参与，进而引发深层思考，更好地理解"规律"背后蕴藏的原因，识记地球自转角速度和线速度的分布规律。

这种通过物理公式计算解决比较复杂的地理问题的方式，体现了跨学科的有机整合，弥补了各学科进度安排中的时间错位问题，能让学生在体验学习过程中化解难点，增强对地理现象的直观认识，加深对地理知识的理解。虽然这种方式会比普通学习方式占用更多的课堂时间，物理课的特征也会更明显，但是我认为学习更应该关注过程而非结果，让学生亲历知识点的形成过程，能突破传统学习中"死记硬背"的模式，对知识点的理解更加长久而有效，从而促进学习的可持续发展。为了解决这一问题，我认为可以通过教师引导和学生"前置学习"相结合的方式，做好知识铺垫，把控课堂时间，提高学习效率。

（二）学习片段二

学习问题：如何理解地球公转角速度和线速度的分布规律？

高一《地理》教材专题4"地球运动"通过文本与数据（如图5），概述了角速度与线速度的分布规律。具体如下：

地球公转的轨道是近似正圆的椭圆,长度约为9.4亿千米。太阳位于椭圆轨道的两个焦点之一,因而产生了日地距离和公转速度的变化。公转速度在近日点时稍快,在远日点时稍慢。

地球公转的相关数据

时间	日地距离(亿千米)	角速度	线速度
1月初(近日点)	1.471	61分/天	30.3千米/秒
7月初(远日点)	1.521	57分/天	29.3千米/秒

图5 地球公转数据

虽然文本和数据能让学生快速认识公转速度的分布规律,但是这种印象是短暂、肤浅的。一部分学生仍然会产生疑问,比如:为什么近日点时地球公转速度会更快?学生的疑问就是开展教学最好的时机。如何将枯燥的数据转化成空间概念,引导学生形成直观意识,引发深层思考,是迫切解决的问题。在高二物理第二学期第十三章"宇宙"中关于"万有引力定律"的叙述中,我找到了相关依据。考虑到物理学科对这部分内容的学习要求比较低,我尝试直接引用开普勒第二定律的结果进行铺垫,具体如下。

师:观察图表,A点和C点哪个离太阳更近?哪个离太阳更远?

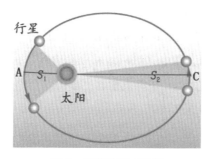

图6 开普勒第二定律

生:A点离太阳更近,C点离太阳更远。

师:通常,我们把距离太阳较近的点称为近日点;距离太阳较远的点称为远日点。那么,当地球分别运行到近日点和远日点时,哪个位置的速度更快?

生:C点时公转速度更快,因为S_2的面积较小。

预期效果：判断并解释近日点、远日点地球公转速度有一定难度，学生并不能说明问题的关键。

师：根据开普勒第二定律，地球与太阳的连线在相等时间内扫过的面积相等，即 $S_1 = S_2$。现在你能判断出哪个位置的角速度和线速度更快？为什么？

生：在相同时间内，地球公转在 A 点所转过的角度较大、弧长较长，因而公转角速度和线速度更快；在 C 点所转过的角度较小、弧长较短，因而公转角速度和线速度更慢。

预期效果：直接引用开普勒第二定律的结果，将难点直观化，便于学生找到要领，突破难点，解决问题。

这种将物理原理巧妙地运用到地理学习中的方式，一方面可以帮助学生建构空间概念，化繁为简，轻松解决地理学习中的"疑难杂症"，真正理解地球公转的速度特征；另一方面可以帮助学生克服学习自然地理的畏难情绪，提高学习地理的积极性。

总之，运用物理知识（计算公式、原理等）解释地理规律发生、发展的本质，实现了地理知识与物理知识的有机联系，使学科知识变得更立体、连贯。除此之外，地理与物理学科的结合点还可以体现在运用物理实验解释地理问题、运用物理技巧分析地理问题等方面。

地理学是研究地理环境以及人类活动与地理环境相互关系的科学，是一门综合性极强的学科。而物理知识能帮助地理学科揭开地理事物或者地理现象产生的原因。通过合理的方式整合跨学科资源，能改进学生学习方式，提高学生理解力，促进学生的深层思维。高中《地理》教材中蕴含的物理知识比较多，因此我们应认真研读两类课程的教材，挖掘两类学科更多的结合点，完善教学模式，从而打造有深度、有思维容量的地理课堂。

四、 图例小结

本课采用主题式学习方式学习"地球运动特征"，重点关注地球运动的速度特征。我尝试利用匀速圆周运动的速度计算公式，引导学生进一步理解角速度、线速度的概念及其分布规律；利用"开普勒第二定律"，引导学生认识行星与太阳的连线在相等时间内扫过的面积相等，进而理解近日点公转速度快、远日点公转速度慢的原因。

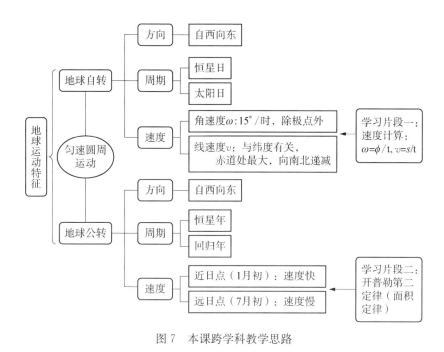

图 7　本课跨学科教学思路

案例 26　"智能护眼产品研发"的跨学科学习

四川省成都市成飞小学　张　慧

一、内容说明

本课为六年级信息技术综合实践课。学生已学习了一年的 Scratch 编程,会简单使用积木、传感器等设备搭建创意作品。本课从当前热点话题"保护青少年视力"出发,引导孩子们运用所学知识,选择适当的传感器等电子设备,设计一款智能护眼产品,并将其推销出去。

本课的探究活动分为三个部分:调查与分析、设计与制作、推销与反思,涉及信息技术、语文、数学、科学、美术等多学科知识。

二、学习目标

S(科学性)：能用科学探究方法分析产品。

T(技术能力)：能创意编程，传播爱眼理念，制作护眼智能产品。

E(工程创造)：能用工程思想规划产品制作过程。

A(艺术人文)：设计的产品能给人以美感。

M(数学思维)：能用数学思维制定实验方案，进行设备参数测试。

三、学习过程

(一) 调查与分析

1. 在生活中发现"真问题"

同学们想用自己在信息技术课上学到的知识设计制作一款有实用价值的智能护眼产品。因为大家发现，到了六年级，有一些同学眼睛近视了，班上戴眼镜的同学渐渐多了起来。

2. 从调查中发现"真意义"

同学们成立了调查组，分别对同学、家长、任课老师、校医等进行了采访和调查。

图1　同学们开展访谈

（1）采访班主任、数学学科老师等,从老师的眼中了解1—6年级各班同学视力的变化情况。

例如,61班的同学了解到:1—2年级班上同学还没有近视眼,但从3年级开始,短短三年多时间,全班有1/3的同学视力有所下降了。

（2）采访校医,了解爱眼护眼知识。

（3）采访家长、亲友,了解他们的视力情况,以及对青少年保护视力重要性的认识。

（4）上网查询国家对青少年保护视力的有关规定。

例如,同学们了解到:每年6月6日是"全国爱眼日"。

（5）在全校随机采访各年级同学对保护视力的认识,并发放调查问卷。

例如,某小组在全校随机调查了20名同学,调查情况如下:

关于近视的调查问卷

1. 你是否近视?

    A. 是   B. 否

调查结果:

选A有8人,选B有12人,近视率为40%。

2. 你们班级有多少同学近视?

    A. 10人以下   B. 10—20人   C. 一半以上

调查结果:

选A有10人,占50%;选B有7人,占35%;选C有3人,占15%。

3. 你们现在近视的度数是多少?

    A. 100度以下   B. 100—200度   C. 200—300度

    D. 300—400度   E. 400度以上

调查结果:

选A有15人,占75%;选B有1人,占5%;选C有1人,占5%;选D有1人,占5%;选E有2人,占10%。

4. 你的眼镜度数是否越来越高?

    A. 是   B. 不是

调查结果：

选 A 有 5 人，占 25％；选 B 有 15 人，占 75％。

5. 你是从什么时候开始近视的？

    A. 小学低年级   B. 小学中年级

    C. 小学高年级   D. 目前还没有近视

调查结果：

选 A 有 2 人，占 10％；选 B 有 4 人，占 20％；选 C 有 2 人，占 10％；选 D 有 12 人，占 60％。

6. 你现在平均每天看书、做作业需要多长时间？

    A. 半小时至一小时   B. 两小时以上

调查结果：

选 A 有 12 人，占 60％；选 B 有 8 人，占 40％。

7. 你现在平均每天看电视的时间大概是多久？

    A. 半小时以内   B. 半小时至一小时

    C. 两小时以上   D. 不常看电视

调查结果：

选 A 有 5 人，占 25％；选 B 有 10 人，占 50％；选 C 有 2 人，占 10％；选 D 有 3 人，占 15％。

8. 现在有玩手机、电脑等电子产品的习惯吗？

    A. 没有   B. 偶尔   C. 经常

调查结果：

选 A 有 2 人，占 10％；选 B 有 3 人，占 15％；选 C 有 15 人占 75％。

经过对调查情况的统计和分析，同学们得出此次抽样调查结果：从随机调查的 20 人来看，我们身边近视的同学有 40％（题 1），班上有一半以上近视的有 15％（题 2），300 度以上的有 15％（题 3），近视度数随年龄增长不断升高（题 4—5），日常用眼时间较长会影响同学们的视力（题 6—8）。

3. 在呼吁中发现"真价值"

通过调查和分析,宣传组的同学们还制作了宣传画,从坐姿、用眼习惯、眼睛保健等方面给出爱眼护眼建议,并发出倡议,呼吁同学们保护眼睛。

对于怎样保护眼睛,我们给了以下几点建议:

一、看书时坐姿要端正,光线要充足。读写要做到:胸离课桌一拳,眼离课本一尺,手离笔尖一寸。

二、不要在坐车或行走的时候看书,不要躺下看书。读书1小时要远眺10分钟或到户外走动,调节眼睛肌肉。

三、坚持做眼保健操。

四、尽可能少上网或看其他辐射性强的东西。注意作息时间的安排,不能让眼睛长期处于疲劳状态。

五、定期到青少年健视中心作检查,听从视光师的指导,逐步矫正视力或防止近视加深。

图2 同学们提出的爱护眼睛建议以及制作的爱护眼睛宣传画

(二) 设计与制作

通过调查身边的同学、老师、亲友,以及上网查询有关爱眼护眼的资料,同学们发现:"近视"已经成为一个现代文明病,是一个影响到大家身心健康、日趋严重的社会问题了。现在社会上有很多护眼产品,有些已经近视的同学也在用坐姿纠正仪等产品。

"我们也可以自己动手做符合自己习惯的护眼产品!"同学们决定用所学过的知识制作自己的爱眼护眼智能产品。

1. 成立项目产品研发团队

同学们根据自己的特长和研发团队需要的角色,进行角色分工,强化了团队意识,提高了研发效率。

表1 产品研发团队分工

角　色	分　工
工程师	讲解结构,说明创意。
美工师	装饰美化,艺术表达。
程序员	智慧编程,简洁有效。
小记者	抓住亮点,记录有序。

2. 研发前的热身活动

小记者代表团汇报了前期调查成果,并初步阐述产品设计目的和基础构思。小徐同学和他的伙伴们说:"我们要制作一个神奇的闹钟,这个闹钟除了会响外,还有一个特异功能——纠正坐姿。"这个团队从调查中发现了用眼时间过长影响视力的问题,于是提出改造闹钟,智能提醒学习时间的智能产品构思。

图 3　同学们汇报智能护眼产品构思

宣传组的同学们还收集整理了全班同学的倡议和构思,以宣传画的形式呼吁注意用眼卫生,画出神奇笔、按摩椅等护眼创意,倡导大家爱眼护眼。

图 4　倡导爱眼护眼的宣传作品

同学们在生活中找问题,通过近视调查、护眼需求分析、市场护眼产品分析等活动,在亲力亲为中获得了有积极意义的价值体验和认同。

3. 探索之路

任务一：聚焦问题

要求各团队明确需解决的几个问题（一个组可以研发多个产品），想一想用哪种传感器或其他电子元件来实现智能保护视力的功能。

例如，有的团队发现看书或者看电子产品的时间过长，是影响视力的重要原因，所以设计了计时器；有的团队发现坐姿是影响视力的重要原因，所以利用倾斜传感器、超声波传感器等设备设计了坐姿纠正器……

各团队要在组长的带领下依据"STEAM探索评价表"，有目的、有计划地完成探索任务。每个团队的美工师通过演示本团队的情景故事，代表小组汇报设计理念。

图5　STEAM探索评价依据

任务二：实验检测

在完成了初步设计制作后，各团队要进行产品检测，团队成员在本阶段的分工如下：

组长——统筹规划；

小记者——记录产品检测结果，抓重点拍照上传，录像记录；

程序员——为传感设备编写驱动程序；

工程师——搭建结构；

美工师——完善产品情景故事。

团队合作,边进行产品检测,边完成《产品检测报告》。

例如,"智"造"护目镜"的"闪耀之星"队,他们将"距离传感器"安装在眼镜架上,用距离传感器感应人的头部与桌面的距离,通过实际测试,找到最佳距离,再编写在程序中。这样产品测试成功后,就可以在实际运用中,为使用者及时检测、反馈坐姿是否正确的信息。

测试报告如表2所示:

表2 产品检测报告

时间		智能护眼产品	护目镜
队名	闪耀之星	组员	＊＊＊＊＊＊＊＊＊＊＊
探究设备	乐高 WeDo 距离传感器		
测试的内容	信息输入	头与桌子的距离	
	信息输出	提醒语	
测试结果	主要程序语句	重复执行 如果 距离 传感器的值 80 说 请将头抬起来 2 秒	
	效果	成功	
改进意见	外形还需进一步美化		

图6 团队探究片段

图7 护目镜的产品情景故事——护目镜提醒纠正坐姿

图 8   主角"落落"佩戴护目镜的程序代码

(三) 推销与反思

1. 产品推销

任务三:各团队汇报交流,推销自己生产的智能护眼产品

例如,"创客之星"队的汇报与推销:

第一步,介绍自己的团队,以及团队成员的分工。

我们是"创客之星"队,我们的队员有⋯⋯

第二步,用 Scratch 情景故事描述智能护眼产品的使用方法和效果。

请看我们的 Scratch 情景故事——坐姿提醒器。我们制作的坐姿提醒器不仅有提醒功能,还有按摩功能。如果使用了我们的产品,当你的头离桌子太近时,提醒器就会发出警报声,同时启动按摩仪帮你捶打颈部,缓解疲劳。

图 9　用 Scratch 情景故事描述智能护眼产品"坐姿提醒器"的使用方法和效果

第三步,展示智能产品,并讲解产品测试情况。

我们将"倾斜传感器"安装在人的肩部,监测学习时的坐姿是否正确,如果肩部向桌面倾斜角度过大时,电脑就会发出警报。同时,启动捶打器的舵机,进行颈部按摩。

我们的口号是:提醒、按摩都做到,爱眼护眼我最强!

第四步,接受其他团队的提问,广泛收集意见建议。

团队记者小刘负责记录收集大家的意见和建议,并主动采访同学,进一步了解大家的需求。小刘同学整理了大家的意见:一是倾斜传感器,目前是用手扶着放在肩部的,后期如果改为穿戴式的就更便捷了;二是按摩仪,目前是放在桌子上的,用的时候才放在颈部,单一的捶打也不舒适,后期可以改为安装在座椅靠背上,按摩方式还可以增加轮子滚动的方式。

表 3　学生"智"造产品一览表

序号	产品名称	核心设备	产品图示	使用方法及功能描述
1	坐姿提醒器 颈部捶打器	倾斜传感器 舵机		放在肩部,当检测到人倾斜角度过大时,发出警报声。同时,启动捶打器的舵机,可进行颈部按摩。

序号	产品名称	核心设备	产品图示	使用方法及功能描述
2	坐姿调整器	超声波传感器		可安放在椅背，也可以贴在背后，通过检测人的背部与椅背的距离，了解是否坐直。如果坐姿不端正，发出警报！
3	护眼智能耳机	倾斜传感器耳机		学习时挂在耳朵上，当身体因疲劳而倾斜时，播放音乐提醒，并减缓疲劳。
4	护目镜	倾斜传感器		贴在眼镜上，当检测到身体倾斜时，就会发出声音提醒休息。
5	智能计时器	红外传感器LED 等		放在桌上，检测到人坐下后，程序开始计时，一小时后播放音乐、LED 灯闪烁，提醒休息。
	......			

2. 评价提升

各团队对照评价表给本团队在此次探究和产品研发中的表现打分，交流分享经验。

表 4　评价表

项目	评价标准	得分	改进
S 科学性 1 分	1. 能将调查、了解的预防近视知识运用到产品设计中；(0.5 分) 2. 能使用科学探究方法，初步分析自己的产品。(0.5 分)		
T 技术能力 2 分	1. 使用 Scratch 编写情景故事表达产品设计思想，传播爱眼护眼的理念和方法；(1 分) 2. 根据已有知识和能力，恰当选择传感器制作护眼智能产品。(1 分)		
E 工程制造 1 分	能初步完成产品的制作。(1 分)		
A 艺术人文 2 分	1. 产品给人以美感，传播正能量；(1 分) 2. 能清晰、简洁地表达设计思想。(1 分)		
M 数学思维 2 分	1. 能用数学思维，正确制定实验方案；(1 分) 2. 能用数学方法，快速找到传感设备的所需参数。(1 分)		
团队合作 2 分	1. 小组有分工，能认真完成自己的任务；(1 分) 2. 合作很快乐，让我们的作品很棒。(1 分)		

3. 反思回顾

最后，师生用围绕"zhi"的同音字，以一字、一词、一句致敬成长！

　　老师说：智，智慧，让我们用智慧点亮生活，让智慧伴我们成长！

　　有同学说：制，制造，我们用爱心制造有意义的产品，让我们的生活更美好！

　　还有同学说：志，志向，我的志向是设计更多的人工智能产品！
　　……

在学习探究过程中，同学们用技术表达自己的创意，用智慧传递爱生活的理念，用多学科知识完成了学习目标。

图 10　从生成性板书中看学生研发产品及思维成长

（1）以"真问题"获得价值体认。从学生的学习生活中找问题，通过近视调查、护眼宣传、护眼智能产品设计制作和测试等探究活动，在亲力亲为中获得有积极意义的价值体验和认同。

（2）从"爱自己"学会责任担当。用 PowerPonit 软件制作幻灯片汇报前期近视调查情况，通过 Scratch 创意编程工具制作情景故事来讲解智能护眼产品的设计思想，用传感器给日用品添加智能。在探究中引导学生学会处理生活中的问题，学会自理、自立、爱自己、爱生活。

（3）用"跨学科"促进问题解决。通过团队互助，用科学方法、数学思维制定合理方案，检测智能产品，完善结构，调试程序，运用多学科知识解决问题。编程技术和传感设备进入课堂，进一步激发了学生的创造力。

（4）从"动手做"爱上创意物化。尝试用主控板、传感器等设备将桌椅、衣服、眼睛、护眼支架等生活用具改为智能护眼产品，在动手动脑中让创意物化，在人机互动中感悟人工智能时代科技进步带来的便利。

四、 图例小结

现代社会要求公民具备良好的人文素养和科学素养，具备创新精神、合作意识和开放视野。本课例呈现的是以工程思想构建跨学科的"智能护眼产品""智"造过程，学生团队的探究实践过程分为五大环节：调查、宣传、设计、"智"造、推销。在每个环节中，信息技术、语文、数学、科学、美术等学科知识和技能，支持着学生综合运用语言表达、数学思维、科学方法、绘画技艺、造型艺术等能力，完成"智"造产品。

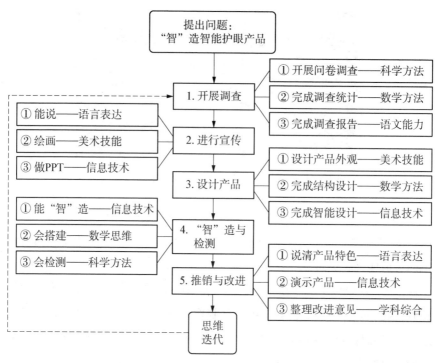

图 11　本课跨学科教学思路

案例27　动画让诗句插上灵动的翅膀

上海外国语大学松江外国语学校　马兴凤

　　针对信息科技"演示文稿的自定义动画"一课的教学,我尝试通过合理的教学活动设计引发学生思考,巧妙地做到了与语文学科之间的整合。"动画让诗句插上灵动的翅膀"这节课,有效融合了古代诗歌和信息技术,在古代优秀古诗文化的熏陶下,注重锻炼学生的思维能力,利用先设计后制作的思想,为学生提供广阔的思维空间,是促进学科融合的一次有意义尝试。

一、 内容说明

本课在教学设计上进行了适当的处理,围绕自主探索——发现问题——分析问题——解决问题——合作交流、巩固提升的思路,层层深入,引发学生思考,以提高本课的课堂教学效果。

"动画让诗句插上灵动的翅膀"是演示文稿自定义动画的第二课时,在学习本课之前,学生已经具备了利用 PowerPoint 创作、编辑动画的初步设计能力,可以说这节课是在原有基础上的再提高。《宿新市徐公店》这首诗是六年级语文课本上的一首古诗,大诗人杨万里用逼真的动态描写,使景与人融为一体,别有情趣,正好可以用信息科技课上学过的动画技术来表现这首古诗的意境。将信息科技课上学到的知识巧妙地和其他学科联系起来,这样促进了学科之间的相互整合,使学生将学到的信息科技知识真正为自己所用,让单纯的技术在思维助力下变得活起来。

关于自定义动画制作的教学,在地图版《初中信息科技》中是一整个课时,在"班级演讲会"这个单元中还是很重要的,学生对之也有着浓厚的兴趣,但是他们更多地只是感觉好玩,或机械地模仿,对一些技术还来不及消化就囫囵吞枣地使用起来,往往导致一知半解。有的学生认为自己的操作技能掌握得很好,认为自己的信息技术能力不错,而一旦碰到现实情境中的问题,就束手无策,无从下手,不能为真正解决问题提供有效帮助。

二、 教学目标

本课的教学目标是使学生能够根据古诗的实际情境,灵活选择制作合适的动画效果,在这个过程中养成更好的思维品质,先规划后制作。当然,一千个读者就有一千个哈姆雷特,学生设计制作的动画效果应各有自己的特色。这就需要学生去思考,去体验,关注思维的锻炼,在一次次与他人碰撞和自我迭代的过程中,激发潜能,最终做出自己满意的动画效果,从而提升课堂效能。

三、 教学过程及片段评析

(一) 自主探索

播放《宿新市徐公店》的诵读音频，让学生闭上眼睛静静聆听，脑海中呈现这首诗的画面。然后显示第一句诗句：篱落疏疏一径深，树头花落未成阴。

师：请同学们找出表示动作的词，这个动作对应的对象是什么？

生：落，对象是花。

出示任务：请同学们尝试完成第一句诗句"花落"的动画，表现第一句诗的意境。

（教师巡视，发现问题就及时解决。）

分析：《宿新市徐公店》是学生刚刚学过的一首古诗，大家也都感觉这首诗的描写很灵动。在信息科技课上，我们已初步学过演示文稿的动画制作基本技巧，学生对动画制作也很感兴趣，但是很多学生只是感觉动画好玩，很容易产生乱画路径、乱做的现象。比如我在教授他们自定义动画时，制作的是一只燕子飞翔的路径，有学生就开始乱画路径，甚至有燕子在电脑屏幕上满屏地横冲直撞。学生对于为什么制作动画的理解是模糊的，并不能很好地认识到用动画表现主题这一本质。

对此，我选取了一首刚学过的六年级的古诗，让学生自主探索，制作动画，旨在表现出语文课上老师讲解的意境，也为后续的教学作铺垫。

(二) 发现问题，分析问题

演示几位学生的作品，请同学们观察并提出问题。

生 1：飘落的路径是直线。

生 2：只飘落一片花。

生 3：整朵花掉落。

生 4：飘落速度过快。

生 5：点击鼠标，一瓣花飘落；再点击鼠标，另外一瓣花飘落。

……

思考：1. 为什么会出现这些问题？

2. 我们如何尽量避免这些问题？

师（提示）：我们在制作"我的美丽松外校园生活"的演示文稿时，老师一直在强调要先做什么再制作？

个别学生：先设计。

师：对，我们要先规划后制作。（与此同时，在黑板上板书"先规划后制作"）

分析：学生认为动画制作并不难，自己已经掌握得很好了。在展示他们制作的第一句诗的动画效果后，他们眉头紧皱，眼神中传递出怀疑的神情。当问他们制作的动画效果是否能够很好地表达第一句诗的意境时，全班一致地一边摇头一边说"不能"。然后，在教师的提示和慢慢引导下，学生感觉到了规划的重要性。

（三）解决问题

和学生一起来分析规划的内容。根据分析，设计第一句诗句的动画剧本。

表 1　对内容的规划设计

对象	开始	路径	速度	退场
对象 1	单击时？之前？	模仿现实情境的路径	非常快？快？中速？非常慢？慢	无？（路径终点位置：页面内？页面外？）有？（效果：消失？飞出？淡出？＿＿＿）
对象 2	单击时？之前？之后？延迟？秒	模仿现实情境的路径	非常快？快？中速？非常慢？慢	无？（路径终点位置：页面内？页面外？）有？（效果：消失？飞出？淡出？＿＿＿）

师：花瓣飘落的路径是怎样的？直线吗？

生：不是的，是弯曲的。

师：是怎样弯曲呢？所有花瓣的弯曲路径都是一样的吗？

生：不是。（有学生开始用手比划弯曲的路径）

师：那速度呢？

生：慢速。

师：这还是我们在教室中看到的花落效果，那要是在自然环境中，想像一下微风吹过，更符合意境的花落的效果是怎样的？

表 2　花瓣的规划

对象	开始	路径	速度	退场
花瓣 1	单击时	〜	慢	飘落在地
花瓣 2	之前 延迟 1 秒	〜	慢	页面下方

请学生参照剧本再次制作第一句诗句的动画效果。

分析：以"你有没有想过"设问，分析规划的内容有哪些，引导学生回想学习制作自定义动画时需思考哪些方面的设置，归纳出对象、开始、路径、速度以及退场五个方面。

在设置路径和速度时，为了让学生更好地直观感受如何设置，教师准备了几瓣仿真花，请一位同学来演示花落的过程。这时学生兴趣高涨，整个班级活跃起来。花瓣在学生手中扬起，所有学生睁大眼睛，认真观察，相信在这个过程中，他们也是一直在动脑筋的。

(四) 小组合作，巩固提高

展示第二句诗句：儿童急走追黄蝶，飞入菜花无处寻。

师：在制作动画之前第一件事情应该做什么？

生：先规划动画剧本。

思考：1. 表示动作的关键字是什么？

　　　2. 与之对应的动画对象是什么？

　　　3. 这两者的动画顺序是怎样的？

请学生模仿第一句的设计，带着这几个问题，通过小组合作完成第二句的动画剧本设计。

请学生展示自己设计的剧本，并说出这样设计的原因。其他同学可以提出设计得不够好的地方,并提出修改意见。

表3　第二句诗的规划

顺序	对象	开始	路径	速度	退场
1	黄蝶	单击	〰️	慢	飞出页面
2	儿童	之前	〰️	中	无

请学生根据自己的设计,完成第二句诗的动画。

(教师巡视指导。)

小组间互相展示自己的动画效果,其他同学认真观看并思考,积极参与小组讨论。学生学着规划如何设计自己满意的动画剧本,包括"黄蝶""儿童"的先后顺序是怎样的。例如有同学让"儿童"在先、"黄蝶"在后,其他学生提出疑问:"这不成了黄蝶追儿童了吗?"然后这位同学意识到自己的错误,很快调整思路。他们也很认真地讨论着"儿童"和"黄蝶"的"开始"方式,例如有同学设置的"黄蝶"是单击时开始,"儿童"设置为之后,很快其他同学提出质疑:"黄蝶"飞出页面,"儿童"才开始追赶吗? 慢慢地,他们讨论出"黄蝶"飞翔路径不同的版本,不断修改完善自己的动画效果,最终能够准确地表现这句诗的意境。

教师展示几位学生的动画制作效果。

图1　学生作品("黄蝶"动画是单击时开始,"儿童"设置为之后)

图2 学生作品(动画效果设置为"黄蝶追儿童")

分析：根据我们对自定义动画剧本的分析，通过小组间的分析合作，在思想碰撞的过程中，学生不断地体验思维先行，根据规划的剧本选择制作合适的动画效果的重要性。这是本节课中一个巩固提高的过程，其中，学生小组的讨论很激烈，其思维也是积极活跃的。在整个学习过程中，学生整个人的精神都是非常集中的，在交流讨论中积极主动地思考如何解决同伴提出的质疑，增强了自己主动探究与相互协作的能力，思维量增大，从而不断提升自己的多阶思维。

四、图例小结

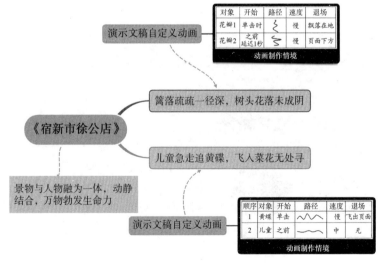

图3 本课跨学科教学思路

回顾整节课的教学,我发现学生始终充满活力、兴趣,能积极开动脑筋思考,下课铃响后有许多学生还不肯离开自己的座位,三三两两地围坐在一起,展示着自己制作的动画效果,热烈地交流着,指着屏幕讨论着;有些学生开心地向我展示他的最终完善的动画效果,问我是否符合诗句的意境;有些学生要用优盘,把自己制作的动画效果拷贝回去,向语文老师展示一下,让其再次讲授这首古诗时展示给学生看……这不就是我们所期盼的课堂吗?学生不仅仅掌握了他们所学的知识,还会进一步思考、运用、分享交流,这样的课堂教学自然是有效的。

作为教师,我们首先自己能够开阔思维,融合不同学科,实现跨学科的互通,加强相互理解,通过学生切身体验、讨论交流,层层递进地引发学生思考,调动课堂学习气氛,让学生建构不同学科之间的联结。教师要认真研究自己的教学策略,应该跨越单学科界限,并能灵活运用。课堂上教师要营造学生多元思维的氛围,也要明察秋毫,在学生思维闪现的瞬间,善于抓住时机,促使学生思维螺旋式上升,真正听懂并能灵活运用知识,避免眼高手低的尴尬现象。学生的学习思考越深入,收获就会越多,课堂教学效果自然也就会相应提升。

案例 28　小学体活"投掷活动"的跨学科融合

上海外国语大学附属松江外国语高中　黄晓倩

一、 内容说明

国家教委和上海市教委规定,每周要有四课两操两活动。一年级所用的体育课教材是由少年儿童出版社出版的《体育与健身》,但是体活课没有统一教材可用,主要按照教师备课情况让学生参与体育活动。美国的《学校数学的原则和标准》中强调了数学和其他学科的联系,于是,我思考是否可以把学生正在学习的内容和体活课融合在一起,使学生既能参加体育活动,又能巩固数学知识。案例是根据当时的数学进度和体育进度设计的一节跨学科教学课,本文把数学融入到体活课中,既提高学生训练的效果,又提升他们学习数学的兴趣。

二、学习目标

1. 运用数学儿歌激发学生的学练兴趣。

2. 通过 10 以内计算,投掷小沙包到地上相应的格子中,比"看谁投得准",了解投掷的基本要领,巩固 10 以内计算,并知道投掷时出手高度、速度与投掷远近的关系。

3. 学生根据自己的编号尝试编队,根据凑十歌找出对方阵营,伏击投掷,培养学生团队意识和互助合作的习惯与能力。

4. 通过系列投掷活动,发展学生良好的投掷能力和活动能力。

三、学习过程

(一) 片段一

师:小朋友们,在数学课上刚刚学的凑十歌还记得吗? 我们一起来背一下吧。

生:一九一九好朋友,二八二八手拉手,三七三七真亲密,四六四六一起走,五五凑成一双手。

师:(拿出准备好的数字贴纸 1、2、3、4、6、7、8、9)漂亮吗? 这是老师给大家准备的名牌,贴在自己的胸前,代表了你的编号。老师告诉你们哦,今天这节活动课和这些数宝宝有关,还要用到我们最近学到的数学本领呢。想不想挑战呢?

(让学生根据编号分小组。)

说明:兴趣是最好的老师,这里老师用数学儿歌引导,有意识地设计悬疑,使学生在跃跃欲试的状态下进行学习、练习,愿意积极主动地投入课堂教学,从而成为课堂的主人。

(二) 片段二

1. 体验→探索→感悟

(1)教师讲解投掷沙包的规则。

师:两队石头剪刀布,赢的先开始投掷沙包,比如 2 号若先开始掷,1 号报小兔在 3 蹦蹦蹦,向前蹦 5 格,2 号根据数射线做加减法,得出 3+5=8,小兔现在 8。2 号要把沙包准确地投到数字 8 的格中,如果没有投中或是计算错误,沙包交给 1 号开始投。若 2 号能准确地计算并投中,则沙包被传给下一个 2 号。依次下去,哪一队先结束,哪一队就胜利了。下一轮输的队先开始。(三局两胜制)

图 1　沙包投掷示例

(2)比赛投掷沙包。

师:好了,大家都知道投掷的规则了,接下去组队,比一比哪一队能取得胜利。

(学生分组比赛,教师到各组开展指导。)

2.总结投掷沙包比赛

动作方法:正对投掷方向,两脚前后自然开立,手持沙包,手高于头,肘高于肩,目视投掷方向,快速挥臂将沙包掷向目标。

师:A 同学,老师刚才看到 B 同学给你报小兔在 6 蹦蹦蹦,向后蹦 4 格,你回答的是 2,是正确的,你怎么把沙发掷得比 10 还远呢?

A 同学(不好意思地笑笑):没控制好出手角度和力度。

老师示范投掷到 0 和 10 的格子的动作,学生观察老师的出手角度以及沙包飞行的抛物线轨迹的不同。学生再尝试不同出手角度的掷远,找到适合自己的出手角度。

师:要想投掷得准,我们的数学基础要打牢,计算错误可就找错目标了。投掷时要根据格子的远近调整出手的角度和力度。

说明:通过掷沙包,巩固肩上屈肘投掷轻物的正确姿势,为以后的投掷垒球打基础,同时增强上肢、肩带、腰腹力量。通过报口令,巩固一年级数射线做加减法和 10 以内计算。比赛是学生特别喜欢的方式,而小组之间的比赛更有助于培养团结合作意识和竞争意识。教师将正确和错误的示范、指导放在学生练习、感悟之后,不但实现了教师由"主导者"向"服务者"的角色转变,使教师的指导更有针对性和实效性,而且对培养学生观察、对比的能力和习惯的养成也具有重要意义。

(三)片段三

1.教师讲解"伏击投掷"的规则

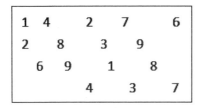

图2 随机散开图

师:同学们刚才表现得真棒!接下来我们要加大难度了。所有学生在固定区域随机散开(如图2显示的是两组人散开的情况)。学生根据自己胸前编号,通过凑十歌找到与自己编号凑成10的同学,即为对方阵营的人。

例如:编号1的是同一个阵营,编号9的是他们的敌对营。编号1的学生和编号9的学生互丢沙包,只要打中对方,对方就出局。注意在丢的过程中不可以丢到不是自己敌对营的人,如果丢到不是自己敌对营的人,自己也要出局。大家要注意躲闪或是借助其他组员隐藏自己哦。最后剩下人员最多的组获胜。

说明:伏击投掷改变了原来静止投掷的形式,由静到动,投掷目标由一个到多个,形式新颖。用凑十法找敌对营,巩固学生正在学习的数学知识。开展符合学生认识能力水平的比赛,学生往往会情绪激昂,乐此不疲。要想击中对方,就要找准正确的方向,抓住时机,快速挥臂,这样在不知不觉中,学生的投掷能力也得到了锻炼、提高。要想避免被击中,就要快速躲闪,找隐蔽。在这个过程中,学生分析问题、找到策略并解决问题的能力逐步增强。

2.伏击投掷

师:大家都知道伏击投掷的规则了,接下去各小队散开,比一比哪一队能取得胜利。

(学生散开,伏击投掷,教师巡回,提醒捡拾沙包并注意安全。)

3.总结伏击投掷比赛

清点人数,找出人数最多的组,奖励并让获胜的组派代表来分享成功的经验。

师总结:要熟练凑十歌,找准敌人,抓住出手时机,快速挥臂,投向正确的方向。

师:谁来自我评价一下刚才自己的表现,或是评价下别人也可以。

生1:他们一直在移动,看了这么多号后,凑十法不熟练的我,找错了敌对营。

虽然没打中非敌对营的人,但是我记错了号,主动把自己送到敌方面前了。

生2:我出手太慢了,每次都让对方逃过。

生3:对手太狡猾了,他躲在其他组员的后面我不好下手,趁我不备,把我投中了。

生4:我和组员协同作战,这边我吸引对方的注意,我的组员则偷偷袭击。

……

说明:在评价中,学生大胆地进行自我评价和相互评价,虽然是一年级学生,但个个争先恐后地发表自己的见解,交流自己的感想,尚显稚嫩的话语也分明指出了小组、同伴和自己的得与失。对此,我认为如果可以尽可能多地创设学生自行探索、体验、感悟、评价的空间的话,学生在体育锻炼中的综合能力一定会得到逐步增强和提高。

四、图例小结

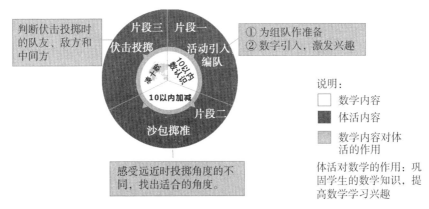

图3 本课跨学科教学思路

体活、数学的跨学科教学,要以学生为出发点和落脚点,选取的数学内容既要以学生已有的数学知识为前提,又要能有利于提高学生训练的效果。本节课通过10以内数的认识为活动组队作准备,让学生学以致用,进一步激发学生的学习兴趣。依据10以内的加减法比赛沙包掷准,在复习巩固数学知识的同时,能让学生感受到远近不同时投掷角度的不同,提高投掷的效果,增加学生的体验感和参与感。以凑十歌作为判断伏击投掷时敌我方的依据,可以增加伏击投掷活动的趣味性,锻炼学生的快速反应能力。

综上,数学与体活的有效结合不仅能增加活动的趣味性,提高活动的训练效果,还能巩固数学知识,提高学生数学学习的兴趣。

案例 29　跨学科体验人与自然和谐相处

四川省成都市成飞小学　魏　敏

一、内容说明

作为一名教育工作者,我一直考虑把保护生态环境的意识融入到日常学习生活当中,使学生牢固树立生态文明理念,把习近平总书记的生态文明思想落地生根。本案例是四年级学生基于信息技术课的机器人搭建技术,融合美术课的绘画设计技巧,站在科学课的角度去了解动物们不同的生活习性,认识动物多样的生存和繁衍方式,从思想品德课的维度去了解人类残害动物的悲惨后果。最终使学生明白保护动植物就是保护人类自己,从而树立保护生物多样性的意识,建立人与自然和谐相处的理念。

二、学习目标

1. 掌握搭建、编程的基本技能,用机器人模拟现实的情境,让学生在实际体验中探索创新。

2. 使学生掌握色彩、构图的能力,通过技术领域向艺术领域的延伸,提高学生的审美情趣。

3. 树立人与自然和谐相处的现代环保理念。

三、学习过程

（一）准备，建造我们的"奇幻森林"

　　每个孩子都有自己喜欢的小动物，大家都想和小动物们做朋友，可是，有些动物生活的地方离我们太远了，怎么办呢？要怎样和它们做朋友呢？——我们可以自己搭建小动物的模型，然后用编程的方式赋予它们声音、动作和语言，也可以为它们穿上漂亮的衣服，还可以为它们建造一个舒适安全的生活场所……孩子们的无限创意接连蹦出，并付诸行动。小组合作搭建机器人，编写程序，绘画动物脸谱，制作花草树木背景图。我们的"奇幻森林"就此诞生了。

小狗"旺旺"

小猫"咪咪"

专心绘制猫头鹰脸谱

布置完花草树木，调试检查编程

图1　学生们建造"奇幻森林"

(二) 出发,探秘"奇幻森林"

前期的各种准备都是孩子们独立完成的,他们互相帮助,互相学习。在成功布置完成"奇幻森林"的桌面场景后,我们正式开始了这节 STEAM 学科融合探索课。

1. 欢迎来到"奇幻森林"

酷萌的机器人"悟空"是我们的园区引导人,随着它的一声"芝麻开门",孩子们搭建的简易大门缓缓打开。四名小游客随即开始了游园之旅,首先映入眼帘的是一只小猫和小狗,它们舒服地晒着太阳,还招呼"悟空"跳一曲舞来欢迎大家。伴随着动感的音乐,"悟空"灵活的身体舞动起来,引起了大家的阵阵掌声,课堂气氛一下子被点燃了。

图 2　展示"奇幻森林"

2. 我们都是好朋友

在"奇幻森林"里生活着很多不同种类的动物,每只动物都有它的守护员好朋友。孩子们为自己守护的小动物编写了自我介绍的语音程序,被赋予了人类特有的语言之后,小动物看起来更加可爱了。听,他们正在兴高采烈地介绍自己:"大家好,我是大家的欢乐小天使——长颈鹿,很高兴认识你们。""朋友们好,我是天空中的王者——雄鹰。""嗨,你们好呀。我是大嘴巴河马,希望大家会喜欢跟我交朋友哦。""我是爬得最慢的小蜗牛,希望你们能带着我一起玩呀!"……真是一场活泼欢乐的小动物聚会。除了让小动物拥有人类的语言功能外,孩子们还为它们绘制了可爱的脸谱面具,每个小动物都变成独一无二的了。在这段交流分享学习中,孩子们学会了用科学的角度按不同的标准给动物们分类,充分感受到地球上存在不同的动物,不同的动物有不同的特征,动物具有多样性。瞧,他们对自己的小动物朋友可是非常熟悉呢——

　　河马,是哺乳类杂食动物,身体庞大而笨拙,四肢特别短,还没有大象一半高。但是,它有一张特别大的嘴,比陆地上任何一种动物的嘴都大,足足可以张开90度呢。

　　大象,是世界上最大的陆地哺乳动物,它们的鼻子非常灵活,象牙是它们御敌和取食的重要工具,但是许多黑心商人却大肆捕杀大象,想要拔下象牙去卖钱。

　　还有华南虎,也被那些坏人捕杀得快要灭绝了。

　　······

　　守护员们的讨伐声此起彼伏,小游客们也不停地声讨着。突然,一阵悲惨的嘶吼声传来。大家不约而同地安静了下来,原来是模拟恐龙馆的那只恐龙在仰天嘶吼。小游客好奇地问道:"它为什么叫得这么悲伤呢?"守护员此时缓缓站起,给大家娓娓道来,讲述了恐龙的灭绝过程。

　　"孩子们,你们可曾想过,我们现在看到的这些动物会不会有朝一日也会像恐龙一样,彻底从地球上灭绝呢?"教师适时地提问,引发学生的思考。

华南虎展示

同学们积极发言

图3　讨论动物的生存现状

图4　学生认真观看视频

3. 那些灭绝的动物们

学生开始了热烈讨论："这么可爱的长颈鹿真的会灭绝吗？那我会很伤心很难过的。""那么厉害的鹰和虎应该不会灭绝吧，它们很强大呀。""可是人类真的很残忍，那些坏人捕杀了很多大象呢，没有了象牙的大象，很快就会死了，时间长了，是不是大象就完全没有了？"听着孩子们的发言，教师适时地播放一段视频，介绍几种已经灭绝的动物。绝大多数灭绝动物都和人类有关，有的是因为栖息地被人类开发和破坏而失去了安身之地，有的是因为人类基于自身利益对它们展开大肆捕杀。学生从开始的讨论到视频学习，内心有了更深的感悟：这些人太坏了，这些动物太可怜了！有些人为了自己的利益，竟然这样残杀动物们，真的太可恶了！孩子们的小脸上满是怒气，心里都是对坏人的憎恶、对动物的同情。在教师进一步引导下，才开始思考：动物的灭绝会对我们人类产生什么影响呢？

4. 人类的悲剧

学生自己的想法简单纯粹："我们就再也看不到灭绝的动物，太可惜了"。教师继续播放动画视频，展示了人类对动植物的残忍伤害，最终换来的是自食恶果的结局。没有了动植物的存在，最终人类也会灭绝。所以，保护动物，就是保护人类自己。

图5　学生观看动漫视频

5. 我们的思考

保护动物就是简单地不去捕杀动物，对吗？对于这一问题经过这节课的学习探索，孩子们已经可以从多个方面去谈论该如何保护动物：保护环境，营造适合动植物生存的环境；不要占用动植物的栖息地；减少二氧化碳的排放，保护南北极的动物；没有买卖就没有伤害……

"孩子们，我们常说从身边的小事做起，那我们现在最重要的是不是先做好'奇幻森林'的进一步建设呢？"教师进一步引导。学生小组讨论后续还可以如何更好地建设森林之家。

四、图例小结

本节课以"保护动物多样性"为主题,分别从信息技术、美术、科学、思想品德等学科展开探索,将人工智能机器人引入科学课堂,以美术设计为基础,最终升华达到思想品德教育的重要意义。本节课的完整教学思路如图6所示。

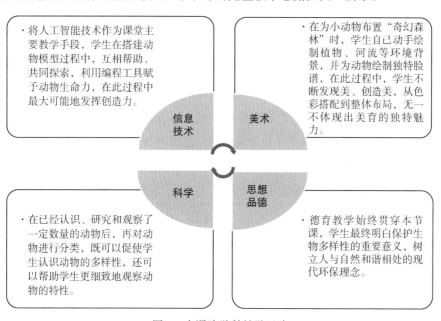

· 将人工智能技术作为课堂主要教学手段,学生在搭建动物模型过程中,互相帮助、共同探索,利用编程工具赋予动物生命力,在此过程中最大可能地发挥创造力。

· 在为小动物布置"奇幻森林"时,学生自己动手绘制植物、河流等环境背景,并为动物绘制独特脸谱,在此过程中,学生不断发现美、创造美,从色彩搭配到整体布局,无一不体现出美育的独特魅力。

信息技术　美术

科学　思想品德

· 在已经认识、研究和观察了一定数量的动物后,再对动物进行分类,既可以促使学生认识动物的多样性,还可以帮助学生更细致地观察动物的特性。

· 德育教学始终贯穿本节课,学生最终明白保护生物多样性的重要意义,树立人与自然和谐相处的现代环保理念。

图 6　本课跨学科教学思路

案例 30　以"理"说"史"探寻原始农耕生活

上海外国语大学松江外国语学校　王　珣

一、内容说明

历史是人文社会科学中的一门基础课程,对学生的全面发展、终身发展有着重要的作用。《中学历史学科教学指导意见》中明确指出:"中学历史课程是帮助学生追寻文明足迹,树立求真意识,习得基于唯物史观的了解历史、解释历史与评价历史的基本方法,汲取历史经验,以此增强民族精神,开拓国际视野,成为一个有历史意识和社会责任的公民。"随着时代的不断发展变迁,在日益注重素质教育的今天,对于历史的教授要求不仅是让学生学到课本上的理论知识,更重要的是带领学生通过多种途径感知历史,学会从当时的历史条件背景下,运用历史年代计算、地图分析、史料解读等多种方法,理解历史上的人和事,认识历史发展的时代特征和趋势,提升自身的历史思维。因此,历史课程的学习不是单一的,而是共通的。例如,《义务教育历史课程标准(2011版)》提出了历史学科的五大核心素养:唯物史观、时空观念、史料实证、历史解释、家国情怀,其中"时空观念"要求学生了解历史的时序、地域定位,初步学会在具体的时空条件下对历史事物进行考察。历史时空观念的培养与地理学科密不可分,需要借助地理学科的融入,以更好地实现教学目标,达成历史学科知真、求通、立德的育人价值。本课面向七年级学生,他们刚开始接触历史,因此需要一方面调动他们的学习兴趣,一方面树立他们将地理学科与历史学科相联系的意识。

二、学习目标

"原始农耕生活"是部编历史教材《中国历史》第一册第一单元第2课的内容,介绍了大约在一万年前,中国境内的人类逐渐懂得耕种农作物、饲养家畜、磨制石器和烧制陶器,开始了定居的生活,为古代文明社会的形成奠定了重要的物质基础。而原始农耕生活中各地建筑、饮食的差异,人类遗址的分布与中国境内的地形特点、气候环境、河流分布有着紧密的联系。结合本课内容,根据历史学科教学的基本要求,我将学习目标确立如下:

1. 通过本课的学习,了解中华文明起源中我国原始农耕的情况,知道中国的地理和气候环境的特点及其之间的联系。

2. 带领学生对文物、地理地图、史料进行解读,在此过程中锻炼学生的对比、分析、概括的能力,渗透史学素养,提升学习的模仿与迁移的意识。

3. 体会远古先祖的勤劳智慧对人类社会发展的重要贡献,增强学生对祖国历史和文化的认同,强化学生的民族自豪感。

三、学习过程

(一)解读人类遗址分布历史地图

历史地图是反映一切与人类活动有关的具体空间分布和地域差异的地图,其在反映事物所处状态上具有直观的、形象的特征。古人有云,"左图右史,即书而求难,即图而求易",地图对于历史的学习具有举足轻重的作用。因此,在历史教学中,我们不仅要指导学生学会读图,更要能真正地读懂图。

例如在"原始农耕生活"一课中的《中国原始农耕时代重要遗址图》,包含了原始农耕时代重要的遗址分布。在教学中,我们需要引导学生认真阅读图片,思考从该地图上可以获得哪些信息,以此锻炼学生的观察、分析、概括问题的能力。从图片中,学生们可以明显看出人类遗址的分布有两个特点:(1)绝大多数分布在河流边;(2)紧密集中在中国的东部。在此基础上,进一步启发学生思考,挖掘历史地图深层隐含的内容。

地理学科延伸一

特点:中国早期农耕时代重要遗址分布东中部多,西部少,多沿河流分布。

原因:早期中国西部地形以高原山地为主,气候干燥寒冷,不适宜发展农业;中东部相反,且河流沿岸水源充足,土壤肥沃。

通过地理学科地貌知识的融入,清楚地让学生理解这一历史地图背后的知识,树立要从多角度思考问题的意识。

(二)解释南北差异历史现象

历史学科五大核心素养中的历史解释,要求学生能运用史料作为证据,对具体史事作出分析和解释,以此培养学生发现问题、思考问题、解决问题的能力。本课"原始农耕生活"的教学重点是对半坡遗址和河姆渡遗址两处古人类遗迹的掌握,在这一环节上,教师带领学生认识其出土的粮食、房屋建筑、陶器、古器等内容,进一步引导学生对比两者的不同之处。例如不同之处一:粮食不一,河姆渡遗址是稻,半坡遗址是粟;不同之处二:建筑风格不同,河姆渡遗址是干栏式建筑,半坡遗址是半地穴式建筑。并针对这一历史现象,结合中国地理特征,自主探究,以地理知识解释该历史现象。

地理学科延伸二

河姆渡遗址:纬度较低,靠近海洋,水热充沛。

半坡遗址:纬度稍高,冬冷夏热,距海较远,降水较少。

因此,处于南部地区的河姆渡,使用干栏式建筑可以使房子与地面隔离而达到有效的防潮作用,而主要粮食作物水稻喜高温、多湿润的环境,适合在此地生长;处于北部地区的半坡,使用半地穴式房屋建筑,一部分深入地下有利于防寒保暖,抵御北方的寒冷干燥,也能抵御野兽的侵袭,而主要的粮食作物粟,属于耐寒稳产的作物,海拔1000公尺以下均适合生产。关于家禽,两处均有狗和猪,这两种动物对自然条件和气候要求低,几乎都能生存下去,而河姆渡遗址中的水牛,它是需要在水源充足湿润的地方生存,多在原始森林和沼泽湿地中,以水生植物为食。

(三) 揭示农业为本的历史规律

公元10 000多年前,中国进入新石器时代。通过对河姆渡遗址、半坡遗址等人类遗址的考古发现,我们对早期人类的进化、生活情况逐步形成了一个清晰的脉络,中国境内的人类懂得了饲养家畜、耕种农作物、磨制工具,开始了定居的生活,是原始农业形成和发展的重要标志。在历史的漫漫长河中,农业一直是历代王朝的立国之本,农业始终是中国古代的支柱性产业。新中国成立后,农业的发展更是日益迅速,我国许多农产品的产量已经位居世界前列或者世界首位。随着农业科学技术的发展,我国的农业生产正在由传统农业迈入现代农业。

通过向学生介绍我国农业的形成与发展,引导学生思考:为何中国从古至今,农业地位不可撼动?

地理学科延伸三

首先,广义上的农业包括的领域广,有种植业、林业、畜牧业和渔业,不仅为我们的生活提供了粮食等食物,也为我们的生活提供了大量的原料,我们的衣食住行与农业息息相关。

其次,我国的耕地面积广大,实际耕地约20亿亩,约占世界耕地面积的百分之七,居于世界第四位。农业人口众多,与发达国家相比,从事农业的人口比重较大。

第三,因地制宜地发展农业,形成了各具特色的四大农业区:北方旱地农业区、西北干旱农业区、南方水田农业区和青藏高原农业区。

(四) 小结

地理与历史之间有着错综复杂而又密不可分的关联,自然地理环境造就了一个地区特殊的人文景象,进而影响了一个地区的文化历史的进程。梁启超先生曾在《中国史叙论》中说:"地理与历史,最有密切之关系,是读史者所最当留意也。高原适于牧业,平原适于农业,海滨河渠适于商业。寒带之民,擅长战争;温带之民,能生文明。凡此皆地理历史之公例也。"因而,将历史学科与地理学科相融合,既能从内部把握事物发展中的联系,也符合培养综合性人才的要求。在本课的设计中,应用自然地理环境的特点,解释历史上各地区建筑、食物等差异的缘由,让学生更能清楚地理解原始的农耕生活,了解人们逐步摆脱完全依赖自然的采集和渔猎生活,过渡到比较稳定的农耕生活,从而奠定了中国农耕文化的基础。

(五) 作业设计

用彩色塑泥,捏出一幅河姆渡遗址人类生活的景象。(注意要体现该地区的地理特点、人文历史内容。用捏彩色塑泥的形式,可以激发学生的学习积极性,在趣味中回顾巩固本课内容,实现地理知识与历史知识的综合运用)

四、 图例小结

人类历史的演变是建立在地理条件的基础上的,地理是历史的舞台。《初中历史课程标准》中,将时空观念列为历史学科五大核心素养之一,要求学生了解历史地域定位,学会在具体的历史时空下对历史事物进行考察。本课例在实现历史学科和地理学科融合的基础上,透过地理学科的空间、环境、地区差异思考历史发展规律,剖析历史现象。在历史学习中,学生通过不同途径感受历史,学会自主运用年代计算、地图分析、史料解读、数据归纳等方法探讨历史、理解历史,认识历史的发展特征和趋势,提升自身综合素养,最终达成历史学科知真、求通、立德的育人价值。

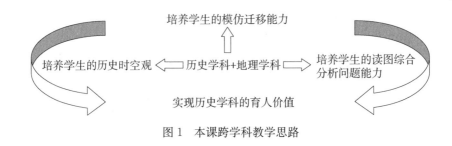

图1 本课跨学科教学思路

案例 31 探寻垃圾背后的秘密

四川省成都市成飞小学 王 燕

一、内容说明

本案例是面向五年级学生设计的一项习作教学课——学写调查报告。环境问题是人类面临的一个错综复杂的问题,我们身处其中,谁都不能避免。大多数学生都有强烈的环保意识,但在生活中往往只有意识没有行动,随手乱丢垃圾等现象时有发生。鉴于此,本案例以垃圾分类这一热点为主题,引导学生走进生活,联系生活实际,运用平常学习中的统计、归纳、演绎、类化和对比推理等思维方法,将自己调查到的数据加以整理、分析,最后将自己的观察、分析结果用语言文字表达出来。对于五年级的孩子而言,围绕话题进行调查,他们已经有了一定的经验积累;对于统计调查结果,他们有基本的数学知识作为支撑。分析统计结果,发表自己独特的感受,是本案例的教学重点。通过本案例教学,增强学生的环保意识,培养学生的科学精神,让学生在分析研究的过程中体验收获,将环保意识转化为环保行动,感受快乐,享受成功。

二、学习目标

1. 围绕"垃圾分类"的话题，在学校和社区进行一次调查，并且运用已经掌握的知识，将结果进行统计。

2. 小组合作，针对"垃圾分类"调查问卷统计结果，提取有用的信息，进行多角度的思辨，推测现象，发现问题，进行建议。

3. 明确调查报告的基本格式。结合调查统计结果，联系自己独特的感受，引导学生尝试写作一篇调查报告。

4. 增强学生的环保意识，培养学生的科学精神，让学生在分析研究的过程中体验收获，感受快乐，享受成功。

三、学习过程

（一）引入话题

师：同学们，自去年 7 月 1 日，上海正式进入垃圾分类的法治时代，到 2020 年底，有 46 个重点城市将基本建成垃圾分类处理系统。近日，习近平总书记对垃圾分类工作作出了重要指示："要开展广泛的教育引导工作，让广大人民群众认识到实行垃圾分类的重要性和必要性，通过有效的督促引导，让更多人行动起来，培养垃圾分类的好习惯，全社会人人动手，一起来为改善生活环境作努力，一起来为绿色发展、可持续发展作贡献。"可见，垃圾分类已成为一种新时尚。这一节课，我们的学习任务就是追随这一时尚，探寻藏在垃圾里的秘密，合作完成一篇调查报告。现在就进入我们的学习，请同学们认真观看视频，了解为什么要进行垃圾分类，观看的同时请在学习单上记下最让你震撼的数据或词语。（播放视频）

师：同学们，看完视频，你记住了哪些数据或者词语？这些数据或词语让你想到了什么？给你怎样的感受？（指名反馈）

表 1　学生记录

处理方式	未出售也未处理,全部投放到垃圾箱	除废品出售外,其余全部投放到垃圾箱	除废品出售外,分类投放到垃圾箱	将全部垃圾分类后投放到垃圾箱
占被调查家庭的比例	27.79%	19.44%	33.33%	19.44%

生1:1 300万吨塑料垃圾、50种鱼类正在食用塑料垃圾等数据让我震惊无比,垃圾产生的数量真是惊人啊!

生2:垃圾不仅给自然界还有海洋生物,甚至是人类自己都带来了灾难。

生3:垃圾分类迫在眉睫。

(二) 探寻秘密

师:是啊,随意处置垃圾,危害无穷;垃圾分类,好处多多。那么在我们的生活中,垃圾分类进行得怎么样呢? 没有调查就没有发言权。课前让大家对自己家里一周生活垃圾种类及处理方式进行了调查,并将结果统计下来,大家进行得怎样?(指名反馈)

学生展示家庭生活垃圾处理方式调查统计情况。

表 2　学生调查情况

我们的发现	我们的分析	我们的建议
第三种处理方式占比最多,第二种和第四种处理方式占比最少。	1. 人们有了一定的垃圾分类意识,但不够深入。 2. 部分家庭有意识无行动。 3. 无行动可能是因为嫌麻烦,或者觉得自己分不分类无所谓。	1. 政府加大对垃圾分类的宣传力度。 2. 社区要完善垃圾分类的设施设备。

师:同学们,这是我们班40个家庭的生活垃圾分类统计结果。请观察这张统计表,根据数据,认真思考,结合学习单在小组里展开讨论。

小组讨论以下内容:

(1)看了这组数据,你发现了什么?

(2)为什么会出现这样的现象,你能深入思考一下原因吗?

(3)如何解决这些问题呢? 你能对有关的人或学校、社区等提出行之有效的建议吗？请小组讨论并填写学习单(一)。

附：小组学习单(一)

> 各小组选择最有价值的思考和建议进行全班交流。同学们,通过对数据的分析讨论,相信你们一定探寻到了藏在垃圾背后的秘密:可能是一种现象的推测,可能是一个问题的发现,也可能是对同学、老师、家长或者我们的学校、社区、政府部门的一次建议! 请每个小组选择一项最有价值的思考或建议与大家分享!

小组 A：政府应该通过广播、电视等媒体加大宣传力度。

小组 B：政府还应该针对垃圾分类出台一些强制措施。

小组 C：学校可以通过一些活动让我们对垃圾分类有更多的了解。

小组 D：社区对垃圾分类设施的完善也十分必要。

······

(三) 学习报告

师：同学们,我们这一次的调查对推动"垃圾分类"有什么帮助和意义吗？ 我们仅仅靠这一组简单的数据,是无法真正说服别人,打动别人的。我们需要把调查的结果和感受用语言文字写下来,打造一篇对自己和别人都有意义的调查报告。什么是调查报告呢？ 我们先一起来了解一下。(出示 PPT)

> 调查报告是对某项工作、某个事件、某个问题,经过深入细致的调查后,将调查中收集到的材料加以系统整理,分析研究,以书面形式向组织和领导汇报调查情况的一种文书。其特点是具有写实性、针对性、逻辑性。

师：可是调查报告应该怎么写呢？让我们先来阅读两篇调查报告。

（学生自读调查报告范文。）

师：要完成今天的调查报告，我们需要写哪些内容？请大家自己先思考并填写学习单（二）。（指名反馈）

附：小组学习单（二）

我们的报告			
调查目的	调查内容	分析结论	提出建议

生1：首先我们要介绍一下调查的目的，也就是原因。

生2：我们采用什么方法调查的也需要说一说。

生3：调查了哪些人？在什么时间调查的？

生4：调查的结果怎样？分析调查结果我们发现了什么？对此有什么建议？我们有什么感受？

（老师根据学生反馈，板书：调查原因及方法⇒调查结果与分析⇒调查感受及建议。）

师：重点应该写哪部分呢？调查的结果很重要，针对调查结果所作的分析，也就是我们学习单（一）所呈现的内容是调查报告的重点，一定要写清楚。

师：同学们，题目为文之眼，任何一种文体都需要一个合适的题目。调查报告的题目一般有两种：一种是"关于×××的调查报告"；另一种是根据主题拟一个较为个性的题目，同时将"关于×××的调查报告"作为副标题，如：探寻垃圾背后的秘密——关于"垃圾分类"的调查报告。现在，请你们学习刚才阅读的调查报告范文，为我们今天的调查报告确定一个恰当而独特的题目吧！（指名反馈）请在你们的习作本上写下这次调查报告的题目吧！

师：同学们，下节课我们一起完成这篇调查报告。下课！（第二课时，完成调查报告。）

课后作业：完善一份班级调查报告呈报学校和社区。

四、图例小结

本案例呈现的虽然只是一节习作课，但前后完成却需要至少两周时间。两周时间里，学生需要通过调查问卷等形式了解当前垃圾分类的现状，通过对数据的整理、观察及分析，了解垃圾分类迫在眉睫，但实施起来却困难重重的现状。其中既有个人的原因，也有政策、社会等多方面的原因，需要政府部门、社区、学校及家庭、个人都行动起来。完成这次习作，学生不光需要学习运用调查报告的写作要求及方法，还需要运用数

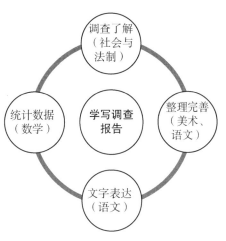

图 1   本课融合多学科知识

学统计分类、社会与法制、美术等学科的相关知识，如图 1 所示。

本课的教学流程图如图 2 所示。

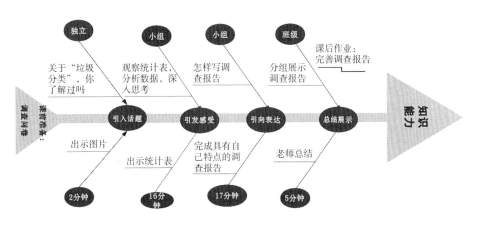

图 2   本课跨学科教学流程图

案例 32　STEM 理念下初中道德与法治学科的协同育人

上海外国语大学松江外国语学校　张　红

一、内容说明

本课程主要基于部编版教材九年级《道德与法治》而开发的跨学科案例,围绕当前全球性问题——新型冠状病毒肺炎疫情而展开。新型冠状病毒肺炎疫情爆发以来,学生们居家学习,虽会经常关注疫情,但对疫情的情况缺乏总体认识和分析。对此,融合生命科学对病毒的科学认知,引导学生思考中国抗疫的举措及成效,从而体会中国抗疫成果的背后是国家实力的强大。同时,对于中国抗击疫情所作的努力和贡献,世界多数国家予以肯定和赞扬,但也出现了不同的声音,因此需要中国未来的公民,能够在世界舞台上发出中国声音,讲好中国故事。

二、学习目标

通过道德与法治、生命科学及信息科技等学科的融合,达成如下学习目标:

1. 运用生命科学的知识解读什么是新型冠状病毒,知道科学的预防措施。

2. 运用信息科技知识,快速搜集围绕疫情主题的资料,能够对所搜集到的中外抗疫资料进行处理、分析说明,体会中国抗疫成果来之不易,增强对中国抗疫成就的认同,感悟祖国的强大。

三、学习过程

(一) 环节一: 引入新课

师:庚子鼠年,新冠肺炎疫情蔓延,极大地影响了人们的生活,改变了人们的学习、工作方式甚至包括对国家的认知。请说说,这场疫情给你带来了怎样的改变? 你觉得这场疫情什么时候能结束?

学生根据已有认知和感受,谈疫情给自己带来的改变,作出自己的预判。

设计意图:引入本节课的主题——全球新冠肺炎疫情。

(二) 环节二:探究新冠肺炎病毒

师:疫情何时能结束,取决于人们对疫情的科学认知及有力的应对措施。首先来了解什么是新型冠状病毒? 要认识它,请同学们回顾一下什么是病毒?

1. 什么是病毒

生:病毒是一种个体微小,结构简单,只含一种核酸(DNA 或 RNA)且不具有细胞结构的生物。病毒是由蛋白质外壳和内部的遗传物质组成的。

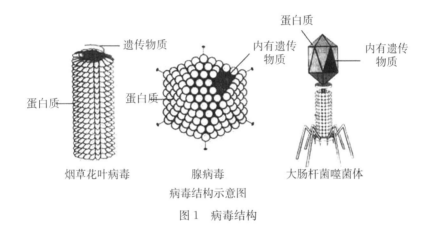

病毒结构示意图

图 1　病毒结构

2. 什么是新型冠状病毒

(出示图片资料)

生:冠状病毒是病毒的一种,属于单链 RNA 病毒(RNA 病毒更容易变异)。病毒颗粒的表面有许多规则排列的突起,像一顶"皇冠"。2020 年 1 月 12 日,世界卫生组织正式将造成武汉肺炎疫情的新型冠状病毒命名为"2019 新型冠状病毒(2019-nCoV)"。

师:大家知道生物的基本特征是:生活需要营养,有特定的结构,都能够繁殖后代,都有遗传和变异的特征。那么新冠病毒依靠什么生存? 又是怎么繁殖的呢?

生:新型冠状病毒由蛋白质外壳和内部遗传物质构成,在人体细胞内寄生,并利用细胞内细胞器和营养繁殖后代。2020 年 3 月 3 日,通过对迄今为止最大规模的新冠病毒全基因组分子进行分析,发现新冠病毒有两个亚型,两种亚型的传播能力有差异,致病力或许也有差别。

3. 新冠病毒的传播途径有哪些

出示资料:由于没有细胞结构,病毒无法实现自我独立营养,必须寄生在活细胞内,借助寄主细胞内的物质进行自我复制。所以,哺乳动物及鸟类成为冠状病毒的宿主,通过传播介质形成大范围的感染。

师:新冠病毒的传播途径有哪些?

生:主要的传播途径有呼吸道飞沫传播和接触传播。气溶胶和粪—口等传播途径尚待进一步明确。

设计意图:此环节主要通过生命科学中介绍病毒的知识,来科学认知新型冠状病毒,为下一环节分析抗击新冠疫情举措作铺垫,很好地将生命科学知识融入到道德与法治的教学中。

(三) 环节三:探究抗击新冠疫情的举措

1. 从科学的角度看,该如何控制新冠病毒

学生回答得比较具体,如戴口罩、勤洗手等。

教师归纳:从生命科学的角度,可以归纳为控制传染源、切断传播途径、增强抵抗力等方式。

2. 学生分小组完成表格

师:新冠肺炎疫情爆发以来,我国是如何控制传染源、切断传播途径、增强抵抗力的? 都采取了哪些措施?

要求:学生四人一组分工合作,选择一个角度查找、搜集相关资料,并汇总。

表1　针对疫情的措施

选准角度	中国	他国(国名_____)
控制传染源		

选准角度	中国	他国(国名_____)
切断传播途径		
增强抵抗力		

学生根据已知经验、利用互联网(在机房或用平板等)查找相关资料,完成表格。部分小组分享搜集汇总的成果。

控制传染源小组: (1)早期疫情从武汉发起,从1月23日10时起,武汉市和周边的鄂州市、仙桃市、潜江市、黄冈市、荆门市等相续宣布暂停运营城市公交、地铁、轮渡、长途客运,暂时关闭机场、火车站、高速公路等离开通道,严防武汉新型冠状病毒疫情扩散。

(2)已经感染新冠的患者集中隔离。

(3)派出大批援鄂医疗队、专家组集中诊治患者。

切断传播途径小组: 号召人们宅家、佩戴口罩、常洗手、保持社交距离等。

增强抵抗力小组: 鼓励人们居家运动、跳绳打卡等。

3. 请从科学和事实的角度评价一下这些措施

教师出示国内疫情演化时间简表和全球疫情演化时间简表。

师:从表中,读出了哪些信息?

生:从以上数据看出,中国疫情控制得很好,持续向好发展;而全球则呈现多国多点爆发的状况,证明了我国决策的科学性。

设计意图:这部分内容帮助学生正确认识国家出台抗击疫情举措的科学性。

(四) 环节四:探究抗击新冠疫情举措背后的国家综合实力

1. 出示案例

案例:出国留学的人花高价买机票回国,甚至还一票难求?

思考:这些人为什么急着回国? 你如何看待这种现象?

生:国内疫情控制得好,相对安全。

师:新冠疫情是人类共同的敌人,各国都在努力控制疫情,中国也作出了巨大努力。我们来了解一下各国情况。

2. 出示中国疫情防控时间表,回顾梳理

师:在这些重要的时间节点,中国政府都采取了哪些措施?

生:(根据已知经验和之前查找的资料回答)封城,及时公开公布抗疫数据,全力保障供应抗疫医疗物资以及老百姓的生活物资,实行米袋子省长负责制、菜篮子市长负责制等,及时向世界卫生组织报告及分享基因测序科研成果等。

3. 组织学生讨论

师:这些措施出台之后,社会各界都有怎样的表现?请你用了解到的事实说话。

生1:医护人员——不计报酬,无论生死。

生2:科研人员——84岁的钟南山、73岁的李兰娟等奔赴前线,开展科研攻关。

生3:人民解放军——军令如山,一声号令迅速出动。

生4:社区工作者——守卫家园,把好大门。

生5:老百姓——听从号令,开始居家防疫。

……

教师归纳:中国人民的凝聚力,众志成城抗击疫情的精神面貌值得称颂,中国政府的现代治理体系和治理能力得到了检验。

4. 视频资源——张维为《这就是中国》

观看思考:还有哪些因素助力中国将疫情控制好?举例说明。

生1:改革开放以来,以经济和科技为基础的中国综合实力得到了提升。

生2:治疗新冠肺炎的费用全部由国家出,没有强大的经济实力是办不到的。

生3:科技助力抗疫,无人机运送物资,无人机消毒杀毒。

生4:火神山和雷神山两座医院快速建成,收治了更多患者,展示了中国的工业生产建造能力,以及社会主义制度集中力量办大事的优势。

追问:党和国家领导人如何部署?(出示资料:习近平的抗疫足迹)

生:习近平总书记亲自指挥亲自部署,坚决保护人民生命安全和健康,坚持以人民为中心。

总结归纳:为祖国的强大而自豪。(把课题补充完整——全球疫情当前,为祖国强大而自豪)

设计意图:这部分内容帮助学生运用道德与法治学科所学习到的知识原理和学科思维来分析抗击疫情的现象,感悟国家的综合实力。

(五) 环节五：课堂小结

整个学习过程体现了"做中学"活动型课程理念。该案例的学习过程，是师生教学相长的过程；资料的搜集、整理、分析以学生为主，教师引导、指导为辅；学生在自己动手搜集、整理、筛选资料的过程中，提高了信息媒介素养；学生综合运用生命科学、道德与法治等学科知识和思维，科学认识新冠病毒，分析中国疫情的控制成效，有助于形成正确的价值观。在事实面前，真真切切地感悟国家的强大。

四、图例小结

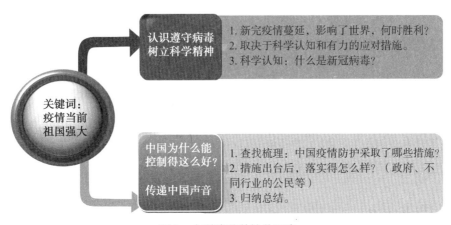

图 2　本课跨学科教学思路

案例 33　基于非生物环境因素的生命科学学习

上海外国语大学松江外国语学校　金凤杰

一、内容说明

地球上任何一种生物的生存都离不开周围的环境，环境可分为非生物环境和生物环境。非生物环境主要是水、阳光、温度和空气等，这些因素影响着生物的生长、繁殖与分布。每种生物都生活在它所使用的非生物环境中。这里的非生物环境，就是地理学科中所指的环境，在地理学科中，环境也是一个非常重要的内容，因而，将生命科学与地理学科在非生物环境这一知识点上关联起来进行跨学科教学，引导学生进行跨学科思考，并加强学生对于环境的认知很有必要。

作为一名合格的初中生，即将面对中考跨学科案例分析的考验，在学习了生命科学和地理核心概念、经历过实践体验和科学探究之后，面对各种自然现象时，应该既有跨学科分析问题的思维习惯，又有解决实际问题的能力。本案例基于上海教育出版社初中第二册《生命科学》第五章第一节"生物与环境"中"生物与非生物环境的关系"的第一课时教学，进行生命科学与地理跨学科学习的设计。

二、学习目标

本节课是"生态系统"章节的基础内容，生态系统由生物成分和非生物成分两大部分组成，非生物成分即非生物环境，是生物赖以生存的物质和能量的源泉。在经过本节课的学习之后，学生能描述生物环境与非生物环境之间的关系，并能利用地理学科中的原理解释遇到的实际问题。

三、学习过程

(一) 找出学科交叉，切入教学主题

首先，通过活动引入教学主题：出示长颈鹿、鲸、企鹅、猪笼草、大猩猩、葡萄的图片。提问：以上这些生物，你了解它们吗？请根据世界政治地图和世界气候类型图，尝试将这些生物的生存环境填写在表1中。

表1　几种生物生存的地理环境

生物种类	地理环境(参考答案)
长颈鹿	非洲稀树草原
鲸	海洋
企鹅	主要分布在南极大陆

生物种类	地理环境（参考答案）
猪笼草	亚州热带地区
大猩猩	热带雨林地区
葡萄	地中海气候类型

由此，我们可以知道生物的生存是需要一定的环境的，通过长期的自然选择，生物与各自生存的环境相适应。那么，什么是环境呢？

在学生的以往认知中，提到"环境"一词，大家想到的都是一些自然环境。在地理学科上，环境也是经常提及的词汇。在学生交流的基础上引导学生得出：环境不仅是生物生存的地点，更重要的是指存在于生物周围影响生物生存的各种因素。在生命科学学科上，环境通常被分为非生物环境与生物环境两大类，非生物环境即地理学科中所指的环境。

出示图片：草原牛群，引导学生观察并设疑：影响牛群生存的非生物环境因素有哪些？

通过引导学生对图片的观察、对问题的思考，切入本节课的教学主题"生物与非生物环境的关系"第一课时，说出非生物环境因素有水、阳光、温度等，将生命科学学科与地理学科在非生物环境上关联起来。

（二）立足地理环境因素，探讨生物特征习性

1. 水对生物的影响

人体与其他生物体内的含水量是多少呢？出示表2：几种生物体内的含水量。

表2　几种生物体内的含水量

生物	人体	水母	鱼类	蛙	哺乳动物	藻类	高等植物
含水量(%)	60～70	97	80～85	78	65	90	60～80

可见，有水才有生命，水是组成生物体的主要成分，通常占动植物体重的 2/3 以上。那么水对生物到底有什么影响呢？

出示图片:干旱的沙漠、热带雨林和仙人球。引导学生观察并设疑:水对生物有哪些影响?

在六年级第二学期《地理》教材中,学生学习过"世界降水的分布",知道世界各地降水分布存在差异。赤道地区是世界上年降水量最多的地带,热带雨林就是在这样的地区,里面有大量的动植物类型,是动植物生存的天堂;干旱的沙漠地区是世界上年降水量稀少的地带,这里生存的动植物非常稀少。从而可以看出,动植物的生存和分布都受到水的影响。仙人球适宜生活在干旱地区,它们的形态特点也受到水的影响,仙人球的叶呈刺状,有利于在干旱环境中减少水分的散失。在学生交流的基础上引导学生得出:水影响了生物的生存、分布和形态结构。

2. 阳光对生物的影响

(1)阳光对植物的影响。

出示海底图片,设疑:200米以下的海水区域有没有绿色植物?为什么?

因为阳光到达不了海平面200米以下,没有阳光,绿色植物就不能进行光合作用,所以也就不能生存下去。

出示菠菜、油菜、大豆、玉米、水稻等图片,引导学生根据光照时间找出长日照植物和短日照植物。

学生分类得出:长日照植物——菠菜、油菜;短日照植物——大豆、玉米、水稻。

出示蒲公英、小麦、柳、杨、酢浆草、人参等图片,引导学生根据光照强度找出适应强光照环境生活的阳生植物和适应弱光照环境生活的阴生植物。

学生分类得出:阳生植物——蒲公英、杨、柳、小麦;阴生植物——酢浆草、人参。

通过地理学科的学习,学生已经知道,光照时间长短主要就是纬度原因;影响光照强度不同的主要因素是海拔高度、纬度、植被层次导致的太阳角度,还有大气状况。

因此,阳光对绿色植物的分布和生理起着决定性的作用。提问:联系我们第四章学习的植物的类群,哪些植物类群生活在阴暗的环境中?引导学生学以致用,夯实基础。

(2)阳光对动物的影响。

出示鲫鱼、蛾、猫头鹰等图片,引导学生观察、分析光对动物的影响。鲫鱼的体色背部灰黑色腹部白色,是一种保护色,从上往下看,灰黑色与水底颜色接近,不易被发现,从下往上看,白色与天空颜色接近,也易于保护自己。俗话说"飞蛾扑火",表明蛾有趋光性。猫头鹰夜间活动,在夜间也能有发达的视觉。在学生交流的基础上引导学生得出:光影响动物的体色、视觉和生活习性。

从以上分析可以看出,阳光对生物普遍存在影响。

3. 温度对生物的影响

问题引入:平时我们都喜欢吃广东的香蕉,可是家住海南的小强不服气,说他们家乡的香蕉比广东的香蕉还甜。家住山东的小飞更不服气,说他们家乡的苹果甜,香蕉也甜。你认为这是真的吗?

引导学生理解:在六年级第二学期《地理》教材中,学生学习过"世界气温的分布",香蕉生长的地方越接近赤道,就越好吃,海南离赤道近一点,所以海南的香蕉比广东的香蕉好吃。香蕉是热带水果,产地在热带地区,而山东是温带地区,一般不生产香蕉,出产苹果、梨等水果。

出示长颈鹿、北极熊等图片,并设疑:如果长颈鹿被带到北极和北极熊做伴能行吗?

引导学生理解:在六年级第二学期《地理》教材中,学生学习过"世界气候类型",长颈鹿适合生存在热带稀树草原气候分布地区,而北极熊生存的气候类型为极地气候。

出示沙漠狐、极地狐等图片,并设疑:比较沙漠狐和极地狐的形态有什么不同?

引导学生理解:沙漠狐生活在非洲北部和西亚沙漠地带,又称为耳廓狐,这是因为它的耳朵异乎寻常得大,沙漠狐的这双大招风耳是它的散热器,是为了适应沙漠地区的炎热气候;生活在北极的极地狐不仅耳朵较短小,而且尾巴和四肢也比较短小,这种尽量减小体表面积的形态特征,有利于防止热量过分散失,是和寒冷的环境相适应的。

在学生交流的基础上引导学生得出:温度影响了生物的生存、分布和形态结构。

(三)利用反馈检测,辨别对应因素

为了帮助学生辨别环境因素,教师设计了一组反馈检测,检查学生的学习情况,加强学习效果。

第一,日常生活中总有"春兰秋菊""南橘北梨"之说,造成上述植物生活差异的主要环境因素是什么?"春兰秋菊"这一句是指不同季节里,不同的植物会开花,这是与光照直接相关的,也就是植物生理学所说的光周期。兰花在春天开花的原因是春分后光照变长,这时适合的光周期促使开花,而菊是短日照植物,每天光照时间变短,反而有利于开花。"南橘北梨"是由于温度的差异,橘在北方的温度下是不能生长的,而梨也无法适应南方过热的温度环境,所以两种情况都会使橘或梨长势不好,不结果或结果风味不佳。

第二,我国西南的西双版纳地区动植物种类很多,而西北荒漠地区的动植物种类很少。你认为影响生物分布的主要因素是什么?西双版纳地区,距海较近,降水充沛;西北地区深居内陆,远离海洋,降水较少,气候干旱,因而主要是水分的原因。

第三,"早稻要暖、晚稻要凉"这句广为流传的农谚体现了什么因素对水稻的影响?表面上看,这是温度引起的,实则是光照。

> 故事链接:约十年前,一起震惊全国的假水稻种子案发生在广西南宁地区,几万亩水稻绝收,给农民们带来了极大的经济损失,原因是种子销售商把晚稻种子当早稻卖给农民播种,这是种子销售商不懂科学知识,不懂生物生长的地理因素所导致的。原来,早稻是感温型植物,夏天来了,光照充足了,有效积温够了,就扬花结穗;而晚稻是感光型植物,夏天光照长,它就是不抽穗,它要等,等到秋天来了,日照短了,才肯抽穗扬花。这是光照影响作物生长期的典型例子。

(四) 抓住课堂小结,总结深化理解

通过这节课的学习,我们知道了影响生物生活的非生物环境主要是水、阳光和温度,它们并不能对生物单独地、孤立地起作用,但对某一种生物来说,总有一个最主要的因素。世界降水分布、世界气候类型、纬度、海拔高度、天气状况等都是联系生命科学与地理学科在非生物环境上的纽带,但是联系绝不仅仅如此,希望同学们在学习过程中,能够学会知识迁移,融会贯通。

(五) 通过课后探究,促进自主思考

本节课只讨论了水、阳光和温度这三种非生物环境因素对生物的影响,请同

学们在课下再选择一些非生物环境因素,如空气、土壤等,利用生命科学学科与地理学科的原理进行合理解释,小组合作完成,下节课交流。

四、 图例小结

本节课自始至终贯穿着跨学科知识与方法,利用地理学科的知识解释生命科学学科中的非生物环境因素,如水、阳光和温度三个因素对生物的生存、分布和形态结构的影响。在此过程中,加强学生跨学科分析问题的思维习惯和解决实际问题的能力。

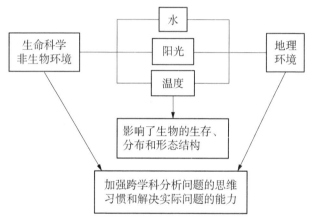

图 1　本课跨学科教学思路

案例 34　唐诗中折射出的历史风貌

上海外国语大学松江外国语学校　黄威捷

一、 内容说明

初中历史学科的课程标准提出"唯物史观、时空观念、史料实证、历史解释、家国情怀"五大核心素养,而初中语文学科课程标准规定的核心素养为"语言建构与运用、思维发展与提升、审美鉴赏与创造、文化传承与理解"。虽然历史与语文相比,前者的科学性更强,后者的主观性更强,但两者同属人文类学科,在思维逻辑、内容表达、文化传承等方面存在着诸多共性。

在课堂实践教学的过程中,笔者发现初中阶段七年级的学生在古代文献史料的解读和古代思想观念的理解上容易一知半解,无法深刻地把握一些历史事件的影响与意义。因此,我尝试将部编版《中国历史》第二册第一单元"隋唐时期"和部编版初中《语文》课本中的唐诗相结合,探究唐诗中的时代风貌。

二、学习目标

1. 根据古代诗歌的发展脉络,通过经典作品的解读,探究唐诗格律形式演变的原因。

2. 理解唐诗从发展到兴盛的主客观原因,体悟唐朝的时代兴衰。

3. 通过欣赏解读不同类别的诗作,并利用文献史料、唐朝疆域图、唐长安城平面图等资料,理解唐朝在政治、经济、疆域、民族、思想等方面的措施与成就。

三、学习过程

(一)了解唐诗的格律

唐代的诗歌是近体诗的代表,有别于古体诗的格律自由、篇幅不限等特点,唐初以后的诗多对仗工整、平仄押韵,这种文学形式的兴盛与唐朝社会发展有着密切联系。要探究这个问题,首先需要了解"什么是唐诗的格律",这点大部分学生都已熟练掌握。师生互动如下。

师:唐诗的格律主要有哪些?

生:有五言、七言,还有绝句和律诗。

师:能否具体说说它们的形式分别是怎样的?

生:五言是指五个字组成的一句诗,七言是七个字。绝句是指整首诗一共四句话,律诗是指整首诗共八句话。

师:那有没有篇幅超过八句的唐诗?你学过哪些?

生：比如岑参的《白雪歌送武判官归京》、李白的《行路难》、杜甫的《石壕吏》。

师：《行路难》与另外两首长诗有何不同？

生：《行路难》中有一联是"行路难！行路难！多歧路，今安在"，这一句与其他诗句的字数不同。

师：古诗中字数或句数不对等的也被称为杂言诗，如李白这首《行路难》组诗就是七言中的杂三言、五言。那你在诵读整首诗的时候，是否有不连贯、不通顺的感觉？为什么？

生：没有。因为整首诗依旧是平仄押韵的，读完感觉酣畅淋漓。

师：所以我们常说的古诗的格律中不仅字数、句数要基本保持一致，更重要的是诗的平仄韵律须对仗工整。

（二）分析代表作品

要探寻唐诗格律的形成过程，需要比较分析古诗发展过程中的代表作品，例如诗经、楚辞、汉乐府、南北朝古体诗、唐诗，找出古代诗歌在继承与发展过程中的演变规律。师生互动如下。

教师出示《国风·秦风·蒹葭》《九歌·湘夫人》《上邪》《西洲曲》《离思·其四》的节选片段。

师：根据时间顺序，请你说说这几首诗在格律上各自有什么特点？

生：《蒹葭》是四言古体诗，韵脚不固定，但格式对仗工整。《湘夫人》包含许多语气词"兮"，诗句长短不一，韵脚也不一致，似乎不怎么注重押韵。《上邪》篇幅较短，句式也短，但大部分是合韵拍的。《西洲曲》押韵且对仗工整，与唐诗接近，但篇幅较长。《离思》为七言绝句，全诗注重平仄和韵律。

师：我们发现以元稹的《离思》为例，唐诗篇幅短小精悍，一般用短短的二十到五十几个字就能表达作者的情感态度，而且乐感更强，这体现在诗作的声调平仄和韵脚上。不过，我们有时候也会发现一些诗歌读来并不押韵，这很有可能是因为现代汉语的发音和古音已有不同。

（三）分析唐诗兴盛原因

从历史的角度来分析唐诗兴盛的原因，即从唐诗发展的宏观视角来观察唐朝社会的风气,可以得出唐诗的兴盛与唐朝的政治、经济、民族、思想等方面有着极为密切的关系。师生互动如下。

出示材料:《新唐书·选举志》中记载:"永隆二年,考功员外郎刘思立建言,明经多抄义条,进士唯诵旧策,皆亡实才,而有司以人数充第。乃诏自今明经试帖粗十得六以上,进士试杂文二篇,通文律者然后试策。"

师:这里的"杂文二篇"是指"一诗一赋"。这段史料说的是一位名叫刘思立的科举考试官员,他谏言原本的明经考试内容为背诵默写经典中的句子,选拔出来的进士没有真才实干。因此科举考试增加诗赋写作的内容,只有精通作文格律的应试者才能进入下一轮的试策环节。那么,这段文献的内容属于哪方面的改革呢? 对唐诗的发展起到了怎样的作用呢?

生:属于政治中的人才选拔制度改革,对唐诗的发展起到了积极推动的作用。

师:唐朝的文化是丰富多彩的,这其中不止唐诗,还有比如服饰、妆容、书法、绘画、音乐、舞蹈等,都有着极高的成就。那么,唐朝的诗歌发展与当时的经济状况有没有关系呢?

生:有关系。繁荣的经济体现在农业、手工业和商业这三大产业上。其中商业的发达带动了人口的交流往来,不同地区和群体的文化相互碰撞,迸发出更加灿烂的火花。

师:那你能从唐长安城平面图中找出唐朝商业发达的证据吗?

生:长安城中有东、西两个集市,从集市的数量上也能看出当时商业的发达,一个集市不足以满足城市居民和商人的需求。

展示唐朝初期疆域图与盛唐时期疆域图。

师:将两张疆域图对比之后,发现有何不同?

生:盛唐时期的疆域比唐朝前期的反而更小。

师:少了的那块地方在盛唐时属于谁?

生:属于突厥。

师:我们一般认为疆域的大小就是国力盛衰的表现之一,那为什么唐朝不是这样的呢? 其实,这与唐朝的民族政策有关。旷日持久的战争对双方都是不利的,受影响最大的是底层的百姓,因此唐朝是用土地换来了西域和西北地区的相对和平。也正是这个原因,唐朝有一种类别的诗特别出彩。

出示《行军九日思长安故园》《夜上受降城闻笛》、《逢入京使》。

生:边塞诗。

师:你从哪些字眼中能看出是边塞诗呢?

生:战场、沙似雪、望乡、故园。

师:岑参的两首诗中都提到了"故园",你认为故园应该是当时的哪里呢?

生:唐朝的首都长安。

（四）比较不同时期的作品

通过解读不同时期诗人的作品也能体会唐朝的兴衰历程。文学作品是带有很强的主观色彩的,其主题往往包含个人遭遇、生活环境、时代特征,这与历史中"无意史料"的证史价值不谋而合。因此,在学习唐朝历史的时候,唐诗的证史价值也不容小觑。师生互动如下。

出示杜牧的《泊秦淮》、杜甫的《春望》。

师:这两首诗的时代背景一样吗? 传递出了诗人怎样的情感?

生:时代是不同的,但是背景比较相似,都描绘了国势衰败的景象,表达了诗人对国家前途命运的担忧。

师:从哪里能看出? 能否具体说明一下?

生:《春望》中的"国破""烽火"和《泊秦淮》中的"亡国"都表明了当时的国家局势是比较动荡混乱的。不过《春望》的落脚点是在表达思乡之情,而《泊秦淮》是诗人在批判当权者的昏庸荒淫。

师:这个不同点应该与诗人的情怀有关。国破家亡时,人难免会产生对时代的哀叹。杜甫与杜牧两个人生活的年代,前后相差近一百年。为什么他们诗作中描写的情景却如此相似,为什么同学们读后也能从中体会到相似的情感?

生:很有可能是国家在不同时期遭遇了同样的动乱。

师:杜甫是生活在盛唐到中唐时期的人,杜牧则属于中唐到晚唐时期。所以,杜甫经历了安史之乱,见证了大唐由盛转衰,而杜牧则是看到了地方节度使势力的愈发庞大,国势日渐衰败。虽然生活在不同时期,但他们的诗作中都表达了对国家命运的担忧。

四、图例小结

本篇跨学科案例的学习焦点是"唐诗",首先,通过体悟鉴赏的方式来知晓古代诗歌的格律沿革,了解不同朝代对诗歌艺术的审美情趣,感受历史发展中的时代更替。接着,通过比较唐诗的体裁类别的差异,了解国家在经济、政治、文化、外交等方面的发展。最后,上升到诗人在唐诗内容中的主观表达,通过不同时代的共鸣来直观感受历史的螺旋式上升发展,以及在不断扬弃中前进的过程。希望学生能通过这样的课程在感性与理性中找到一个平衡点,更加客观、合理地剖析这个世界。

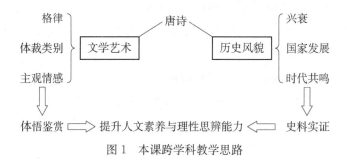

图1　本课跨学科教学思路

后 记

　　《跨学科实践推进与教师能力发展》一书是上海市教育科学研究院普通教育研究所承担的"教育部-乐高'创新人才培养计划'基础教育教师培训项目(2016—2019)第三方评估"延伸的一个研究项目,即"教师跨学科能力发展研究"的阶段成果。

　　教师跨学科能力发展研究团队借助教育部-乐高"创新人才培养计划"基础教育教师培训基地的平台,联合其分布在全国的 11 家师范院校的实践学校,以及上海市新优质项目学校和特色普通高中创建项目学校,协同开展了学校跨学科现状的问卷调查、跨学科主题的文献研究、跨学科的实践研究,以及跨学科的案例研讨等一系列卓有成效的研究活动,在此过程中形成了比较深入的见解主张、比较全面的调研反馈,以及行之有效的实践模型和策略。

　　全书共分五章,具体分工如下:第一章由上海市浦东新区福山外国语小学许娇娇老师撰写;第二章第一节由上海市教育科学研究院普通教育研究所严加平老师撰写,第二节由上海市青浦区教师进修学院黄开宇老师撰写;第三章第一节和第二节由上海市杨浦区平凉路第三小学张颖老师和朱远妃老师撰写,第三节由四川省成都市成飞小学陈绍光校长撰写;第四章由上海市教育科学研究院普通教育研究所胡庆芳老师撰写;第五章是鲜活生动和创意创新的跨学科教学案例集锦,由全国众多合作学校的优秀老师撰写,对此每一个案例里都作了详细的署名。

　　在此真诚地感谢教育部教师工作司和乐高教育为该延伸项目的研究所搭建的平台,感谢四川师范大学的王虹老师、河南师范大学的杨海刚老师、广东第二师范学院的韦珍娜老师、云南省昆明市盘龙区教师进修学校的张向红老师、江苏省苏州市电化教育馆的冯群老师、上海市杨浦区教育学院的奚莉芳老师、上海市浦东教育发展研究院的俞莉丹老师、上海市松江区教师进修学院的黄自敏老师、上海市青浦区教师进修学院的王莉莉老师、浙江省安吉县第二小学的肖秋萍校长、上海市徐汇区徐汇中学的曾宪一校长、上海市闵行第三中学的王全忠校长、上海市奉贤区曙光中学的程立春校长、上海市青浦区第一中学的冷彩花校长、上海市奉贤区教育学院附属实验小学的何哲慧校长、上海市杨浦区平凉路第三小学的郑小燕校长、上海市唐镇中学的柏玥萍校长、上海市嘉定区启良中学的严志英主任以及上海市普陀区秋月枫幼儿园的李莹园长等项目合作伙伴的热情参与和积极支持。

同时还要感谢《中国教育报》《基础教育课程》和《上海教育》对项目组相关研究成果的采纳与发表,感谢华东师范大学出版社彭呈军老师和白锋宇老师对项目组书稿的认可和诸多有益建议,从而最终使得广大的教育同行能够通过杂志和图书分享项目组的阶段成果。

期待正在阅读本书的各位专家学者和教育同仁多提宝贵意见与建议,期待能够凝聚起更多的力量和智慧,将跨学科的实践探索向更纵深处推进!

教师跨学科能力发展项目组

2020 年 10 月 30 日